GTQ
환상의 콤비 2급 ver.CC
2권 · 일러스트

당신의 합격을 위한 **이렇게 기막힌 적중률!**

차례

이 책의 구성

1 일러스트 핵심 기능 익히기

일러스트 CC 2020의 기본 기능을 미리 학습할 수 있도록 소개하였습니다.

※ Adobe CC 버전은 해마다 업데이트 될 수 있고 그에 따른 프로그램의 버전(CC 2021, CC 2022, CC 2023 등)의 메뉴나 용어에서 차이가 있을 수 있습니다.

2 시험 문항별 기능 익히기

출제되는 기능별로 Chapter를 구성하여 이해하기 쉽게 설명하였습니다.

3 최신 기출 유형 따라하기

최신 기출 유형 문제를 따라하기 식으로 구성하였습니다.

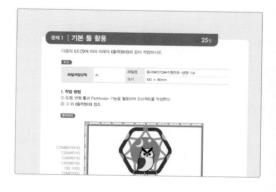

4 기출 유형 문제 5회

기출 유형 문제 5회분을 따라하기 식으로 구성하였습니다.

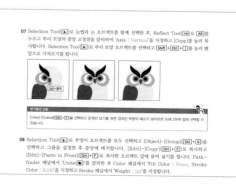

01
PART

GTQ 일러스트는
이렇게 준비하세요

CHAPTER 01 시험 안내

01 응시 자격 조건

02 원서 접수하기

- license.kpc.or.kr에서 접수
- 인터넷 홈페이지를 통해 접수한 후 수험표를 인쇄하여 직접 선택한 고사장, 날짜, 시험시간 확인(방문 접수 가능)
- 응시료
  1급 : 31,000원 / 2급 : 22,000원 / 3급 : 15,000원

03 시험 응시

90분 만에 답안 파일 작성과 네트워크로 연결된 감독위원 PC로 답안 전송

04 합격자 발표

license.kpc.or.kr에서 확인 후 자격증 발급 신청

01 자격검정 응시 안내

가. 응시 자격 : 전 국민 누구나 응시 가능

나. 시험 등급 및 버전, 시험시간

자격 종목	등급	프로그램 버전	평가 범위	시험 시간	합격 기준
GTQ 일러스트	1급	Adobe Illustrator CS4, CS6, CC(영문)	1. BI, CI 디자인 2. 패키지, 비지니스 디자인 3. 광고 디자인	90분	100점 만점 70점 이상
	2급		1. 기본 툴 활용 2. 문자와 오브젝트 3. 어플리케이션 디자인		100점 만점 60점 이상
	3급		1. 기본 툴 활용 2. 응용 툴 활용 3. 어플리케이션 디자인	60분	100점 만점 60점 이상

다. 시험 배점 및 문항

급수	시험 배정	문항 및 시험방법
3급	총점 100점(1문항 : 20점, 2문항 : 35점, 3문항 : 45점)	작업형 실기시험
1, 2급	총점 100점(1문항 : 25점, 2문항 : 35점, 3문항 : 40점)	

라. 응시료

1급	2급	3급
31,000원	22,000원	15,000원

* 온라인 접수 시 수수료 추가

02 GTQ 일러스트 응시 절차

가. 원서 접수

　1) 온라인 접수(license.kpc.or.kr)

　2) 단체인 경우 지도자 선생님을 통한 지역센터 방문 접수 가능

나. 수험표 출력

다. 시험 응시

라. 합격자 발표

　1) 시험일로부터 3주 후 10시부터

　2) license.kpc.or.kr 〉 합격자 발표 〉 합격 내역 조회

마. 자격증 발급

　1) 자격증은 필요 시 신청 가능하며, 신청에서 수령까지 약 2주 소요

CHAPTER 02 시험 소개

01 수험자 유의사항 및 답안 작성 요령

수 험 자 유 의 사 항

- 수험자는 문제지를 받는 즉시 응시하고자 하는 과목 및 급수가 맞는지 확인한 후 수험번호와 성명을 작성합니다.
- 파일명은 본인의 "수험번호–성명–문제번호"로 공백 없이 정확히 입력하고 답안폴더(내 PC₩문서₩GTQ)에 ai 파일 포맷으로 저장해야하며, 다른 파일 형식으로 저장하였을 경우 0점 처리됩니다. 답안문서 파일명이 "수험번호–성명–문제번호"와 일치하지 않거나, 답안 파일을 전송하지 않아 미제출로 처리될 경우 불합격 처리됩니다.
- 수험자 정보와 저장한 파일명, 저장 위치가 다를 경우 전송이 되지 않으므로, 주의하시기 바랍니다.
- 답안 작성 중에도 주기적으로 '저장'과 '답안 전송'을 이용하여 감독위원 PC로 답안을 전송하셔야 합니다. (※ 작업한 내용을 저장하지 않고 전송할 경우 이전의 저장내용이 전송되오니 이점 반드시 유념하시기 바랍니다.)
- 답안문서는 지정된 경로 외의 다른 보조기억장치에 저장하는 행위, 지정된 시험 시간 외에 작성된 파일을 활용한 행위, 기타 통신수단(이메일, 메신저, 네트워크 등)을 이용하여 타인에게 전달 또는 외부 반출하는 행위는 부정으로 간주되어 자격기본법 제32조에 의거 본 시험 및 국가공인 자격시험을 2년간 응시할 수 없습니다.
- 시험 중 부주의 또는 고의로 시스템을 파손한 경우와 〈수험자 유의사항〉에 기재된 방법대로 이행하지 않아 생기는 불이익은 수험자의 책임임을 알려 드립니다.
- 시험을 완료한 수험자는 최종적으로 저장한 답안파일이 전송되었는지 확인한 후 감독위원의 지시에 따라 문제지를 제출한 후 퇴실합니다.

❶ 답안 파일 저장 시 반드시 '수험번호–성명–문제번호' 형식으로 파일 포맷은 ai, 버전은 Illustrator CC를 지정하여 저장해야 하며 '내 PC₩문서₩GTQ' 폴더에 저장해야 합니다. 예를 들어 '수험번호 : G123456789, 성명 : 홍길동, 문제 번호 : 3번 문제'라면 'G123456789–홍길동–3.ai' 파일로 저장하여 제출하면 됩니다.

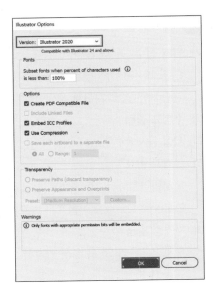

❷ 작업 진행 중 있을 수 있는 시스템 오류를 대비하여 새 도큐먼트를 만든 후 파일명(수험번호–성명–문제번호)을 지정하여 저장한 후 중간 중간 작업을 진행하며 Ctrl+S를 눌러 저장합니다.

❸ 모든 작업이 마무리된 후 완성한 정답 파일을 다시 한 번 꼼꼼히 점검 후 전송합니다.

❶ 새 도큐먼트 설정 시 [New Document] 대화상자에서 'Units : mm'로 설정하고 작품 규격에 맞게 'Width'와 'Height'를 설정한 후 작업을 진행합니다.

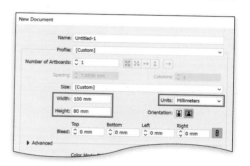

❷ 문제지의 주어진 지시사항에 서체에 대한 조건이 주어지며 보통 기본 속성 값(스타일, 장평, 자간 등)을 이용하여 문자를 작성합니다. 응시자가 임의의 속성 값을 변경하여 입력하면 감점처리 되므로 특별히 문제지 지시문 사항에 주어지지 않은 경우를 제외하고는 기본 속성 값을 이용해 문자를 작성합니다.

❸ 새 도큐먼트 설정 시 [New Document] 대화상자에서 'Advanced'를 클릭하여 추가 옵션을 펼친 후 'Color Mode : CMYK'를 설정한 후 작업을 진행합니다. 각 문제를 작성할 때마다 해상도는 꼭 확인하여 새 도큐먼트를 엽니다.

CHAPTER 03

문제 풀이 Tip

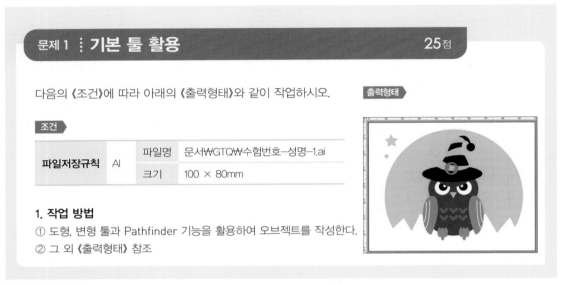

문제1 : 기본 툴 활용   25점

다음의 《조건》에 따라 아래의 《출력형태》와 같이 작업하시오.   출력형태

조건

파일저장규칙	AI	파일명	문서₩GTQ₩수험번호−성명−1.ai
		크기	100 × 80mm

1. 작업 방법
① 도형, 변형 툴과 Pathfinder 기능을 활용하여 오브젝트를 작성한다.
② 그 외 《출력형태》 참조

★ 자세한 지시사항은 **기출 유형 문제 05회**를 참고하세요.

❶ 제시된 도큐먼트의 크기대로 파일을 새로 만들고 눈금자의 원점을 도큐먼트의 왼쪽 상단으로 설정한 후 안내선을 출력 형태에 맞게 배치합니다.

❷ 단위는 반드시 mm(밀리미터)로 설정합니다.

❸ 답안 저장 시 ai 파일 포맷, Illustrator CC 버전으로 제시 조건에 준하여 파일을 저장합니다.

❹ 도형, 변형 툴과 Pathfinder 활용하여 제시된 출력 형태와 동일하게 오브젝트를 제작합니다.

❺ Pathfinder 활용한 오브젝트는 윤곽선 보기와 미리보기가 동일하도록 합치거나 삭제하여 오브젝트를 정리합니다.

❻ 안내선 등을 활용하여 출력 형태와 맞는 크기와 위치를 지정하여 배치합니다.

❼ 제시된 조건과 동일한 CMYK 색상을 적용합니다.

❽ 테두리의 색상과 두께는 제시된 조건과 동일하게 적용합니다.

❾ 작업 완료 후 레이아웃을 맞추기 위해 Scale Tool로 임의로 크기를 조절할 경우, 반드시 'Scale Strokes & Effects : 체크 해제'하고 조절을 해야 선의 두께가 변경되지 않습니다.

❿ 제시된 조건 외에 블렌드나 이펙트 등을 사용하여 오브젝트를 생성한 경우는 반드시 속성을 확장합니다.

⓫ 답안 전송 전 최종적으로 저장할 때 작업 중 생성된 불필요한 오브젝트는 삭제하고 눈금자와 안내선 가리기를 합니다.

문제 2 : 문자와 오브젝트   35점

다음의 《조건》에 따라 아래의 《출력형태》와 같이 작업하시오.

조건

파일저장규칙	AI	파일명	문서\GTQ\수험번호−성명−2.ai
		크기	100 × 80mm

출력형태

1. 작업 방법
① 'SCIENCE' 문자에 Times New Roman (Bold) 폰트를 적용한다.
② 'Laboratory' 문자에 Type on a Path Tool을 활용한다.
③ Brush는 《출력형태》를 참고하여 작성한다.
④ Effect는 《출력형태》를 참고하여 작성한다.
⑤ 그 외 《출력형태》 참조

2. 문자 효과
① Laboratory (Arial, Regular, 14pt, C40M100Y80K40)

★ 자세한 지시사항은 **기출 유형 문제 02회**를 참고하세요.

❶ 제시된 도큐먼트의 크기대로 파일을 새로 만들고 눈금자의 원점을 도큐먼트의 왼쪽 상단으로 설정한 후 안내선을 출력 형태에 맞게 배치하며, 단위는 반드시 mm(밀리미터)로 설정합니다.
❷ 답안 저장 시 ai 파일 포맷, Illustrator CC 버전으로 제시 조건에 준하여 파일을 저장합니다.
❸ 도형, 변형 툴과 Pathfinder 활용하여 제시된 출력 형태와 동일하게 오브젝트를 제작합니다.
❹ Pathfinder 활용한 오브젝트는 윤곽선 보기와 미리보기가 동일하도록 합치거나 삭제하여 오브젝트를 정리하고, 안내선 등을 활용하여 출력 형태와 맞는 크기와 위치를 지정하여 배치합니다.
❺ 제시된 조건과 동일한 CMYK 색상을 적용합니다.
❻ 그라데이션의 색상 및 방향은 출력 형태와 동일하게 적용합니다.
❼ 문자는 제시된 글꼴을 사용하고 자간, 행간, 장평 등 문자 속성은 임의 지정하지 않고 반드시 기본값으로 작성합니다.
❽ 문자 오브젝트는 작업 방법에서 제시된 글꼴을 사용하고 오타나 누락된 문자가 없는지 확인한 후 에 Create Outlines로 변환한 후 변형합니다.
❾ 곡선을 따라 흐르는 문자는 열린 패스를 그린 후 Type on a Path Tool을 사용하여 입력합니다.

문제 3 ┊ 어플리케이션 디자인　　　　　　　　　　　　40점

다음의 《조건》에 따라 아래의 《출력형태》와 같이 작업하시오.

파일저장규칙	AI	파일명	문서₩GTQ₩수험번호−성명−3.ai
		크기	120 × 80mm

1. 작업 방법
① 도형 툴로 오브젝트를 제작한 후 Pattern을 활용하여 작성한다. (패턴 등록 : 막대 사탕)
② 태그에는 규칙적인 점선을, 셔츠에는 불규칙적인 점선을 설정한다.
③ 셔츠에 Pattern을 적용한다.
④ 태그 중간에 배치된 오브젝트는 정렬, 간격을 일정하게 한 후 Group을 설정한다.
⑤ 그 외 《출력형태》 참조

2. 문자 효과
① Enjoy! (Arial, Regular, 12pt, C100M60)
② NIGHT PARTY (Arial, Bold, 10pt, K100)

출력형태

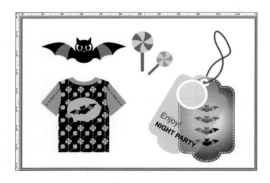

★ 자세한 지시사항은 **기출 유형 문제 05회**를 참고하세요.

❶ 제시된 도큐먼트의 크기대로 파일을 새로 만들고 눈금자의 원점을 도큐먼트의 왼쪽 상단으로 설정한 후 안내선을 출력 형태에 맞게 배치합니다.

❷ 단위는 반드시 mm(밀리미터)로 설정합니다.

❸ 답안 저장 시 ai 파일 포맷, Illustrator CC 버전으로 제시 조건에 준하여 파일을 저장합니다.

❹ 도형, 변형 툴과 Pathfinder 활용하여 제시된 출력 형태와 동일하게 오브젝트를 제작합니다.

❺ Pathfinder 활용한 오브젝트는 윤곽선 보기와 미리보기가 동일하도록 합치거나 삭제하여 오브젝트를 정리합니다.

❻ 안내선 등을 활용하여 출력 형태와 맞는 크기와 위치를 지정하여 배치합니다.

❼ 제시된 조건과 동일한 CMYK 색상을 적용합니다.

❽ 그라데이션의 색상 및 방향은 출력 형태와 동일하게 적용합니다.

❾ 테두리의 색상과 두께는 제시된 조건과 동일하게 적용합니다.

❿ 문자는 제시된 글꼴을 사용하고 자간, 행간, 장평 등 문자 속성을 임의 지정하지 않고 반드시 기본값 작성합니다.

⓫ 작업 완료 후 레이아웃을 맞추기 위해 Scale Tool로 임의로 크기를 조절할 경우, 반드시 'Scale Strokes & Effects : 체크 해제'하고 조절을 해야 선의 두께가 변경되지 않습니다.

⓬ 제시된 조건 외에 블렌드나 이펙트 등을 사용하여 오브젝트를 생성한 경우에는 반드시 그 속성을 확장하고 편집합니다.

⓭ Pattern은 제시된 이름, 색상, 크기, 회전 방향, 간격 등 출력 형태와 동일하게 적용합니다.

⓮ 오브젝트의 불투명도는 Transparency 패널에서 Opacity의 %를 지정하여 적용합니다.

⓯ 규칙적인 점선과 불규칙적인 점선은 Stroke 패널에서 dash와 gab을 지정하고 cap의 모양 등을 고려하여 최대한 출력 형태와 동일하게 지정합니다.

⓰ 그룹으로 제시된 오브젝트는 복사와 변형 툴, Align 패널을 활용하여 출력 형태와 동일하게 크기, 개수, 정렬, 간격을 일정하게 한 후 배치하고 반드시 Group 설정을 합니다.

⓱ 그룹으로 지정된 오브젝트를 포함한 태그나 패키지의 회전 등의 변형은 균등 간격으로 그룹 배치한 후 함께 변형을 적용합니다.

⓲ 답안 전송 전 최종적으로 저장할 때 작업 중 생성된 불필요한 오브젝트는 삭제하고 눈금자와 안내선 가리기를 합니다.

CHAPTER 04 자주 질문하는 Q&A

Q 온라인 답안 작성 절차는 어떻게 되나요?

수험자 등록 → 시험시작 → 수시로 장방 저장 및 전송 → 최종 답안 전송 → 시험 종료

Q 새 도큐먼트의 색상 모드와 작업 단위의 설정은 무엇으로 하나요?

별도의 처리조건이 없을 경우 답안 파일의 색상 모드는 CMYK로 설정하고 작업 조건에서 주어진 단위는 'mm(밀리미터)'를 지정합니다.

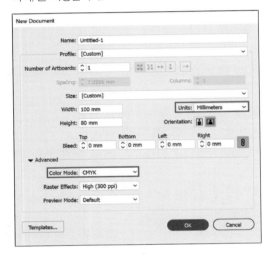

Q 작업 중인 도큐먼트의 색상 모드와 파일의 규격은 어떻게 변경하나요?

– 색상 모드의 변경 : [File]–[Document Color Mode]에서 'CMYK Color'로 변경할 수 있습니다.

– 파일의 규격의 변경 : Artboard Tool(D)을 선택하고 작업 도큐먼트 상단의 Control 패널에서 'W, H'의 수치를 변경하거나 Artboard Tool(D)을 더블 클릭하여 대화상자에서 'Width'와 'Height'를 변경할 수 있습니다.

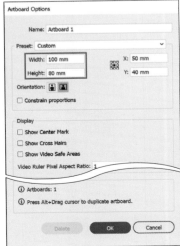

Q 작업 중인 도큐먼트의 눈금자 단위를 mm(밀리미터)로 변경할 수 있나요?

A. [File]–[Document Setup]에서 'Units'를 'Millimeters'로 변경하거나 **Ctrl**+**R**로 눈금자 보기를 한 후 눈금자 위에 마우스 오른쪽 버튼을 누르고 'Millimeters'로 변경이 가능합니다.

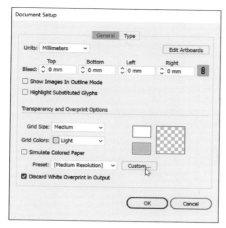 

Q 작업 중 일부 패널이 사라져서 안 보이면 어떻게 하나요?

[Window]–[Workspace]–[Essentials]를 클릭하거나 작업 도큐먼트 오른쪽 상단의 '작업 영역 전환기'에서 'ESSENTIALS'를 클릭하면 모든 패널이 초기 값으로 정렬되어 패널이 모두 나타납니다.

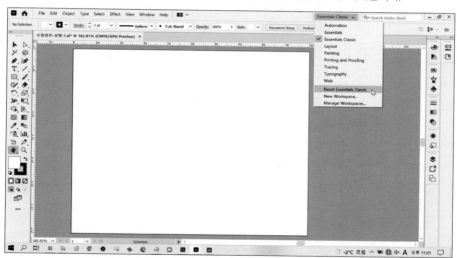

합격생의 비법

[Window]–[Workspace]–[Essentials Classic]를 클릭하면 Tool 패널의 모든 도구를 기본값을 볼 수 있고 이전 버전에 서처럼 패널이 오른쪽에 정렬됩니다. 작업 도큐먼트의 오른쪽 상단 '작업 영역 전환기'에서 'Reset Essentials Classic' 을 클릭하면 초기화가 가능합니다.

Q 답안 파일을 저장 경로인 답안폴더(내 PC₩문서₩GTQ)에 지정하지 않고 도큐먼트를 닫았을 때 어떻게 찾나요?

[File]–[Open Recent Files] 메뉴를 클릭하면 최근에 작업한 파일의 이름을 확인할 수 있습니다. 클릭하여 파일을 열고 [File]–[Save As]로 저장 위치를 답안 폴더로 지정하고 다시 저장합니다.

Q 문제지에 제시된 브러쉬 이름이 기본 Brushes 패널에 없는데 직접 그려야 하나요?

일러스트레이터가 실행될 때는 기본적인 브러쉬만 Brushes 패널에 표시됩니다. 그 외에 작업 방법에서 제시된 브러쉬는 Brushes 패널 하단의 'Brush Libraries Menu(🔳)'를 클릭한 후 추가로 불러오거나 [Window]-[Brush Libraries] 메뉴를 클릭하여 불러 올 수 있습니다.

Q Color 패널 또는 Gradient 패널에서 편집 중 Color Stop을 더블 클릭하여 색상을 지정하는데 CMYK가 아닌 K로 나오는 경우 어떻게 CMYK로 설정하나요?

색상이 RGB 또는 K만 있는 Grayscale일 때는 Color 패널 오른쪽 상단의 팝업 버튼을 눌러 CMYK를 지정합니다.

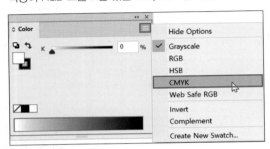 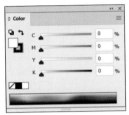

Q 패턴 간의 간격은 어떻게 조절하나요?

– 간격이 없는 패턴 정의하기

▲ 오브젝트 선택 후 Define　　▲ 패턴이 적용된 오브젝트
　 Pattern

– 간격이 일정하게 있는 패턴 정의하기

▲ 사각형을 그리고 'Fill Color : None,　　▲ 패턴이 적용된 오브젝트
　 Stroke Color : None'을 지정하고
　 함께 선택 후 Define Pattern

– 간격이 어긋나게 배치된 패턴 정의하기

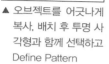

▲ 오브젝트를 어긋나게 복사, 배치 후 투명 사 각형과 함께 선택하고 Define Pattern

▲ 패턴이 적용된 오브젝트

Q 패턴을 정의하고 오브젝트에 적용하면 답안의 출력형태와 패턴의 크기, 위치, 각도가 다르게 나오는데 어떻게 조정하나요?

– 패턴과 크기 조절 : Scale Tool(　)을 더블 클릭하고 Options의 'Transform Objects : 체크 해제, Transform Patterns : 체크'를 지정하고 배율을 입력하면 오브젝트의 크기는 그대로 유지되며 패턴의 크기만 확대 및 축소할 수 있습니다.

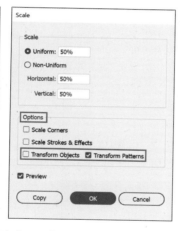

– 패턴의 위치 조절 : [Object]–[Transform]–[Move] 대화상자에서 Options 항목의 'Transform Objects : 체크 해제, Transform Patterns : 체크'를 지정하고 'Horizontal'과 'Vertical'에 수치를 입력하여 패턴의 위치를 이동할 수 있습니다.

– 패턴의 각도 조절 : Rotate Tool()을 더블 클릭하고 Options 항목의 'Transform Objects : 체크 해제, Trans-
form Patterns : 체크'를 지정하고 각도를 입력하면 오브젝트의 각도는 그대로 유지되며 패턴만 회전할 수 있습
니다.

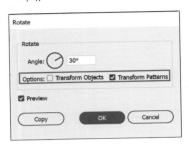

Q 브러쉬를 적용한 후 새로운 오브젝트를 그릴 때 사용된 브러쉬 속성이 그대로 유지되는 경우가 있는데
어떻게 삭제하나요?

Brushes 패널 하단의 'Remove Brush Stroke()'를 클릭하여 브러쉬 속성을 제거거나 Tool 패널 하단의
'Default Fill and Stroke(▣)'를 클릭하여 기본 색상인 흰색과 검정색을 지정한 후 작업을 연결해서 합니다.

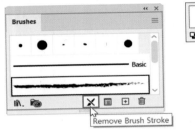

Q 오브젝트에 적용된 이펙트는 어떻게 삭제하나요?

– Appearance 패널에서 해당 이펙트를 선택하고 패널 하단의 휴지통 아이콘을 클릭하여 삭제합니다.
– Properties 패널에서 Appearance 항목의 fx 오른쪽의 휴지통 아이콘을 클릭하여 삭제합니다.

Q 이펙트 적용 후 옵션을 편집하려면 어떻게 하나요?

– Appearance 패널에서 해당 이펙트를 클릭 또는 더블 클릭하여 대화상자에서 편집합니다.
– Properties 패널에서 Appearance 항목의 🔳 오른쪽의 해당 이펙트를 클릭하여 편집합니다.

Q 자주 사용하는 도구를 도큐먼트로 분리하는 방법은 없나요?

도구 패널의 툴 중에 오른쪽 하단에 작은 삼각형이 있는 도구는 마우스로 누르면 가려진 도구들이 보이며 오른쪽 끝에 'Tearoff' 막대를 누르면 떼어내기가 가능합니다. 자주 사용하는 도구는 작업의 편리성을 위해 떼어내기를 하고 작업 도큐먼트의 원하는 위치에 배치하여 사용합니다.

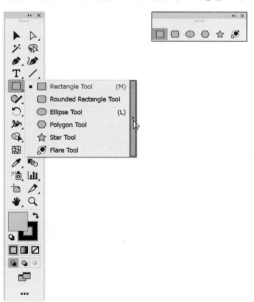

02

시험 문항별
기능 익히기

기본 툴 활용

CHAPTER 01

주요 기능	메뉴	단축키	출제빈도
Selection Tool	▶, ▷, ▷	V, A	★★★★★
Pen Tool	✎	P	★★★★★
Gradient Tool	▣	G	★★
Shape Tool	╱, ⊙, ╭, ▢, ▣, ⬭, ⬮, ☆	W, M, L	★★★★★
Transform Tool	↺, ◁▷, ▱, ▱	R, O, S	★★★★★
Outline Stroke	[Object]–[Path]–[Outline Stroke]		★★★
Offset Path	[Object]–[Path]–[Offset Path]		★★★★
Transform Again	[Object]–[Transform]–[Transform Again]	Ctrl + D	★★★★
Pathfinder Panel	[Window]–[Pathfinder]	Shift + Ctrl + F9	★★★★★
Color Panel	[Window]–[Color]	F6	★★★★★
Stroke Panel	[Window]–[Stroke]	Ctrl + F10	★★★★
Gradient Panel	[Window]–[Gradient]	Ctrl + F9	★★
Align Panel	[Window]–[Align]	Shift + F7	★★★★

01 선택 도구로 오브젝트 모양 변형하기

▲ 완성이미지

▶ 동영상 무료

01 원 그리고 하트 모양으로 변형하기

① [File]—[New]($\boxed{\text{Ctrl}}$+$\boxed{\text{N}}$)를 선택하고 새 도큐먼트를 만듭니다. Ellipse Tool(◉)로 작업 도큐먼트를 클릭한 후 'Width : 40mm, Height : 40mm'를 입력하여 그리고 'Fill Color : M30Y20, Stroke Color : None'을 지정합니다.

 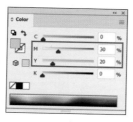 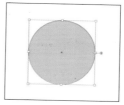

② Direct Selection Tool(▷)로 정원의 상단 고정점을 클릭하여 선택하고 아래쪽으로 이동합니다. $\boxed{\text{Alt}}$를 누르면서 오른쪽 핸들을 위로 드래그한 후 왼쪽 핸들도 동일한 방법으로 위로 드래그하여 조절합니다.

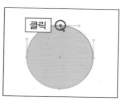 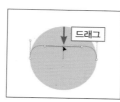  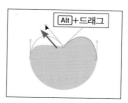

③ Direct Selection Tool(▷)로 정원 하단의 고정점을 클릭하여 선택한 후 $\boxed{\text{Alt}}$를 누르면서 왼쪽과 오른쪽 핸들을 각각 위쪽으로 드래그하여 조절합니다.

 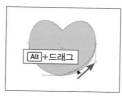 

④ Ellipse Tool(◉)로 작업 도큐먼트를 클릭한 후 'Width : 5mm, Height : 12mm'를 입력하여 그리고 'Fill Color : C0M0Y0K0, Stroke Color : None'을 지정합니다.

 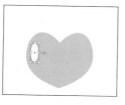

⑤ Direct Selection Tool(▷)로 타원의 오른쪽 고정점을 클릭하여 선택한 후 왼쪽으로 이동하여 오브젝트를 변형합니다.

 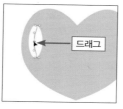 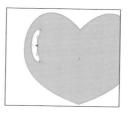

⑥ Ellipse Tool(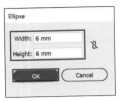로 하트 모양 상단에 클릭한 후 'Width : 6mm, Height : 6mm'를 입력하여 그리고 'Fill Color : M70, Stroke Color : None'을 지정합니다.

⑦ Direct Selection Tool()로 정원의 하단 고정점을 클릭하여 선택하고 왼쪽 아래로 이동한 후 [Alt]를 누르면서 오른쪽 핸들을 위로 이동하여 오브젝트를 변형합니다.

02 하트 모양 복사하고 크기 조절 및 회전하여 변형하기

① Selection Tool()로 하트 모양을 선택하고 Scale Tool(🔲)을 더블 클릭하여 'Uniform : 60%'를 지정하고 [Copy]를 눌러 축소 복사한 후 'Fill Color : C60Y30, Stroke Color : None'을 지정합니다.

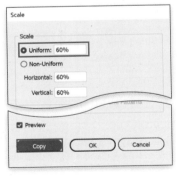

② Rotate Tool(🔄)을 더블 클릭하여 'Angle : −20°'를 지정한 후 오른쪽 아래에 배치합니다. Selection Tool(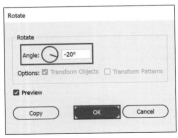)로 [Alt]를 누르면서 오른쪽 아래로 드래그하여 복사하고 'Fill Color : None, Stroke Color : M70'을 지정한 후 Stroke 패널에서 'Weight : 2pt'를 적용합니다.

▲ 완성이미지

01 회전 도구와 Divide를 활용하여 오브젝트 만들기

① [File]-[New]([Ctrl]+[N])를 선택하고 새 도큐먼트를 만듭니다. [View]-[Rulers]-[Show Rulers]([Ctrl]+[R])를 선택하여 눈금자를 표시한 후 작업 도큐먼트의 왼쪽과 상단 눈금자 위에서 마우스를 드래그하여 도큐먼트의 중앙에 안내선을 표시합니다.

② Ellipse Tool(◯)로 [Alt]를 누르면서 안내선의 교차 지점을 클릭하여 'Width : 67mm, Height : 67mm'를 입력하여 그리고 'Fill Color : 임의 색상, Stroke Color : 임의 색상'을 지정합니다. Scale Tool(◲)을 더블 클릭하여 'Uniform : 80%, Scale Strokes & Effects : 체크 해제'를 지정하고 [Copy]를 눌러 축소 복사합니다.

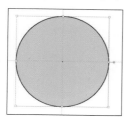

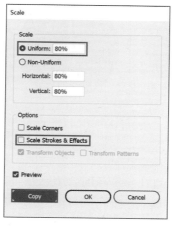

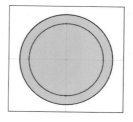

③ Line Segment Tool(/)로 [Shift]를 누르면서 드래그하여 2개의 정원과 경계선이 겹치도록 수직선을 그리고 'Fill Color : None, Stroke Color : 임의 색상'을 지정합니다. Rotate Tool(↻)로 [Alt]를 누르면서 안내선의 교차 지점을 클릭한 후 [Rotate] 대화상자에서 'Angle : 30°'를 지정하고 [Copy]를 눌러 회전 복사한 후 [Object]-[Transform]-[Transform Again]([Ctrl]+[D])을 10번 선택하고 반복 복사합니다.

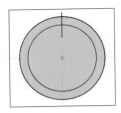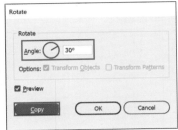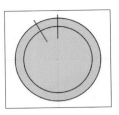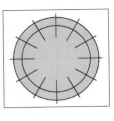

④ [Select]-[All]($\boxed{\text{Ctrl}}$+$\boxed{\text{A}}$)로 모두 선택하고 Pathfinder 패널에서 'Divide(▣)'를 클릭하여 면을 분할합니다. Selection Tool(▶)로 더블 클릭하여 Isolation Mode로 전환하고 중앙의 오브젝트를 선택합니다. Pathfinder 패널에서 'Unite(▣)'를 클릭하여 합친 후 'Fill Color : C10M100Y70K20'을 지정합니다.

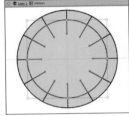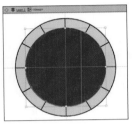

⑤ Selection Tool(▶)로 $\boxed{\text{Shift}}$를 누르면서 가장자리 6개의 분할된 오브젝트를 함께 선택하고 Color 패널에서 'Fill Color : C60Y50'을 지정합니다. 계속해서 나머지 6개의 오브젝트를 선택하고 'Fill Color : C10M100Y70'을 지정한 후 $\boxed{\text{Esc}}$를 눌러 정상 모드로 전환하고 $\boxed{\text{Ctrl}}$+$\boxed{\text{A}}$로 모두 선택하고 'Stroke Color : None'을 지정합니다.

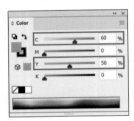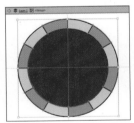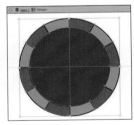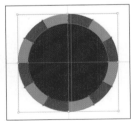

02 꽃 모양 만들기

① Ellipse Tool(◉)로 작업 도큐먼트를 클릭한 후 'Width : 13mm, Height : 13mm'를 입력하여 그리고 'Fill Color : M90Y80K10, Stroke Color : 임의 색상'을 지정합니다. Scale Tool(🔲)을 더블 클릭하여 'Uniform : 60%, Scale Strokes & Effects : 체크 해제'를 지정하고 [Copy]를 눌러 축소 복사합니다. $\boxed{\text{Ctrl}}$+$\boxed{\text{D}}$를 눌러 반복 복사합니다.

② 선택된 작은 정원에 'Fill Color : C10M20, Stroke Color : None'을 지정합니다. Selection Tool(▶)로 중간 크기의 정원을 선택하고 'Fill Color : None, Stroke Color : C0M0Y0K0'을 지정한 후 Stroke 패널에서 'Weight : 2pt'를 지정합니다. 큰 정원에는 'Stroke Color : None'을 지정합니다.

③ Ellipse Tool(◯)로 작업 도큐먼트를 클릭한 후 'Width : 3mm, Height : 3mm'를 입력하여 그리고 'Fill Color : M40Y30, Stroke Color : None'을 지정합니다. Direct Selection Tool(▷)로 하단 고정점을 선택하고 아래쪽으로 이동하여 패스를 변형합니다.

④ Direct Selection Tool(▷)로 Alt를 누르면서 양쪽의 핸들을 각각 이동하여 패스를 변형합니다. Selection Tool(▶)로 드래그하여 4개의 오브젝트를 선택하고 Align 패널에서 'Horizontal Align Center(▤)'를 클릭하여 가로 가운데 정렬을 지정합니다.

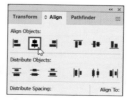
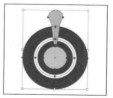

⑤ Selection Tool(▶)로 상단 오브젝트를 선택한 후 Rotate Tool(↻)로 Alt를 누르면서 정원의 중심점을 클릭한 후 [Rotate] 대화상자에서 'Angle : 30°'를 지정하고 [Copy]를 눌러 회전복사합니다. Ctrl+D를 10번 눌러 반복하여 동일한 각도로 회전 복사합니다.

 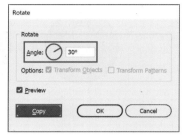 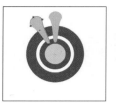 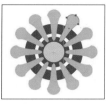

⑥ [Select]−[Same]−[Fill Color]를 선택한 후 [Object]−[Arrange]−[Send to Back]([Shift]+ [Ctrl]+[[])을 선택하고 맨 뒤로 보내기를 합니다. Selection Tool([▶])로 꽃 모양을 모두 선택 한 후 [Object]−[Group]([Ctrl]+[G])을 선택하고 그룹으로 설정합니다.

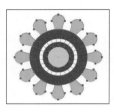 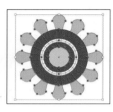

합격생의 비법

• [Select]−[Same]−[Fill Color]로 작업 도큐먼트에서 동일한 색상의 오브젝트를 빠르게 다중 선택할 수 있습니다.
• Selection Tool([▶])로 [Shift]를 누른 채 클릭하면 다중 선택이 가 능합니다.

03 축소 복사하고 색상 변경하기

① Scale Tool([⊞])을 더블 클릭하여 'Uniform : 60%, Scale Strokes & Effects : 체크'를 지 정하고 [Copy]를 눌러 축소 복사합니다.

 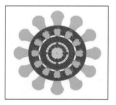

합격생의 비법

'Scale Strokes & Effects'에 체크하면 테두리의 두께와 이펙 트의 수치도 크기가 조절될 때 함께 조절됩니다

② Selection Tool([▶])로 왼쪽 아래로 이동하여 배치하고 더블 클릭하여 Isolation Mode로 전 환합니다. 큰 정원을 선택하여 'Fill Color : C10M80, Stroke Color : None'을 지정하고 [Esc]를 눌러 정상 모드로 전환합니다.

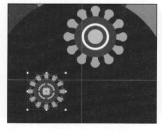  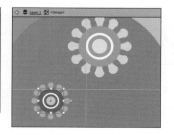

Isolation Mode로 전환하면 편집 중인 오브젝트의 색상만 선명하게 표시되고 나머지는 흐릿하게 됩니다.

04 벚꽃 모양 만들기

① Ellipse Tool(◯)로 작업 도큐먼트를 클릭한 후 'Width : 11mm, Height : 16mm'를 입력하여 그리고 'Fill Color : 임의 색상, Stroke Color : M60'을 지정하고 Stroke 패널에서 'Weight : 2pt'를 적용합니다.

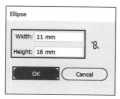

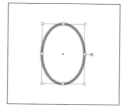

② Direct Selection Tool(▷)로 타원 하단의 고정점을 클릭한 후 Scale Tool(🖾)을 더블 클릭하고 'Uniform : 20%'를 지정하여 패스를 축소합니다.

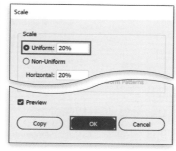
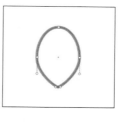

③ Gradient 패널에서 'Type : Linear Gradient, Angle : 90°'를 적용한 후 Gradient Slider의 왼쪽 'Color Stop'을 더블 클릭하여 M50Y40으로 적용하고 오른쪽 'Color Stop'을 더블 클릭하여 Y10을 적용합니다.

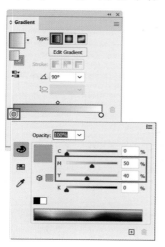
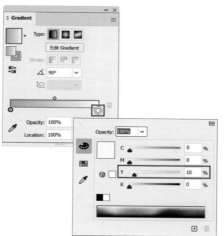

④ Selection Tool(▶)로 꽃잎 모양을 선택한 후 Rotate Tool(↻)로 Alt 를 누르면서 하단의 고정점을 클릭하고 [Rotate] 대화상자에서 'Angle : 60°'로 지정하고 [Copy]를 눌러 회전 복사한 후 Ctrl + D 를 4번 눌러 반복 복사합니다.

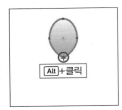 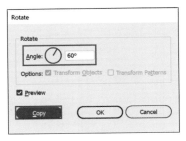 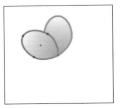 

⑤ Selection Tool(▶)로 상단의 꽃잎 모양을 선택하고 [Edit]-[Copy](Ctrl + C)로 복사하고 [Edit]-[Paste in Front](Ctrl + F)로 복사한 꽃잎 모양 앞에 붙여넣기를 한 후 더블 클릭하여 Isolation Mode로 전환합니다. Direct Selection Tool(▷)로 왼쪽 고정점을 선택하고 Delete 를 눌러 삭제하고 Esc 를 눌러 정상 모드로 전환한 후 [Object]-[Arrange]-[Bring to Front](Shift + Ctrl +])로 맨 앞으로 가져오기를 합니다.

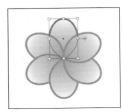   

⑥ Rectangle Tool(▭)로 드래그하여 사각형을 그리고 'Fill Color : M90Y20, Stroke Color : None'을 지정합니다. Ellipse Tool(⬭)로 작업 도큐먼트를 클릭한 후 'Width : 2.5mm, Height : 2.5mm'를 입력하여 동일한 색상의 정원을 그리고 Selection Tool(▶)로 Alt 를 누르면서 아래쪽으로 드래그하여 복사합니다.

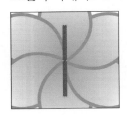 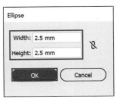 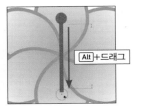

⑦ Selection Tool(▶)로 Shift 를 누르면서 사각형과 2개의 정원을 함께 선택하고 Align 패널에서 'Horizontal Align Center(≗)'를 클릭하여 가로 가운데 정렬을 지정한 후 Pathfinder 패널에서 'Unite(◪)'를 클릭하여 합칩니다.

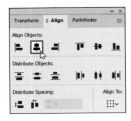 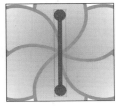  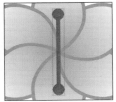

⑧ Rotate Tool()을 더블 클릭하여 'Angle : 45°'를 지정하고 [Copy]를 눌러 회전 복사한 후 Ctrl+D를 2번 눌러 반복 복사합니다.

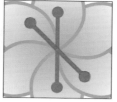
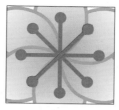

⑨ Ellipse Tool(●)로 Shift를 누르면서 정원을 그리고 'Fill Color : M90Y20, Stroke Color : None'을 지정합니다. [Select]-[Same]-[Fill Color]로 동일한 색상의 오브젝트를 모두 선택한 후 Align 패널에서 'Horizontal Align Center(▣)'와 'Vertical Align Center(▥)'를 각각 클릭하여 가운데 정렬을 지정한 후 Pathfinder 패널에서 'Unite(▣)'를 클릭하여 합칩니다.

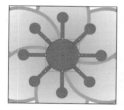
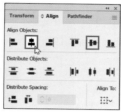

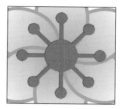

⑩ Scale Tool(▣)을 더블 클릭하여 'Uniform : 70%'를 지정하고 [Copy]를 눌러 축소 복사합니다. Rotate Tool(↻)을 더블 클릭하여 [Rotate] 대화상자에서 'Angle : 22.5°'를 지정하고 회전한 후 Color 패널에서 'Fill Color : C10M100Y70K20, Stroke Color : None'을 지정합니다.

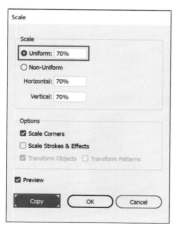
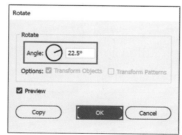

합격생의 비법

테두리가 지정되지 않았으므로 Scale Tool(▣) 대화상자의 Options에 'Scale Strokes & Effects'의 체크 여부는 굳이 설정하지 않아도 됩니다.

▲ 완성 이미지

01 가지 모양 만들기

① [File]−[New]를 선택하고 새 도큐먼트를 만듭니다. Pen Tool(✏)로 가지 모양을 그리고 'Fill Color : C30M100Y30, Stroke Color : None'을 지정합니다.

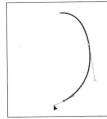
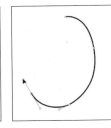

② Pen Tool(✏)로 가지 모양과 겹치도록 열린 패스를 그리고 'Fill Color : None, Stroke Color : 임의 색상'을 지정합니다. [Select]−[All](Ctrl+A)로 모두 선택하고 Pathfinder 패널에서 'Divide(▥)'를 클릭하여 면을 분할한 후 더블 클릭하여 Isolation Mode로 전환합니다. 오른쪽 오브젝트를 선택하여 'Fill Color : C40M100Y30K10, Stroke Color : None'을 지정하고 Esc를 눌러 정상 모드로 전환합니다.

③ Pen Tool()로 닫힌 패스를 그리고 'Fill Color : C80M50Y90, Stroke Color : None'을 지정합니다.

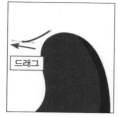   

합격생의 비법

패스를 그리는 과정 중 곡선의 고정점에 마우스를 올리면 (▶)표시가 됩니다. 클릭하여 한쪽 핸들을 삭제하고 다음 고정점을 직선 또는 곡선 방향이 다른 패스로 연결하여 그릴 수 있습니다.

④ [Object]–[Path]–[Offset Path]를 선택한 후 'Offset : −0.7mm'를 지정하여 축소된 복사본을 만든 후 'Fill Color : C60Y100, Stroke Color : None'을 지정합니다.

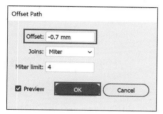 

⑤ Direct Selection Tool(▷)로 패스의 모서리 부분을 선택하고 이동하여 수정합니다. 축소된 패스의 면 색상을 클릭하여 선택하고 왼쪽으로 이동하여 배치합니다.

합격생의 비법

[Object]–[Path]–[Offset Path]를 선택하고 패스를 확대 및 축소하여 복사하는 과정에서 모서리 부분이 자연스럽지 못할 때는 Direct Selection Tool(▷)로 고정점을 수정합니다.

02 모자 모양 만들기

① Rounded Rectangle Tool(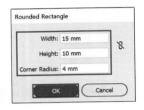)로 작업 도큐먼트를 클릭한 후 'Width : 15mm, Height : 10mm, Corner Radius : 4mm'를 입력하여 그리고 'Fill Color : M20, Stroke Color : 임의 색상'을 지정합니다.

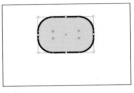

② Ellipse Tool()로 작업 도큐먼트를 클릭한 후 'Width : 30mm, Height : 11mm'를 입력하여 동일한 색상의 타원을 그리고 둥근 사각형의 하단에 겹치도록 배치합니다.

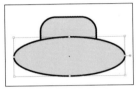

③ [Object]-[Transform]-[Move]를 선택하고 'Horizontal : 0mm, Vertical : -2mm'를 입력하고 [Copy]를 눌러 위쪽으로 이동하여 복사합니다. Direct Selection Tool(▷)로 이동 복사한 타원의 하단 고정점을 선택하고 Delete를 눌러 삭제한 후 'Fill Color : None'을 지정합니다.

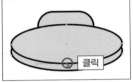

④ Selection Tool(▶)로 3개의 오브젝트를 선택하고 Pathfinder 패널에서 'Divide(⬚)'를 클릭하여 면을 분할한 후 더블 클릭하여 Isolation Mode로 전환합니다. Shift를 누르면서 하단 2개의 오브젝트를 함께 선택하고 Pathfinder 패널에서 'Unite(⬚)'를 클릭하여 합친 후 'Fill Color : C10M40Y10, Stroke Color : None'을 지정합니다.

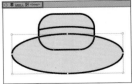

⑤ Selection Tool(▶)로 가운데 오브젝트를 선택하고 'Fill Color : C70M100, Stroke Color : None'을 지정한 후 상단 오브젝트를 선택하고 'Stroke Color : None'을 지정하고 [Esc]를 눌러 정상 모드로 전환합니다.

⑥ Selection Tool(▶)로 모자 모양을 선택하고 Rotate Tool(↻)을 더블 클릭하여 'Angle : –20°'를 지정하여 회전한 후 [Object]–[Ungroup]([Shift]+[Ctrl]+[G])을 선택하고 그룹을 해제합니다.

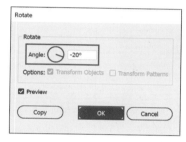 

⑦ Scissors Tool(✂)로 타원의 왼쪽과 오른쪽 패스 위에 각각 클릭하여 패스를 자른 후 Selection Tool(▶)로 하단의 열린 패스를 선택하고 [Object]–[Arrange]–[Send to Back]([Shift]+[Ctrl]+[[])을 선택하고 맨 뒤로 보내기를 합니다.

⑧ Selection Tool(▶)로 상단의 열린 패스를 더블 클릭하여 Isolation Mode로 전환합니다. Pen Tool(✏)로 열린 패스의 왼쪽 고정점을 클릭하여 패스를 연결한 후 모자의 앞쪽 모양을 닫힌 패스로 완성하고 [Esc]를 눌러 정상 모드로 전환합니다.

합격생의 비법

Pen Tool(✏)로 열린 패스의 시작 고정점에 마우스를 올리면 (▶)로 표시되며 클릭하여 패스를 연결할 수 있습니다.

03 눈과 입 모양 만들기

① Pen Tool(✏)로 눈썹 모양을 그리고 'Fill Color : K100, Stroke Color : None'을 지정합니다. Ellipse Tool(⬭)로 Shift 를 누르면서 정원을 그리고 'Fill Color : C0M0Y0K0, Stroke Color : K100'을 지정한 후 Stroke 패널에서 'Weight : 1pt'를 적용합니다. 계속해서 크기가 다른 2개의 원을 겹치도록 그리고 'Fill Color : K100, C0M0Y0K0, Stroke Color : None'을 각각 지정하여 눈동자 모양을 완성합니다.

② Selection Tool(▶)로 눈썹과 눈 모양을 함께 선택하고 Alt 를 누르면서 오른쪽 하단으로 드래그하여 복사한 후 복사된 눈썹 모양을 오른쪽으로 이동하여 배치합니다.

③ Pen Tool(✏)로 입 모양을 그리고 'Fill Color : C0M0Y0K0, Stroke Color : None'을 지정합니다.

④ 계속해서 Pen Tool(✏)로 곡선의 열린 패스를 그리고 'Fill Color : None, Stroke Color : K100'을 지정하고 Stroke 패널에서 'Weight : 3pt, Cap : Round Cap'을 지정하여 끝 모양이 둥근 패스를 배치합니다.

04 **팔 모양 만들고 변형하기**

① Pen Tool(✏)로 곡선의 열린 패스를 그리고 'Fill Color : None, Stroke Color : C60Y100'
을 지정하고 Stroke 패널에서 'Weight : 6pt, Cap : Round Cap'을 지정하여 끝 모양이 둥
근 패스를 배치합니다.

합격생의 비법

연속해서 열린 패스 그리기

Pen Tool(✏)로 열린 패스를 그린 후 Selection Tool(▶)을 선택 또는 Ctrl 을 누른채 도큐먼트의 빈 곳을 클릭하여 패
스의 선택을 해제한 후 새로운 패스를 그릴 수 있습니다.

② 계속해서 Pen Tool(✏)로 3개의 열린 패스를 각각 그리고 'Fill Color : None, Stroke Color :
C60Y100'을 지정하고 Stroke 패널에서 'Weight : 6pt, Cap : Round Cap'을 지정합니다.

③ Pen Tool(✏)로 곡선의 열린 패스를 그리고 'Fill Color : None, Stroke Color : C60Y100'
을 지정하고 Stroke 패널에서 'Weight : 8pt, Cap : Round Cap'을 지정하여 손가락 모양을
완성합니다.

④ Selection Tool(▶)로 드래그하여 5개의 열린 패스를 함께 선택하고 [Object]−[Path]−
[Outline Stroke]를 선택하여 선을 면으로 확장합니다.

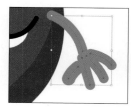 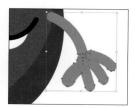

⑤ Ellipse Tool()로 드래그하여 손가락 모양과 겹치도록 타원을 그리고 'Fill Color : C60Y100, Stroke Color : None'을 지정합니다. Selection Tool(▶)로 조절점 밖에 마우스 커서를 위치하여 회전합니다.

⑥ Selection Tool(▶)로 타원과 면으로 확장된 오브젝트를 모두 선택하고 Pathfinder 패널에서 'Unite()'를 클릭하여 합칩니다.

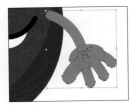

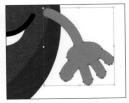

⑦ Rotate Tool(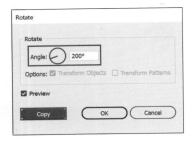)을 더블 클릭하여 'Angle : 200°'를 지정하고 [Copy]를 눌러 회전 복사한 후 왼쪽으로 이동하여 배치하고 [Object]-[Arrange]-[Send to Back]([Shift]+[Ctrl]+[[])을 선택하고 맨 뒤로 보내기를 합니다.

05 다리 모양 만들고 변형하기

① Pen Tool(✏)로 곡선의 열린 패스를 그리고 'Fill Color : None, Stroke Color : C60Y100'을 지정하고 Stroke 패널에서 'Weight : 6pt'를 지정하고 [Object]-[Path]-[Outline Stroke]를 선택하여 선을 면으로 확장합니다.

② Pen Tool()로 신발 모양 패스를 그리고 Selection Tool(▶)로 다리 모양과 함께 선택한 후 Pathfinder 패널에서 'Unite(🔲)'를 클릭하여 합친 후 'Fill Color : C60Y100, Stroke Color : None'을 지정합니다.

③ Pen Tool()로 곡선의 열린 패스를 그리고 'Fill Color : None, Stroke Color : 임의 색상'을 지정한 후 Stroke 패널에서 'Weight : 1pt'를 적용하고 [Object]-[Path]-[Outline Stroke]를 선택하여 선을 면으로 확장합니다.

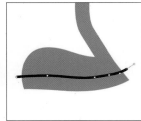

④ Selection Tool(▶)로 2개의 오브젝트를 함께 선택하고 Pathfinder 패널에서 'Minus Front(🔲)'를 클릭합니다.

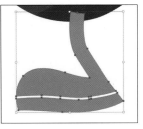

⑤ Rounded Rectangle Tool(🔲)로 임의 색상의 둥근 사각형을 신발 모양 하단과 겹치도록 그리고 Selection Tool(▶)로 Alt 를 누르면서 오른쪽으로 드래그하여 복사한 후 Ctrl + D 를 2번 눌러 간격에 맞춰 반복하여 복사합니다.

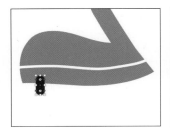
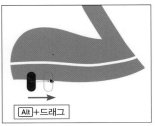
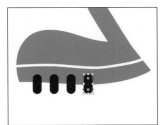

⑥ Group Selection Tool(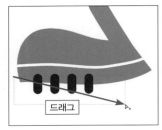)로 4개의 둥근 사각형과 신발의 굽 모양을 함께 선택하고 Path-
finder 패널에서 'Minus Front(□)'를 클릭한 후 'Fill Color : C80M40Y80, Stroke Color
: None'을 지정합니다.

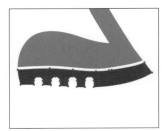

⑦ Selection Tool(▶)로 완성된 다리 모양을 선택하고 Shift+Ctrl+[를 눌러 맨 뒤로 보내기
를 합니다. Rotate Tool(⟳)을 더블 클릭하여 'Angle : 50°'를 지정하고 [Copy]를 눌러 복사
한 후 오른쪽으로 이동하여 배치합니다.

06 풍선 모양 만들기

① Ellipse Tool(⬤)로 작업 도큐먼트에 드래그하여 타원을 그리고 'Fill Color : M30Y100,
Stroke Color : None'을 지정합니다. 계속해서 Pen Tool(✏)로 동일한 색상의 삼각형 모양
패스를 타원 하단에 겹치도록 그립니다. Selection Tool(▶)로 타원과 삼각형을 함께 선택하
고 Pathfinder 패널에서 'Unite(□)'를 클릭하여 합칩니다.

② Blob Brush Tool()을 더블 클릭하여 [Blod Brush Tool Options] 대화상자에서 Default Brush Options의 'Size : 3pt'를 지정하고 'Fill Color : None, Stroke Color : C0M0Y0K0' 을 지정한 후 풍선 모양 위에 드래그하여 하이라이트 부분을 그립니다.

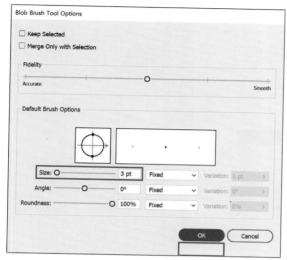

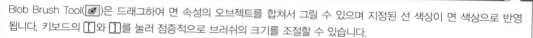

합격생의 비법

Blob Brush Tool()은 드래그하여 면 속성의 오브젝트를 합쳐서 그릴 수 있으며 지정된 선 색상이 면 색상으로 반영됩니다. 키보드의 [[]와 []]를 눌러 점증적으로 브러쉬의 크기를 조절할 수 있습니다.

③ Pencil Tool()로 드래그하여 풍선의 줄 모양을 그리고 'Fill Color : None, Stroke Color : M20'을 지정한 후 Stroke 패널에서 'Weight : 2pt'를 지정합니다. [Object]-[Path]-[Outline Stroke]를 선택하여 선을 면으로 확장하고 [Shift]+[Ctrl]+[[]를 눌러 맨 뒤로 보내기를 합니다.

④ Selection Tool(▶)로 풍선 모양을 모두 선택하고 Scale Tool(⊡)을 더블 클릭하여 'Uni-form : 75%'를 지정하고 [Copy]를 눌러 축소 복사합니다. Rotate Tool(↻)을 더블 클릭하여 'Angle : 45°'를 지정하여 회전한 후 왼쪽 상단으로 이동하여 배치하고 풍선 모양을 선택하고 'Fill Color : M50Y30, Stroke Color : None'을 지정합니다.

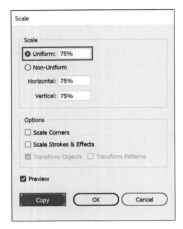  

CHAPTER 02

문자와 오브젝트

주요 기능	메뉴	단축키	출제빈도
Selection Tool	▶, ▷, ▷	V, A	★★★★★
Pen Tool	✎	P	★★★★★
Gradient Tool	▮	G	★★★★★
Shape Tool	⬲, ◉, ▦, ▢, ▢, ◯, ◉, ☆, ◜, ✎, ✂	W, M, L, B, C	★★★★★
Type Tool	T, ⟋	T	★★★★★
Transform Tool	↻, ▷◁, ▱, ➹	R, O, S	★★★★★
Transform Again	[Object]–[Transform]–[Transform Again]	Ctrl + D	★★★★
Arrange	[Object]–[Arrange]	Shift + Ctrl +] Ctrl +] Ctrl + [Shift + Ctrl + [	★★★
Outline Stroke	[Object]–[Path]–[Outline Stroke]		★★★★
Offset Path	[Object]–[Path]–[Offset Path]		★★★★
Expand Appearance	[Object]–[Expand Appearance]		★★
Create Outlines	[Type]–[Create Outlines]	Shift + Ctrl + O	★★★★★
Effect	[Effect]–[Illustrator Effects]–[Stylize]–[Drop Shadow]		★★★★★
Color Panel	[Window]–[Color]	F6	★★★★★
Pathfinder Panel	[Window]–[Pathfinder]	Shift + Ctrl + F9	★★★★★
Stroke Panel	[Window]–[Stroke]	Ctrl + F10	★★★★★
Character Panel	[Window]–[Type]–[Character]	Ctrl + T	★★★★★
Paragraph Panel	[Window]–[Type]–[Paragraph]	Alt + Ctrl + T	★★
Gradient Panel	[Window]–[Gradient]	Ctrl + F9	★★★★★
Align Panel	[Window]–[Align]	Shift + F7	★★★
Brushes Panel	[Window]–[Brushes]	F5	★★★★★

▶ 동영상 무료

▲ 완성 이미지

01 브러쉬 적용하여 배경 오브젝트 만들기

① [File]-[New]를 선택하고 새 도큐먼트를 만든 후 [View]-[Rulers]-[Show Rulers]를 선택하고 도큐먼트의 가로 중앙에 안내선을 표시합니다. Rectangle Tool(▣)로 작업 도큐먼트를 클릭한 후 'Width : 48mm, Height : 35mm'를 입력하여 그리고 'Fill Color : 임의 색상, Stroke Color : 임의 색상'을 지정합니다. Add Anchor Point Tool(✎)로 사각형 상단 선분 중앙에 클릭하여 고정점을 추가한 후 Direct Selection Tool(▷)로 위쪽으로 이동하여 패스를 변형합니다.

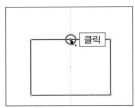
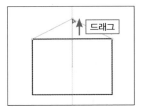

합격생의 비법

키보드의 화살표 ↑를 눌러 고정점을 이동할 수도 있습니다.

② [Object]-[Path]-[Offset Path]를 선택한 후 'Offset : 2mm'를 지정하여 확대된 복사본을 만듭니다.

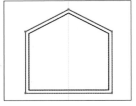

③ 계속해서 [Object]-[Path]-[Offset Path]를 선택한 후 'Offset : 3mm'를 지정하여 확대된 복사본을 만든 후 'Fill Color : C60M20, Stroke Color : None'을 지정한 후 Selection Tool(▶)로 도큐먼트의 빈 곳을 클릭하여 선택을 해제합니다.

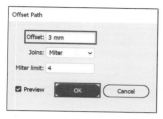

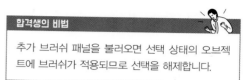

합격생의 비법

추가 브러쉬 패널을 불러오면 선택 상태의 오브젝트에 브러쉬가 적용되므로 선택을 해제합니다.

④ Brushes 패널 하단의 'Brush Libraries Menu'를 클릭하고 [Borders]-[Borders_Dashed]를 선택하여 추가 브러쉬 패널을 불러온 후 'Dashed Circles 1.1'을 선택합니다.

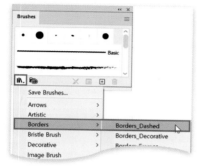

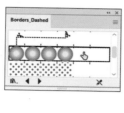

⑤ Selection Tool(▶)로 중간 크기의 오브젝트를 선택하고 브러쉬 패널에서 'Dashed Circles 1.1'을 선택한 후 Stroke 패널에서 'Weight : 0.5pt'를 적용하고 'Fill Color : None'을 지정합니다.

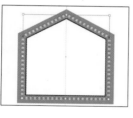

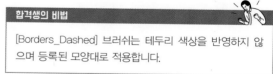

합격생의 비법

[Borders_Dashed] 브러쉬는 테두리 색상을 반영하지 않으며 등록된 모양대로 적용합니다.

⑥ Selection Tool(▶)로 가장 작은 오브젝트를 선택하고 Gradient 패널에서 'Type : Linear Gradient, Angle : 90°'를 적용하고 Gradient Slider의 왼쪽 'Color Stop'을 더블 클릭하여 C80M70을 적용하고 오른쪽 'Color Stop'을 더블 클릭하여 K100을 적용한 후 'Stroke Color : None'을 지정합니다.

02 눈사람 모양 만들고 그림자 효과 적용하기

① Ellipse Tool(⬤)로 작업 도큐먼트를 클릭한 후 'Width : 19mm, Height : 19mm'를 입력하여 그리고 'Fill Color : C10, Stroke Color : None'을 지정합니다. 계속해서 작업 도큐먼트를 클릭한 후 'Width : 12mm, Height : 12mm'를 입력하여 동일한 색상의 정원을 그리고 큰 정원의 상단에 겹치도록 배치합니다.

 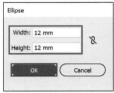 

② Ellipse Tool(⬤)로 Shift 를 누르면서 드래그하여 정원을 그리고 'Fill Color : K100, Stroke Color : None'을 지정합니다. Selection Tool(▶)로 Alt 를 누르면서 오른쪽 아래로 드래그하여 복사합니다.

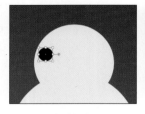 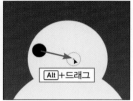

③ Pen Tool(✐)로 코 모양을 닫힌 패스로 그리고 'Fill Color : M100Y50, Stroke Color : None'을 지정합니다.

④ Pen Tool(✐)로 모자 모양을 닫힌 패스로 그리고 'Fill Color : M90Y50, Stroke Color : None'을 지정합니다. Ellipse Tool(⬤)로 Shift 를 누르면서 드래그하여 정원을 모자의 끝 부분과 겹치도록 그리고 'Fill Color : M90Y50, Stroke Color : None'을 지정합니다.

⑤ Ellipse Tool()로 작업 도큐먼트를 클릭한 후 'Width : 11mm, Height : 6mm'를 입력하여 그리고 'Fill Color : C50Y100, Stroke Color : None'을 지정한 후 Ctrl+[[]를 여러 번 눌러 머리 모양의 뒤로 보내기를 합니다.

⑥ Pen Tool(✏️)로 머플러 모양을 닫힌 패스로 그리고 'Fill Color : C50Y100, Stroke Color : None'을 지정합니다.

⑦ Knife(🔪)로 머플러 모양을 완전히 통과하도록 가로로 3번 드래그하여 면을 분할합니다. Selection Tool(▶)로 Shift를 누르면서 2개의 오브젝트를 선택하고 'Fill Color : C40M80Y10, Stroke Color : None'을 지정합니다.

합격생의 비법

Knife(✏️)로 면을 분할할 때는 반드시 분할할 오브젝트를 선택한 상태에서 드래그해야 다른 오브젝트에 적용되지 않습니다.

⑧ Selection Tool(▶)로 눈사람 모양을 모두 선택하고 [Object]-[Group]([Ctrl]+[G])을 선택하고 그룹을 설정한 후 [Effect]-[Illustrator Effects]-[Stylize]-[Drop Shadow]를 선택하고 'Opacity : 75%, X Offset : 2.47mm, Y Offset : 2.47mm, Blur : 1.76mm'를 지정하여 그림자 효과를 적용합니다.

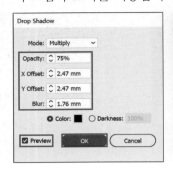

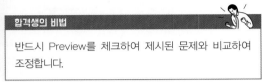
합격생의 비법

반드시 Preview를 체크하여 제시된 문제와 비교하여 조정합니다.

03 눈 결정체 모양 만들기

① Ellipse Tool(⬭)로 작업 도큐먼트를 클릭한 후 'Width : 2mm, Height : 2mm'를 입력하여 그리고 'Fill Color : C0M0Y0K0, Stroke Color : None'을 지정합니다. Line Segment Tool(╱)로 [Shift]를 누르면서 드래그하여 정원의 상단에 수직선을 그리고 'Fill Color : None, Stroke Color : C0M0Y0K0'을 지정하고 Stroke 패널에서 'Weight : 2pt, Cap : Round Cap'을 지정합니다.

② Selection Tool(▶)로 수직선과 정원을 함께 선택하고 Align 패널에서 'Horizontal Align Center(⬌)'를 클릭하여 가로 가운데 정렬을 지정합니다. Line Segment Tool(╱)로 2개의 길이가 다른 사선을 그리고 'Fill Color : None, Stroke Color : C0M0Y0K0'을 지정하고 Stroke 패널에서 'Weight : 2pt, Cap : Round Cap'을 지정합니다.

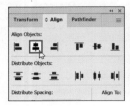
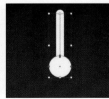

③ Selection Tool(▶)로 2개의 사선을 선택하고 Reflect Tool(◀|)로 [Alt]를 누르고 정원의 중심점을 클릭하여 'Axis : Vertical'을 지정하고 [Copy]를 눌러 복사합니다. Selection Tool(▶)로 5개의 선을 함께 선택하고 [Object]-[Path]-[Outline Stroke]를 선택하여 선을 면으로 확장합니다.

④ Rotate Tool(⟳)로 Alt를 누르면서 정원의 중심점을 클릭하여 [Rotate] 대화상자에서 'Angle : 72°'를 지정하고 [Copy]를 눌러 회전 복사한 후 Ctrl+D를 3번 눌러 동일한 각도로 반복 복사합니다.

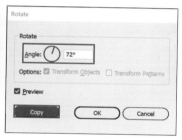

⑤ Selection Tool(▶)로 눈 결정 모양을 모두 선택하고 Pathfinder 패널에서 'Unite(◻)'를 클릭하여 합친 후 도큐먼트의 빈 곳을 클릭하여 선택을 해제합니다.

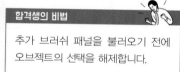

04 브러쉬 적용하여 바람 모양 만들기

① Brushes 패널 하단의 'Brush Libraries Menu'를 클릭하고 [Artistic]-[Artistic_Ink]를 선택하여 추가 브러쉬 패널을 불러온 후 'Dry Ink 2'를 선택합니다.

② Paintbrush Tool(🖌)을 선택하고 'Fill Color : None, Stroke Color : C0M0Y0K0'을 지정하고 Stroke 패널에서 'Weight : 0.5pt'를 지정한 후 왼쪽에서 오른쪽으로 드래그하여 칠합니다.

05 문자 오브젝트 만들고 변형과 그림자 효과 적용하기

① Type Tool(T)로 작업 도큐먼트를 클릭한 후 Character 패널에서 'Set font family : Arial, Set font style : Black, Set font size : 29pt'를 설정하고 'Fill Color : C20Y10, Stroke Color : None'을 지정한 후 SNOW MAN을 입력합니다. Selection Tool (▶)로 선택한 후 [Type]–[Create Outlines]([Shift]+[Ctrl]+[O])를 선택하고 문자를 윤곽선으로 변환합니다.

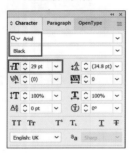  

② Selection Tool(▶)로 더블 클릭하여 Isolation Mode로 전환하고 S 문자 오브젝트와 M 문자 오브젝트를 각각 선택하여 Scale Tool(🔲)을 더블 클릭하고 'Uniform : 150%'를 지정하여 확대하고 각각의 위치를 조절합니다.

③ Direct Selection Tool()로 S 문자 오브젝트와 N 문자 오브젝트의 왼쪽과 오른쪽 고정점을 각각 클릭하여 선택하고 이동하여 변형한 후 Esc 를 눌러 정상 모드로 전환합니다.

④ Selection Tool()로 문자 오브젝트를 선택하고 [Object]-[Path]-[Offset Path]를 선택한 후 'Offset : 2mm'를 지정하여 확대된 복사본을 만든 후 'Fill Color : C60M20, Stroke Color : None'을 지정합니다.

⑤ Pathfinder 패널에서 'Unite()'를 클릭하여 합친 후 Shift + Ctrl + [를 눌러 맨 뒤로 보내기를 합니다.

⑥ [Effect]-[Illustrator Effects]-[Stylize]-[Round Corners]를 선택하고 'Radius : 3mm'를 지정하고 모서리를 둥글게 만든 후 [Object]-[Expand Appearance]를 선택하여 오브젝트의 속성을 확장합니다.

⑦ Selection Tool()로 앞 쪽의 SNOW MAN 문자 오브젝트를 더블 클릭하여 Isolation Mode로 전환합니다. Ctrl + A 로 SNOW MAN 문자 오브젝트를 모두 선택하고 [Effect]-[Illustrator Effects]-[Stylize]-[Drop Shadow]를 선택하고 'Opacity : 75%, X Offset : 1mm, Y Offset : 1mm, Blur : 1mm'를 지정하여 그림자 효과를 적용하고 Esc 를 눌러 정상 모드로 전환합니다.

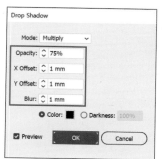

02 곡선을 따라 흐르는 문자 입력하기

▲ 완성 이미지

01 기차 모양 오브젝트 만들기

① [File]-[New]로 새 도큐먼트를 만들고 Rectangle Tool(▢)로 작업 도큐먼트를 클릭한 후 'Width : 20mm, Height : 9mm'를 입력하여 그리고 'Fill Color : C30M70, Stroke Color : None'을 지정합니다. 계속해서 작업 도큐먼트를 클릭한 후 'Width : 14mm, Height : 17mm'를 입력하여 그리고 'Fill Color : C30Y100, Stroke Color : None'을 지정하고 그림과 같이 배치합니다.

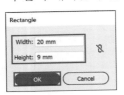 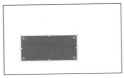  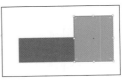

② Rectangle Tool(▢)로 드래그하여 크기가 다른 2개의 사각형을 그리고 'Fill Color : C90M10, M20Y30, Stroke Color : None'을 각각 지정합니다. Rounded Rectangle Tool (▢)로 드래그하여 2개의 둥근 사각형을 그리고 'Fill Color : M100Y60, M40Y100, Stroke Color : None'을 각각 지정합니다.

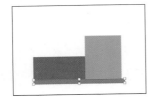 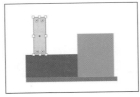 

③ Selection Tool(▶)로 3개의 오브젝트를 함께 선택하고 Align 패널에서 'Horizontal Align Center(▣)'를 클릭하여 가로 가운데 정렬을 지정합니다.

 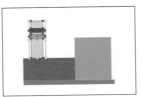

④ Rounded Rectangle Tool(▣)로 드래그하여 크기가 다른 2개의 둥근 사각형을 그리고 'Fill Color : M90Y10, C30Y100, Stroke Color : None'을 각각 지정하여 배치합니다. 계속해서 창문 모양을 그리고 'Fill Color : C0M0Y0K0, Stroke Color : None'을 지정하고 Selection Tool(▶)로 Alt + Shift 를 누르면서 오른쪽으로 드래그하여 복사합니다.

  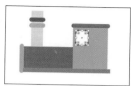 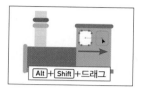

⑤ Rectangle Tool(▣)로 드래그하여 사각형을 그리고 'Fill Color : M20Y30, Stroke Color : None'을 지정합니다. Direct Selection Tool(▷)로 왼쪽 2개의 고정점을 드래그하여 선택하고 [Object]-[Path]-[Average]를 선택하고 'Axis : Both'를 지정하여 한 점에 정렬하여 삼각형을 만듭니다.

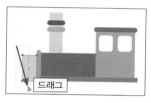  

⑥ Ellipse Tool(◯)로 작업 도큐먼트를 클릭한 후 'Width : 6.5mm, Height : 6.5mm'를 입력하여 정원을 그리고 'Fill Color : M40Y100, Stroke Color : None'을 지정합니다. 계속해서 Shift 를 누르면서 드래그하여 크기가 작은 정원을 그리고 'Fill Color : M90Y10, Stroke Color : None'을 지정합니다.

 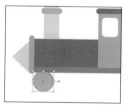 

⑦ Selection Tool(▶)로 2개의 정원을 함께 선택하고 Align 패널에서 'Horizontal Align Center(▦)'와 'Vertical Align Center(▦)'를 클릭하여 중앙에 정렬합니다.

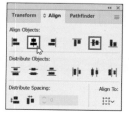 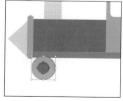

⑧ Selection Tool(▶)로 Alt + Shift 를 누르면서 오른쪽으로 드래그하여 복사하고 Ctrl + D 를 눌러 간격에 맞춰 반복하여 복사합니다.

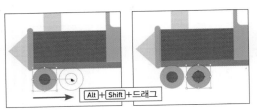

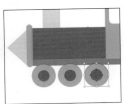

⑨ Ellipse Tool(◯)로 작업 도큐먼트를 클릭한 후 'Width : 12mm, Height : 12mm'를 입력하여 그리고 'Fill Color : M60Y90, Stroke Color : None'을 지정합니다. 계속해서 Alt + Shift 를 누르면서 큰 정원의 중심점에서부터 드래그하여 크기가 다른 2개의 정원을 그리고 'Fill Color : M40Y100, M90Y10, Stroke Color : None'을 순서대로 각각 지정합니다.

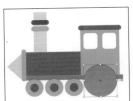

⑩ Rectangle Tool(▢)로 작업 도큐먼트를 클릭한 후 'Width : 20mm, Height : 13mm'를 입력하여 그리고 'Fill Color : C60Y80, Stroke Color : None'을 지정합니다.

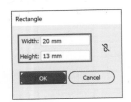
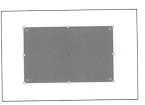

⑪ Rounded Rectangle Tool(▢)로 작업 도큐먼트를 클릭한 후 'Width : 17mm, Height : 8mm, Corner Radius : 1mm'를 입력하여 그리고 'Fill Color : 임의 색상, Stroke Color : 임의 색상'을 지정합니다. Ctrl + Y 로 윤곽선 보기를 한 후 Direct Selection Tool(▷)로 드래그하여 상단 4개의 고정점을 선택하고 ◉를 안쪽으로 드래그하여 모서리를 둥글게 조절하고 Ctrl + Y 로 미리보기로 전환합니다.

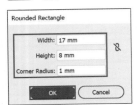
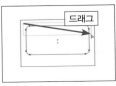

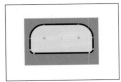

⑫ Selection Tool(▶)로 사각형과 함께 선택하고 Align 패널에서 'Horizontal Align Center(▣)'를 클릭하여 가로 가운데 정렬을 지정한 후 Pathfinder 패널에서 'Minus Front(▣)'를 클릭합니다.

⑬ Rectangle Tool(▣)로 드래그하여 상단에 사각형을 그리고 'Fill Color : C90M10, Stroke Color : None'을 지정합니다. Selection Tool(▶)로 Alt 를 누르면서 아래쪽으로 드래그하여 복사한 후 3개의 오브젝트를 선택하고 Align 패널에서 'Horizontal Align Center(▣)'를 클릭하여 가로 가운데 정렬을 지정합니다.

 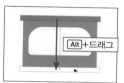  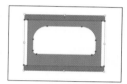

⑭ Rectangle Tool(▣)로 2개의 기차 모양 사이에 드래그하여 사각형을 그리고 'Fill Color : C80M70, Stroke Color : None'을 지정한 후 Shift + Ctrl + [를 눌러 맨 뒤로 보내기를 합니다.

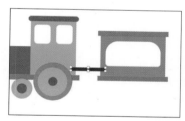 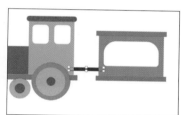

⑮ Selection Tool(▶)로 작은 바퀴 모양의 2개의 정원을 선택하고 Alt + Shift 를 누르면서 오른쪽 작은 기차 모양으로 드래그하여 복사합니다. 계속해서 같은 방법으로 복사하여 오른쪽에 배치합니다.

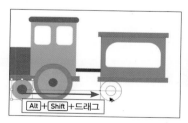 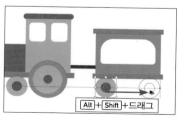

합격생의 비법

오브젝트 생성, 이동, 복사할 때는 [View]-[Smart Guides](Ctrl + U)를 클릭하면 오브젝트의 중심점, 위치, 배치 등을 지정하기 편리합니다.

02 인형 모양 만들기

① Rounded Rectangle Tool(▣)로 작업 도큐먼트를 클릭한 후 'Width : 6mm, Height : 10mm, Corner Radius : 3mm'를 입력하여 그리고 'Fill Color : C50M20, Stroke Color : None'을 지정합니다.

② 계속해서 Rounded Rectangle Tool(▣)로 둥근 사각형의 하단과 겹치도록 그리고 'Fill Color : 임의 색상, Stroke Color : 임의 색상'을 지정합니다. Selection Tool(▶)로 2개의 오브젝트를 함께 선택하고 Pathfinder 패널에서 'Minus Front(▣)'를 클릭합니다.

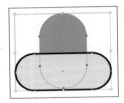  

③ Line Segment Tool(╱)로 **Shift**를 누르면서 드래그하여 수평선을 겹치도록 그리고 'Fill Color : None, Stroke Color : 임의 색상'을 지정합니다. Selection Tool(▶)로 2개의 오브젝트를 선택하고 Pathfinder 패널에서 'Divide(▣)'를 클릭하여 면을 분할한 후 더블 클릭하여 Isolation Mode로 전환합니다. 하단 오브젝트를 선택하여 'Fill Color : C30M70, Stroke Color : None'을 지정합니다.

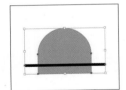  

④ Ellipse Tool(⬤)로 작업 도큐먼트를 클릭한 후 'Width : 2mm, Height : 3.5mm'를 입력하여 그리고 'Fill Color : C50M20, Stroke Color : None'을 지정한 후 Rotate Tool(↻)을 더블 클릭하여 'Angle : 20°'를 지정하여 회전합니다.

  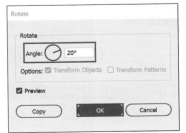 

⑤ Reflect Tool()로 Alt를 누르고 가운데 고정점을 클릭하여 'Axis : Vertical'을 지정하고 [Copy]를 눌러 복사합니다.

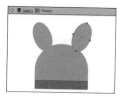

⑥ Selection Tool(▶)로 3개의 오브젝트를 함께 선택하고 Pathfinder 패널에서 'Unite(□)'를 클릭하여 합칩니다.

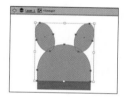

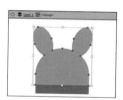

⑦ Ellipse Tool(○)로 Shift를 누르면서 드래그하여 정원을 그리고 'Fill Color : K100, Stroke Color : None'을 지정한 후 Selection Tool(▶)로 Alt+Shift를 누르면서 오른쪽으로 드래그하여 복사하고 Esc를 눌러 정상 모드로 전환합니다. Selection Tool(▶)로 인형 모양을 선택하고 작은 기차 모양 중앙에 배치한 후 Shift+Ctrl+[ ]를 눌러 맨 뒤로 보내기를 합니다.

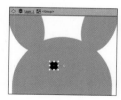
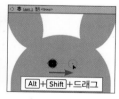

03 증기 모양 오브젝트 만들고 그라디언트 적용하기

① Ellipse Tool(○)로 작업 도큐먼트에 드래그하여 크기가 다른 3개의 타원을 겹치도록 그리고 'Fill Color : 임의 색상, Stroke Color : 임의 색상'을 지정합니다. Pen Tool(✎)로 타원과 겹치도록 패스를 그리고 4개의 오브젝트를 함께 선택하고 Pathfinder 패널에서 'Unite(□)'를 클릭하여 합칩니다.

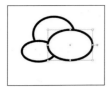   

② Gradient 패널에서 'Type : Linear Gradient, Angle : 90°'를 적용하고 Gradient Slider 의 왼쪽 'Color Stop'을 더블 클릭하여 C10M10을 적용하고 오른쪽 'Color Stop'을 더블 클릭 하여 C30M20을 적용한 후 'Stroke Color : None'을 지정합니다.

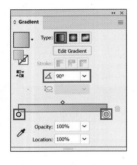 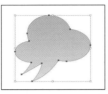

③ Scale Tool(⊞)을 더블 클릭하여 'Uniform : 70%'를 지정하고 [Copy]를 눌러 복사합니다. Rotate Tool(↻)을 더블 클릭하여 'Angle : −30°'를 지정하여 회전한 후 'Fill Color : C20M10, Stroke Color : None'을 지정하고, Ctrl+[ ]를 눌러 뒤로 보내기를 하고 배치합니다.

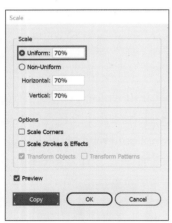 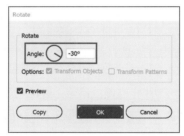 

04 곡선 패스 그리고 문자 입력하기

① Pen Tool(✎)로 드래그하여 문자를 입력할 열린 곡선 패스를 그리고 'Fill Color : None, Stroke Color : 임의 색상'을 지정합니다.

② Type on a Path Tool()로 곡선 패스의 왼쪽 끝점을 클릭하고 Character 패널에서 'Set font family : Times New Roman, Set font style : Bold, Set font size : 17pt'를 설정하고 'Fill Color : C100M100K20, Stroke Color : None'을 지정하여 International Toy Fair를 입력합니다.

③ Selection Tool(▶)로 패스 상의 왼쪽 수직선 모양(▶)을 클릭하여 오른쪽으로 드래그하여 패스 상의 문자의 위치를 조절한 후, 도큐먼트의 빈 곳을 클릭하여 선택을 해제합니다.

05 브러쉬 적용하기

① Brushes 패널 하단의 'Brush Libraries Menu'를 클릭하고 [Artistic]-[Artistic_Water-color]를 선택하여 추가 브러쉬 패널을 불러온 후 'Watercolor Stroke 3'을 선택합니다.

② Line Segment Tool(／)로 Shift 를 누르면서 왼쪽에서 오른쪽으로 드래그하여 바퀴 모양 하단에 수평선을 그리고 'Fill Color : None, Stroke Color : C80Y100'을 지정하고 Stroke 패널에서 'Weight : 0.75pt'를 지정합니다. [Object]-[Arrange]-[Send to Back](Shift + Ctrl + [ )을 선택하고 맨 뒤로 보내기를 합니다.

▲ 완성 이미지

01 브러쉬와 그라디언트 적용하여 원형 만들기

① [File]-[New]로 새 도큐먼트를 만들고 [View]-[Rulers]-[Show Rulers]를 선택한 후 도큐먼트의 중앙에 안내선을 표시합니다. Brushes 패널 하단의 'Brush Libraries Menu'를 클릭하고 [Artistic]-[Artistic_Ink]를 선택하여 추가 브러쉬 패널을 불러온 후 'Light Ink Wash'를 선택합니다.

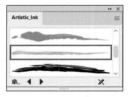

② Ellipse Tool(◉)로 **Alt**를 누르면서 안내선의 교차 지점을 클릭하여 'Width : 67mm, Height : 67mm'를 입력하여 그리고 'Fill Color : C10M10Y30, Stroke Color : C40M70Y100K50'을 지정하고 Stroke 패널에서 'Weight : 1pt'를 지정합니다.

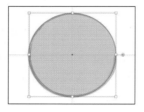

③ Scale Tool(▣)을 더블 클릭하여 'Uniform : 70%, Scale Strokes & Effects : 체크 해제'를 지정하고 [Copy]를 눌러 축소하여 복사합니다.

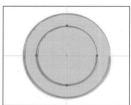

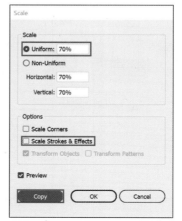

④ Gradient 패널에서 'Type : Radial Gradient'를 적용하고 Gradient Slider의 왼쪽 'Color Stop'을 더블 클릭하여 C20Y30을 적용하여 'Location : 30%'로 지정하고 오른쪽 'Color Stop'을 더블 클릭하여 C0M0Y0K0을 적용합니다.

 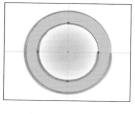

02 곡선을 따라 흐르는 문자 입력하기

① Scale Tool(⊞)을 더블 클릭하여 'Uniform : 110%, Scale Strokes & Effects : 체크 해제'를 지정하고 [Copy]를 눌러 확대하여 복사한 후 'Fill Color : None, Stroke Color : 임의 색상'을 지정합니다. Direct Selection Tool(▷)로 정원 하단의 고정점을 클릭하고 Delete 를 눌러 삭제하여 열린 패스로 변형합니다.

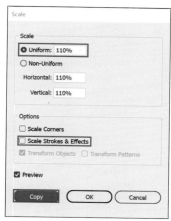 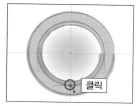 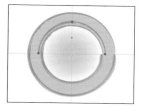

클릭

② Type on a Path Tool(⤹)로 곡선 패스의 왼쪽 끝점을 클릭하고 Character 패널에서 'Set font family : Times New Roman, Set font style : Bold, Set font size : 18pt'를 설정하고 Paragraph 패널에서 'Align center(≡)'를 클릭하여 가운데 정렬을 지정합니다. Color 패널에서 'Fill Color : C40M60Y90K30, Stroke Color : None'을 지정하고 DINOSAUR PARK를 입력합니다.

합격생의 비법

Type on a Path Tool(⤹)을 사용하여 문자를 입력할 때는 패스의 색상은 없어지므로 면과 테두리에 별도의 색상 지정은 큰 의미가 없습니다.

③ Selection Tool(▶)로 큰 정원을 선택하고 Scale Tool(⬚)을 더블 클릭하여 'Uniform : 90%, Scale Strokes & Effects : 체크 해제'를 지정하고 [Copy]를 눌러 축소하여 복사한 후 'Fill Color : None, Stroke Color : 임의 색상'을 지정합니다. Scissors Tool(✂)로 정원 하단의 왼쪽과 오른쪽 선분 위에 각각 클릭하여 패스를 자릅니다.

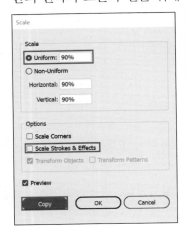
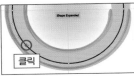
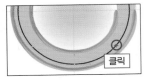

④ Selection Tool(▶)로 상단의 열린 패스를 선택하고 Delete 를 눌러 삭제합니다.

⑤ Type on a Path Tool(⤻)로 곡선 패스의 오른쪽 끝점을 클릭한 후 Character 패널에서 'Set font family : Times New Roman, Set font style : Bold, Set font size : 12pt'를 설정하고 Paragraph 패널에서 'Align center(≡)'를 클릭하여 가운데 정렬을 지정합니다.

⑥ Color 패널에서 'Fill Color : C40M60Y90K30, Stroke Color : None'을 지정하고 Since 2012를 입력합니다. Selection Tool(▶)로 패스 상의 중앙 수직선 모양(▶)을 클릭하여 위쪽으로 드래그하고 패스 안쪽으로 이동하여 문자의 위치를 조절합니다.

⑦ Star Tool(⭐)로 Shift 를 누르면서 드래그하여 별 모양을 그리고 'Fill Color : C20M40Y60, Stroke Color : None'을 지정합니다. Selection Tool(▶)로 Alt + Shift 를 누르면서 오른쪽 으로 드래그하여 복사하여 배치합니다.

03 공룡 모양 오브젝트 만들기

① Pen Tool(✎)로 공룡의 얼굴과 몸통 모양을 그리고 'Fill Color : C50M10Y40, Stroke Color : None'을 지정합니다. 계속해서 머리와 코의 뿔 모양을 그리고 'Fill Color : M90Y50, Stroke Color : None'을 지정합니다.

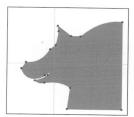 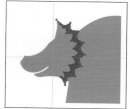 

② Pen Tool(✎)로 동일한 색상으로 머리의 뿔 모양을 그리고 Selection Tool(▶)로 Alt 를 누 르면서 왼쪽으로 드래그하여 복사하고 Shift + Ctrl + [를 눌러 맨 뒤로 보내기를 합니다.

③ Ellipse Tool(⬭)로 Shift 를 누르면서 드래그하여 크기가 다른 2개의 정원을 그리고 'Fill Color : C0M0Y0K0, K100, Stroke Color : None'을 각각 지정하여 눈의 모양을 완성합니다.

④ Selection Tool(▶)로 중앙의 정원을 선택하고 Ctrl+C로 복사를 하고 Ctrl+F로 복사한 오브젝트 앞에 붙이기를 한 후 Shift+Ctrl+]로 맨 앞으로 가져오기를 합니다. Tool 패널 하단의 Default Fill and Stroke(◘)를 클릭합니다.

⑤ Selection Tool(▶)로 정원과 공룡 모양을 함께 선택하고 Pathfinder 패널에서 'Crop(▣)' 을 클릭하여 맨 앞의 정원과 겹친 부분을 잘라준 후, 도큐먼트의 빈 곳을 클릭하여 선택을 해제합니다.

04 배너 브러쉬와 이펙트 적용하기

① Brushes 패널 하단의 'Brush Libraries Menu'를 클릭하고 [Decorative]–[Decorative_ Banners and Seals]를 선택하여 추가 브러쉬 패널을 불러온 후 'Banner 14'를 선택합니다.

② Line Segment Tool(╱)로 작업 도큐먼트에 클릭하여 'Length : 85mm, Angle : 0°'를 지정하여 수평선을 그리고 'Fill Color : None, Stroke Color : 임의 색상'을 지정한 후 'Banner 14' 브러쉬를 적용하고 Stroke 패널에서 'Weight : 1pt'를 지정합니다.

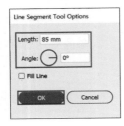

③ [Effect]-[Illustrator Effects]-[Stylize]-[Drop Shadow]를 선택하고 'Opacity : 50%, X Offset : 2mm, Y Offset : 2mm, Blur : 1mm'를 지정하여 그림자 효과를 적용합니다.

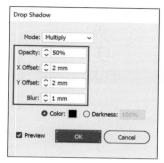

05 문자 오브젝트 만들고 변형하기

① Type Tool(T)로 작업 도큐먼트를 클릭한 후 Character 패널에서 'Set font family : Arial, Set font style : Black, Set font size : 26pt'를 설정하고 'Fill Color : C10M60Y70, Stroke Color : None'을 지정한 후 ADVENTURE를 입력합니다.

② Selection Tool(▶)로 ADVENTURE 문자를 선택하고 [Effect]-[Illustrator Effects]-[Warp]-[Arc]를 선택하고 'Horizontal : 체크, Bend : 25%'를 설정하고 문자의 모양을 변형한 후 [Object]-[Expand Appearance]를 선택하여 오브젝트의 속성을 확장합니다.

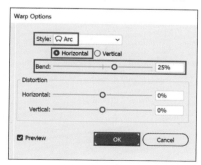

합격생의 비법

오브젝트의 속성을 확장하면 [Type]-[Create Outlines]([Shift]+[Ctrl]+[O])를 하지 않아도 문자가 변형된 모양대로 윤곽선으로 변환합니다.

③ Selection Tool(▶)로 ADVENTURE 문자 오브젝트를 더블 클릭하여 Isolation Mode로 전환합니다. Pen Tool(✎)로 곡선의 열린 패스를 겹치도록 그리고 'Fill Color : None, Stroke Color : 임의 색상'을 지정합니다.

④ Ctrl+A로 문자 오브젝트와 열린 패스를 모두 선택하고 Pathfinder 패널에서 'Divide(▣)'를 클릭하여 면을 분할합니다.

⑤ Selection Tool(▶)로 Shift를 누르면서 클릭하여 분할된 하단 오브젝트를 모두 선택하고 'Fill Color : C70M30Y30K50, Stroke Color : None'을 지정하고 키보드의 화살표 ↓를 여러 번 눌러 이동한 후 Esc를 눌러 정상 모드로 전환합니다.

어플리케이션 디자인

주요 기능	메뉴	단축키	출제빈도
Selection Tool	▶, ▷, ▷	V, A	★★★★★
Pen Tool	✐	P	★★★★★
Gradient Tool	▣	G	★★★★★
Shape Tool	╱, ◉, ⌒, ▢, ▢, ◉, ◉, ☆	W, M, L	★★★★★
Type Tool	T	T	★★★★★
Transform Tool	↻, ▷◁, ▱, ☞	R, O, S	★★★★★
Transform Again	[Object]–[Transform]–[Transform Again]	Ctrl + D	★★★★★
Arrange	[Object]–[Arrange]	Shift + Ctrl +] Ctrl +] Ctrl + [Shift + Ctrl + [	★★★
Group	[Object]–[Group]	Ctrl + G	★★★★★
Outline Stroke	[Object]–[Path]–[Outline Stroke]		★★★
Offset Path	[Object]–[Path]–[Offset Path]		★★★★
Expand Appearance	[Object]–[Expand Appearance]		★★
Pathfinder Panel	[Window]–[Pathfinder]	Shift + Ctrl + F9	★★★★★
Color Panel	[Window]–[Color]	F6	★★★★★
Stroke Panel	[Window]–[Stroke]	Ctrl + F10	★★★★★
Character Panel	[Window]–[Type]–[Character]	Ctrl + T	★★★★★
Paragraph Panel	[Window]–[Type]–[Paragraph]	Alt + Ctrl + T	★★
Gradient Panel	[Window]–[Gradient]	Ctrl + F9	★★★★★
Align Panel	[Window]–[Align]	Shift + F7	★★★★
Transparency Panel	[Window]–[Transparency]	Shift + Ctrl + F10	★★★★★

01 간격이 일정한 그룹 지정하여 태그 모양 만들기

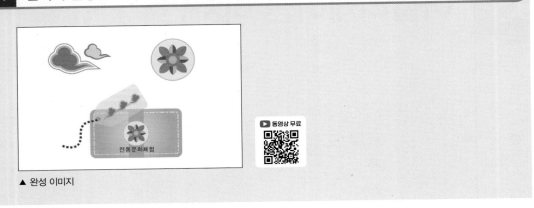

▲ 완성 이미지

01 구름 문양 만들기

① [File]−[New]로 새 도큐먼트를 만들고 Ellipse Tool(◯)로 크기가 다른 3개의 원을 겹치도록 그리고 'Fill Color : 임의 색상, Stroke Color : 임의 색상'을 지정합니다. 계속해서 Pen Tool(✐)로 하단에 겹치도록 패스를 그리고 배치합니다.

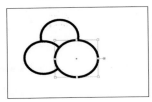 

② Ctrl + A로 모두 선택하고 Pathfinder 패널에서 'Unite(▣)'를 클릭하여 합친 후 'Fill Color : C10M70Y40, Stroke Color : None'을 지정합니다.

③ [Object]−[Path]−[Offset Path]를 선택한 후 'Offset : 1mm'를 지정하여 확대된 복사본을 만든 후 'Fill Color : M30Y80, Stroke Color : None'을 지정합니다. 계속해서 [Offset Path]를 선택한 후 'Offset : 1mm'를 지정하여 확대된 복사본을 만든 후 'Fill Color : None, Stroke Color : M60Y50'을 지정하고 Stroke 패널에서 'Weight : 1pt'를 지정합니다.

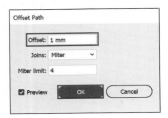  

④ Direct Selection Tool(🔺)로 드래그하여 2개의 고정점을 선택하고 오른쪽으로 이동하여 패스를 변형합니다.

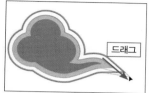

⑤ Selection Tool(▶)로 Shift 를 누르면서 안쪽 2개의 구름 문양을 함께 선택하고 Scale Tool(📐)을 더블 클릭하여 'Uniform : 60%'를 지정하고 [Copy]를 눌러 복사한 후 이동하여 배치합니다. Selection Tool(▶)로 각각 선택하여 'Fill Color : C50M30Y60, C10Y50, Stroke Color : None'을 지정한 후 축소된 안쪽 구름 문양을 오른쪽 위로 이동합니다.

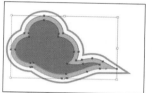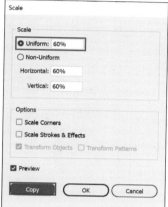

02 꽃 모양 오브젝트 만들기

① Ctrl + R 로 눈금자를 표시하고 작업 도큐먼트에 안내선을 지정합니다. Ellipse Tool(⬭)로 작업 도큐먼트를 클릭한 후 'Width : 8mm, Height : 8mm'를 입력하여 그리고 'Fill Color : 임의 색상, Stroke Color : 임의 색상'을 지정합니다. [Object]-[Transform]-[Move]를 선택하고 'Horizontal : 4.2mm, Vertical : 0mm'를 지정하고 [Copy]를 눌러 오른쪽으로 반듯하게 이동하여 복사합니다.

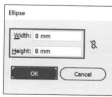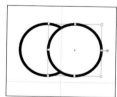

② Selection Tool(▶)로 2개의 정원을 함께 선택하고 Pathfinder 패널에서 'Intersect(⬚)'를
클릭하여 겹치는 부분만을 남깁니다.

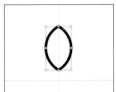

③ Line Segment Tool(/)로 Shift 를 누르면서 드래그하여 중앙에 수직선을 그리고 'Fill
Color : None, Stroke Color : 임의 색상'을 지정합니다. Selection Tool(▶)로 2개의 오브
젝트를 함께 선택하고 Pathfinder 패널에서 'Divide(⬚)'를 클릭하여 면을 분할한 후 더블 클
릭하여 Isolation Mode로 전환합니다. 2개의 오브젝트를 각각 선택하여 'Fill Color :
M40Y30, M100Y70, Stroke Color : None'을 지정하고 Esc 를 눌러 정상 모드로 전환합니다.

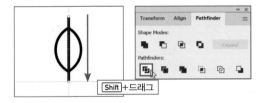

Shift+드래그

④ Selection Tool(▶)로 꽃잎 모양을 선택하고 Rotate Tool(↻)로 Alt 를 누르면서 안내선의
교차지점을 클릭합니다. [Rotate] 대화상자에서 'Angle : 90°'를 지정하고 [Copy]를 눌러 회
전 복사한 후 Ctrl+D 를 2번 눌러 반복하여 복사합니다.

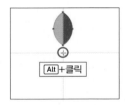

Alt+클릭

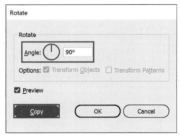

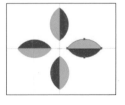

⑤ Selection Tool(▶)로 4개의 꽃잎 모양을 모두 선택하고 Rotate Tool(↻)을 더블클릭하여
[Rotate] 대화상자에서 'Angle : 45°'를 지정하고 [Copy]를 눌러 회전 복사합니다. 계속해서
Scale Tool(⬚)을 더블 클릭하여 'Uniform : 120%'를 지정하여 확대합니다.

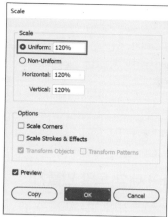

⑥ Shift+Ctrl+[로 맨 뒤로 보내기를 한 후 Group Selection Tool(▷)로 Shift를 누르면서 4개의 오브젝트를 함께 선택하고 'Fill Color : C60Y100, Stroke Color : None'을 지정합니다. 나머지 4개의 오브젝트도 동일한 방법으로 선택한 후 'Fill Color : C10M60Y60, Stroke Color : None'을 지정합니다.

⑦ Ellipse Tool(◯)로 Alt를 누르면서 안내선의 교차 지점을 클릭하여 'Width : 23mm, Height : 23mm'를 입력하여 그리고 'Fill Color : C10Y10, Stroke Color : C20M20Y20'을 지정하고 Stroke 패널에서 'Weight : 1pt'를 지정한 후 Shift+Ctrl+[를 눌러 맨 뒤로 보내기를 합니다.

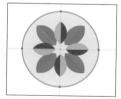

⑧ Ellipse Tool(◯)로 Alt+Shift를 누르면서 안내선의 교차지점에서부터 드래그하여 크기가 다른 2개의 정원을 그리고 'Fill Color : C10M60Y60, M40Y30, Stroke Color : None'을 각각 지정합니다.

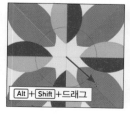

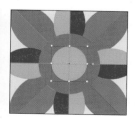

03 점선과 그라디언트 적용하여 태그 모양 만들기

① Rounded Rectangle Tool(▣)로 작업 도큐먼트를 클릭한 후 'Width : 49mm, Height : 27mm, Corner Radius : 3mm'를 입력하여 그리고 Gradient 패널에서 'Type : Radial Gradient'를 적용하고 Gradient Slider의 왼쪽 'Color Stop'을 더블 클릭하여 C10Y10을 적용하고 오른쪽 'Color Stop'을 더블 클릭하여 C10M30Y50을 적용한 후 'Stroke Color : None'을 지정합니다.

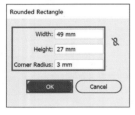

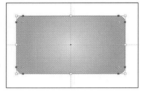

② [Object]-[Path]-[Offset Path]를 선택한 후 'Offset : -2mm'를 지정하여 축소된 복사본을 만든 후 'Fill Color : None, Stroke Color : C10Y10'을 지정하고 Stroke 패널에서 'Weight : 1pt, Dashed Line : 체크, dash : 8pt, gap : 2pt, dash : 3pt, gap : 2pt'를 입력하여 불규칙적인 점선을 그려 배치합니다.

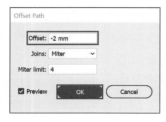

③ Rectangle Tool(▣)로 Alt 를 누르면서 안 내선의 교차 지점에 클릭하여 'Width : 8mm, Height : 27mm'를 입력하여 그리고 'Fill Color : C10M30Y50, Stroke Color : None'을 지정한 후 Ctrl + [를 눌러 뒤로 보내기를 합니다.

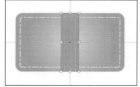

④ Selection Tool(▶)로 정원과 꽃 모양을 함께 선택하고 Ctrl+C로 복사하고 Ctrl+V로 붙여 넣기를 한 후 Scale Tool(⬚)을 더블 클릭하고 'Uniform : 60%, Scale Strokes & Effects : 체크'를 지정하여 축소한 후 중앙에 배치합니다.

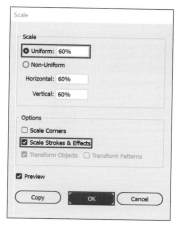

⑤ Type Tool(T)로 작업 도큐먼트를 클릭한 후 Character 패널에서 'Set font family : 돋움, Set font size : 9pt'를 설정하고 'Fill Color : C50M100Y100K10, Stroke Color : None'을 지정한 후 전통문화체험을 입력합니다.

04 불투명도 및 정렬과 간격이 일정한 그룹 설정하기

① Rectangle Tool(▭)로 작업 도큐먼트를 클릭한 후 'Width : 23mm, Height : 15mm'를 입력하여 그리고 'Fill Color : C10Y50, Stroke Color : None'을 지정합니다. Add Anchor Point Tool(✑)로 왼쪽 선분의 중앙에 클릭하여 고정점을 추가하고 키보드의 화살표 ←를 여러 번 눌러 왼쪽으로 이동하여 패스를 변형합니다.

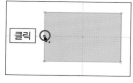
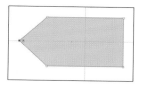

② [Effect]–[Illustrator Effects]–[Stylize]–[Round Corners]를 선택하고 'Radius : 2mm'를 지정하고 모서리를 둥글게 만든 후 [Object]–[Expand Appearance]를 선택하여 오브젝트의 속성을 확장합니다.

  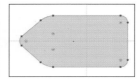

③ Transparency 패널에서 'Opacity : 60%'를 지정하여 불투명도를 조절합니다.

 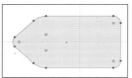

④ Selection Tool(▶)로 도큐먼트 상단의 큰 구름 문양을 선택하고 Ctrl+C로 복사하고 Ctrl+V로 붙여 넣기를 합니다. Scale Tool(⊞)을 더블 클릭하여 'Uniform : 30%, Scale Strokes & Effects : 체크'를 지정하여 축소한 후 Reflect Tool(▷◁)을 더블 클릭하여 'Axis : Vertical'을 지정하고 태그 모양 위에 배치합니다.

  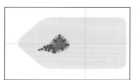

⑤ Selection Tool(▶)로 Alt+Shift를 누르면서 오른쪽으로 드래그하여 복사하고 Ctrl+D를 눌러 간격에 맞춰 반복하여 복사합니다. 3개의 구름 문양을 함께 선택하고 [Object]–[Group]([Ctrl]+[G])을 선택하고 그룹을 설정합니다.

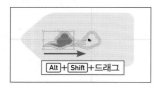 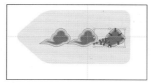 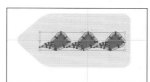

합격생의 비법

Alt를 누르면서 드래그하여 복사할 때 Shift를 동시에 누르면 드래그 방향으로 반듯하게 이동하여 복사할 수 있습니다.

⑥ Ellipse Tool(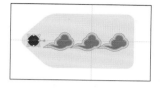)로 Shift를 누르면서 드래그하여 정원을 그리고 'Fill Color : C30M60Y80 K30, Stroke Color : None'을 지정합니다. Selection Tool(▶)로 구름 문양 그룹, 태그 모양과 함께 선택하고 Align 패널에서 'Vertical Align Center(▉)'를 클릭하여 세로 가운데 정렬을 지정합니다.

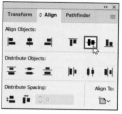
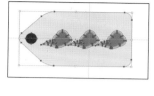

⑦ Selection Tool(▶)로 구름 그룹을 제외한 2개의 오브젝트를 선택하고 Pathfinder 패널에서 'Minus Front(▣)'를 클릭합니다. Ctrl+[를 눌러 뒤로 보내기를 합니다.

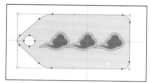

⑧ Selection Tool(▶)로 태그 오브젝트를 함께 선택하고 Rotate Tool(↺)을 더블 클릭하여 'Angle : 30°'를 지정하고 [OK]를 눌러 회전합니다.

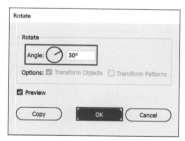

⑨ Pen Tool(✎)로 곡선의 열린 패스를 그리고 'Fill Color : None, Stroke Color : C30M60Y80K30'을 지정하고 Stroke 패널에서 'Weight : 3pt, Dashed Line : 체크, dash : 3pt'를 입력하여 규칙적인 점선을 그려 배치합니다.

▲ 완성 이미지

01 이펙트를 활용한 꽃 모양 만들고 패턴 등록하기

① [File]-[New]로 새 도큐먼트를 만들고 Polygon Tool( )로 작업 도큐먼트를 클릭한 후 'Radius : 5mm, Sides : 6'을 입력하여 그리고 'Fill Color : C30M10, Stroke Color : None'을 지정합니다.

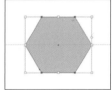

② [Effect]-[Illustrator Effects]-[Distort & Transform]-[Pucker & Bloat]를 선택하고 '70%'를 지정하여 꽃 모양을 만들고 [Object]-[Expand Appearance]를 선택하여 오브젝트의 속성을 확장합니다.

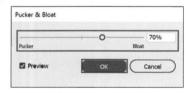

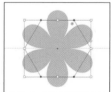

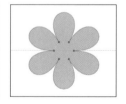

③ Scale Tool( )을 더블 클릭하여 'Uniform : 115%'를 지정하고 [Copy]를 눌러 확대 복사한 후 'Fill Color : C10Y40, Stroke Color : None'을 지정합니다. Selection Tool( )로 조절점 밖에 마우스 커서를 위치하여 시계 방향으로 회전합니다.

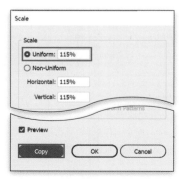

드래그

④ Rectangle Tool(▣)로 작업 도큐먼트를 클릭한 후 'Width : 28mm, Height : 27mm'를 입력하여 2개의 꽃 모양과 완전히 겹치도록 그리고 'Fill Color : None, Stroke Color : None'을 지정합니다.

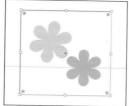

⑤ Ctrl + A 로 모두 선택하고 [Object]-[Pattern]-[Make]로 'Name : 꽃'을 지정하여 패턴으로 등록한 후 Esc 를 눌러 패턴의 편집 모드에서 정상 모드로 전환합니다. Selection Tool(▶)로 투명한 사각형을 선택하고 Delete 를 눌러 삭제합니다.

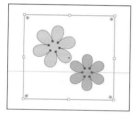

02 오리 모양 만들기

① Ellipse Tool(⬭)로 작업 도큐먼트를 클릭한 후 'Width : 9mm, Height : 9mm'를 입력하여 그리고 'Fill Color : M10Y100, Stroke Color : None'을 지정합니다.

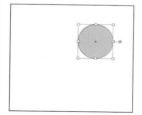

② Pen Tool(🖊)로 오리의 몸통 모양을 그리고 'Fill Color : M10Y100, Stroke Color : None'
을 지정합니다. Selection Tool(▶)로 정원과 함께 선택하고 Pathfinder 패널에서
'Unite(◧)'를 클릭하여 합칩니다.

③ Pen Tool(🖊)로 날개 모양을 그리고 'Fill Color : Y80, Stroke Color : None'을 지정합니
다. 계속해서 부리 모양을 그리고 'Fill Color : M50Y100, Stroke Color : None'을 지정합
니다. Ellipse Tool(⬭)로 Shift를 누르면서 드래그하여 정원을 그리고 'Fill Color : K100,
Stroke Color : None'을 지정하고 눈 모양을 완성합니다.

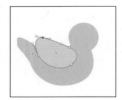  

03 패스파인더 활용하여 안내 문걸이 모양 만들기

① Ctrl + R로 눈금자를 표시하고 안내선을 지정합니다. Rounded Rectangle Tool(⬜)로 작업
도큐먼트를 클릭한 후 'Width : 29mm, Height : 34mm, Corner Radius : 7mm'를 입력하
여 그리고 'Fill Color : 임의 색상, Stroke Color : 임의 색상'을 지정합니다.

 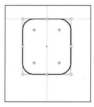

② 계속해서 작업 도큐먼트를 클릭한 후 'Width : 29mm, Height : 40mm, Corner Radius :
14mm'를 입력하여 임의 색상의 둥근 사각형을 그리고 하단에 겹치도록 배치합니다.

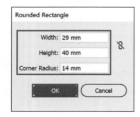 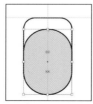

③ Selection Tool(▶)로 2개의 둥근 사각형을 함께 선택하고 Align 패널에서 'Horizontal Align Center(➡)'를 클릭하여 가로 가운데 정렬을 지정한 후 Pathfinder 패널에서 'Unite(➡)'를 클릭하여 합칩니다.

 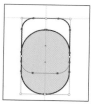  

④ Rectangle Tool(▭)로 작업 도큐먼트를 클릭한 후 'Width : 14mm, Height : 17mm'를 입력하여 그리고 'Fill Color : 임의 색상, Stroke Color : 임의 색상'을 지정하고 왼쪽 하단에 배치합니다.

 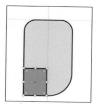

⑤ Selection Tool(▶)로 둥근 사각형과 함께 선택하고 Align 패널에서 'Horizontal Align Left(▣)'와 'Vertical Align Bottom(▙)'을 각각 클릭하여 왼쪽 하단에 정렬하고 Pathfinder 패널에서 'Unite(➡)'를 클릭하여 합칩니다.

⑥ Ellipse Tool(◯)로 작업 도큐먼트를 클릭한 후 'Width : 24mm, Height : 24mm'를 입력하여 그리고 'Fill Color : None, Stroke Color : 임의 색상'을 지정하고 Stroke 패널에서 'Weight : 15pt, Cap : Round Cap'을 지정하여 상단에 배치합니다.

  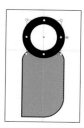

⑦ Direct Selection Tool(▷)로 드래그하여 왼쪽 하단의 선분을 선택하고 Delete 를 눌러 열린 패스를 만들고 [Object]-[Path]-[Outline Stroke]를 선택하여 선을 면으로 확장합니다.

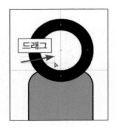 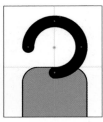 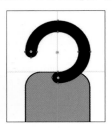

⑧ Pen Tool(✐)로 상단과 하단 오브젝트의 중간을 연결할 직각 삼각형을 오른쪽에 겹치도록 그리고 'Fill Color : 임의 색상, Stroke Color : None'을 지정합니다.

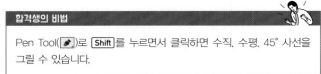

합격생의 비법

Pen Tool(✐)로 Shift 를 누르면서 클릭하면 수직, 수평, 45° 사선을 그릴 수 있습니다.

⑨ Selection Tool(▶)로 3개의 오브젝트를 선택하고 Align 패널에서 'Horizontal Align Right(▤)'를 클릭하여 오른쪽에 정렬한 후 Pathfinder 패널에서 'Unite(▣)'를 클릭하여 합칩니다.

 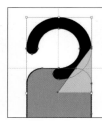  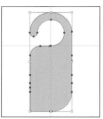

04 패턴 적용 및 크기 조절하고 불투명도 적용하기

① Selection Tool(▶)로 안내 문걸이 모양을 선택하고 Ctrl + C 로 복사하고 Ctrl + F 로 복사한 오브젝트 앞에 붙여 넣기를 한 후 Swatches 패널에서 등록된 꽃 패턴을 클릭하여 면 색상에 적용하고 'Stroke Color : None'을 지정합니다.

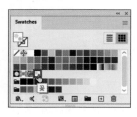 

② Scale Tool()을 더블 클릭하고 'Uniform : 30%, Transform Objects : 체크 해제, Transform Patterns : 체크'를 지정하여 패턴의 크기만 축소한 후 Transparency 패널에서 'Opacity : 50%'를 지정하여 불투명도를 조절합니다. [Object]-[Lock]-[Selection](Ctrl + 2)을 선택하고 패턴이 적용된 오브젝트에 잠금을 설정합니다.

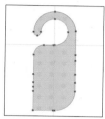

합격생의 비법

[Object]-[Lock]-[Selection](Ctrl + 2)을 선택하고 패턴이 적용된 오브젝트에 잠금을 설정하면 나머지 오브젝트의 선택이 쉽습니다. 작업 완료 후에는 반드시 [Object]-[Unlock All](Alt + Ctrl + 2)로 잠금을 해제합니다.

③ Selection Tool(▶)로 임의 색상이 적용된 안내 문걸이 모양 오브젝트를 더블 클릭하여 Isolation Mode로 전환합니다. Line Segment Tool(╱)로 Shift 를 누르면서 수평선을 그리고 'Fill Color : None, Stroke Color : 임의 색상'을 지정한 후 Ctrl + A 로 모두 선택하고 Pathfinder 패널에서 'Divide(▣)'를 클릭합니다. Selection Tool(▶)로 분할된 오브젝트를 각각 선택하여 'Fill Color : C50M100, C50M10, Stroke Color : None'을 지정하고 Esc 를 눌러 정상 모드로 전환합니다.

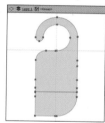

05 간격을 일정하게 지정하여 그룹 설정하기

① Selection Tool(▶)로 오리 모양 오브젝트를 모두 선택하고 Ctrl + G 로 그룹을 설정한 후 Ctrl + C 로 복사하고 Ctrl + V 로 붙여 넣기를 합니다. Scale Tool()을 더블 클릭하고 'Uniform : 85%, Transform Objects : 체크, Transform Patterns : 체크 해제'를 지정하여 오브젝트의 크기를 축소한 후 Reflect Tool(◃)을 더블 클릭하고 'Axis : Vertical'을 지정하고 하단에 배치합니다. 축소 변형된 오리 모양 오브젝트를 다시 한 번 Ctrl + C 로 복사합니다.

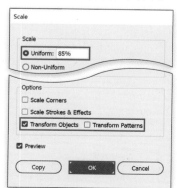

② Selection Tool(▶)로 더블 클릭하여 Isolation Mode로 전환한 후 오리의 날개와 몸통 모양을 함께 선택하고 'Fill Color : C0M0Y0K0, Stroke Color : None'을 지정하고 Esc 를 눌러 정상 모드로 전환합니다.

③ Ctrl + V 로 앞서 복사한 축소 변형된 오리 모양 오브젝트를 붙여 넣기를 하고 Scale Tool (⊡)을 더블 클릭하고 'Uniform : 25%, Transform Objects : 체크, Transform Patterns : 체크 해제'를 지정하여 오브젝트의 크기를 축소한 후 왼쪽 하단에 배치합니다.

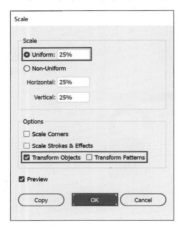 

④ Selection Tool(▶)로 Alt + Shift 를 누르면서 오른쪽으로 드래그하여 복사하고 Ctrl + D 를 2번 눌러 간격에 맞춰 반복하여 복사합니다. 축소된 4개의 오리 모양 오브젝트를 함께 선택하고 Ctrl + G 로 그룹을 설정합니다.

⑤ Selection Tool(▶)로 왼쪽 꽃 모양 오브젝트를 선택하고 Ctrl+C로 복사하고 Ctrl+V로 붙여 넣기를 합니다. Scale Tool(⊞)을 더블 클릭하고 'Uniform : 70%, Transform Objects : 체크, Transform Patterns : 체크 해제'를 지정하여 오브젝트의 크기를 축소한 후 'Fill Color : M30, Stroke Color : None'을 지정하고 Ctrl+[를 여러 번 눌러 오리 모양보다 뒤쪽으로 배치합니다.

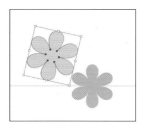

06 문자 입력하기

① Type Tool(T)로 작업 도큐먼트를 클릭한 후 Character 패널에서 'Set font family : Times New Roman, Set font style : Bold, Set font size : 16pt'를 설정하고 Paragraph 패널에서 'Align right(≡)'를 클릭하여 오른쪽 정렬을 지정합니다. Color 패널에서 'Fill Color : C0M0Y0K0, Stroke Color : None'을 지정한 후 Kid Zone을 입력합니다.

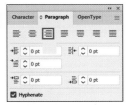

▲ 완성 이미지

01 고양이 발바닥 모양 만들고 패턴 등록하기

① [File]−[New]로 새 도큐먼트를 만들고 Ellipse Tool(◉)로 크기가 다른 3개의 원을 그리고 'Fill Color : M80Y40, Stroke Color : None'을 지정합니다. 계속해서 Pen Tool(✏)로 중 앙의 원과 겹치도록 닫힌 패스를 그립니다.

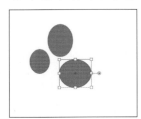 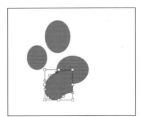

② Selection Tool(▶)로 중앙의 원을 제외한 3개의 오브젝트를 함께 선택하고 Reflect Tool(◁)로 Alt 를 누르고 가운데 고정점을 클릭하여 'Axis : Vertical'을 지정하고 [Copy]를 눌러 복사합니다.

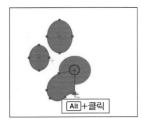  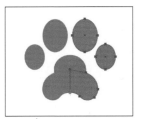

합격생의 비법

[View]−[Smart Guides](Ctrl + U)를 선택하고 패스의 윤곽에 마우스를 올리면 작은 사각형으로 연두색 표시가 되므로 클릭 지점을 찾기가 쉽습니다.

③ Selection Tool(▶)로 하단 3개의 오브젝트를 함께 선택하고 Pathfinder 패널에서 'Unite(■)'를 클릭하여 합칩니다.

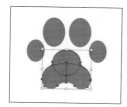  

④ Ctrl + A 로 모두 선택하고 Ctrl + G 로 그룹을 설정한 후 Scale Tool(▣)을 더블 클릭하여 'Uniform : 60%'를 지정하여 [Copy]를 눌러 축소 복사합니다. Rotate Tool(↻)을 더블 클릭하여 'Angle : 45°'를 지정하여 회전하고 'Fill Color : M40Y60, Stroke Color : None'을 지정하고 이동하여 배치합니다.

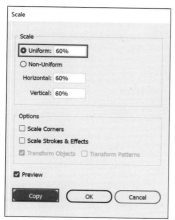 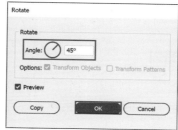 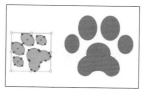

⑤ Rectangle Tool(■)로 2개의 발바닥 모양과 충분히 겹치도록 사각형을 그리고 'Fill Color : None, Stroke Color : None'을 지정합니다. Ctrl + A 로 모두 선택하고 [Object]-[Pattern]-[Make]로 'Name : 발바닥'을 지정하여 패턴으로 등록합니다. Selection Tool(▶)로 투명한 사각형을 선택하고 Delete 를 눌러 삭제합니다.

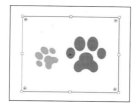 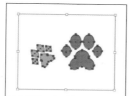 

02 고양이 실루엣 만들기

① Pen Tool()로 고양이 실루엣을 그리고 'Fill Color : M50Y30, Stroke Color : None'을 지정합니다. 계속해서 목걸이 모양을 그리고 'Fill Color : C10M80Y50, Stroke Color : None'을 지정합니다. Ellipse Tool(◉)로 동일 색상의 타원을 그리고 Selection Tool(▶)로 조절점 밖에 마우스 커서를 위치하여 회전합니다.

03 반려 동물 이동장 모양 만들기

① Pen Tool(✐)로 오른쪽 모양을 그리고 'Fill Color : M20Y10, Stroke Color : None'을 지정합니다. 계속해서 왼쪽 모양을 그리고 'Fill Color : M50Y20, Stroke Color : None'을 지정합니다.

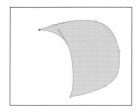
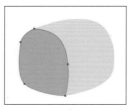

② Ellipse Tool(◉)로 작업 도큐먼트를 클릭한 후 'Width : 18mm, Height : 18mm'를 입력하여 그리고 'Fill Color : 임의 색상, Stroke Color : 임의 색상'을 지정합니다. Rounded Rectangle Tool(▣)로 작업 도큐먼트를 클릭한 후 'Width : 18mm, Height : 24mm, Corner Radius : 4mm'를 입력하여 정원과 겹치도록 배치합니다.

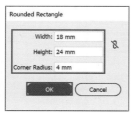
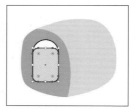

③ Selection Tool(▶)로 정원과 둥근 사각형을 함께 선택하고 Align 패널에서 'Horizontal Align Center(▤)'를 클릭하여 가로 가운데 정렬을 지정한 후 Pathfinder 패널에서 'Unite(◧)'를 클릭하여 합칩니다.

④ Shear Tool(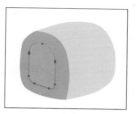)을 더블 클릭하고 'Shear Angle : 18°, Axis : Vertical'을 지정하여 왼쪽 오
브젝트와 기울기를 맞춰 배치하고 'Fill Color : C30M20Y10, Stroke Color : None'을 지정
합니다.

⑤ [Object]−[Path]−[Offset Path]를 선택한 후 'Offset : −1.5mm'를 지정하여 축소된 복사본
을 만든 후 'Fill Color : C40M70Y100K50, Stroke Color : None'을 지정합니다. Pen
Tool(✏)로 오른쪽 상단에 오브젝트를 그리고 'Fill Color : M40Y20, Stroke Color :
None'을 지정한 후 Ctrl + [를 여러 번 눌러 왼쪽 오브젝트보다 뒤쪽으로 배치합니다.

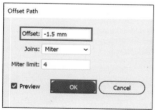

⑥ Rounded Rectangle Tool(▢)로 작업 도큐먼트를 클릭한 후 'Width : 20mm, Height :
14mm, Corner Radius : 8mm'를 입력하여 그리고 'Fill Color : None, Stroke Color :
K100'을 지정한 후 Stroke 패널에서 'Weight : 10pt, Cap : Round Cap'을 지정합니다.

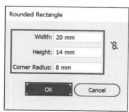

⑦ Shear Tool(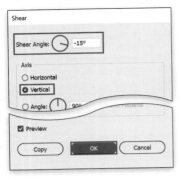)을 더블 클릭하고 'Shear Angle : −15°, Axis : Vertical'을 지정하여 오른 쪽 오브젝트와 기울기를 맞춰 배치합니다.

⑧ Direct Selection Tool(▷)로 Shift 를 누르면서 2개의 하단 고정점을 선택 하고 Delete 를 눌러 삭제하고 열린 패 스로 변형합니다.

04 패턴 적용 및 패턴 크기 변형하기

① Selection Tool(▷)로 오른쪽 하단 오브젝트를 선택하고 Ctrl + C 로 복사하고 Ctrl + F 로 복사한 오브젝트 앞에 붙여 넣기를 한 후 Swatches 패널에서 등록된 발바닥 패턴을 클릭하여 면 색상에 적용하고 'Stroke Color : None'을 지정합니다.

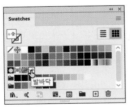

② Scale Tool(🔲)을 더블 클릭하고 'Uniform : 40%, Transform Objects : 체크 해제, Transform Patterns : 체크'를 지정하여 패턴의 크기를 축소한 후 Transparency 패널에서 'Opacity : 50%'를 지정하여 패턴의 불투명도를 조절합니다.

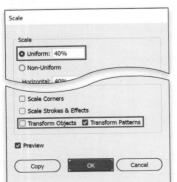

05 둥근 점선과 규칙적인 점선 적용하기

① Selection Tool(▶)로 손잡이 모양의 열린 패스를 선택하고 Ctrl+C로 복사한 후 [Object]-[Path]-[Outline Stroke]를 선택하여 선을 면으로 확장합니다. Ctrl+F로 복사한 오브젝트 앞에 붙여 넣기를 하고 'Fill Color : None, Stroke Color : C20M20Y40'을 지정합니다. Stroke 패널에서 'Weight : 3pt, Cap : Round Cap, Dashed Line : 체크, dash : 0pt, gap : 4pt'를 입력하여 둥근 모양의 점선을 지정합니다.

합격생의 비법

오브젝트가 겹쳐 있을 때는 Ctrl+2로 잠금을 설정하면 나머지 오브젝트의 선택이 쉽습니다. 작업 완료 후에는 반드시 Alt+Ctrl+2로 잠금을 해제합니다.

② Line Segment Tool(/)로 Shift를 누르면서 드래그하여 5개의 수직선을 왼쪽 오브젝트와 겹치도록 그리고 'Fill Color : None, Stroke Color : C10M90'을 지정하고 Stroke 패널에서 'Weight : 2pt, Cap : Butt Cap, Dashed Line : 체크, dash : 3pt'를 입력하여 규칙적인 점선을 배치합니다.

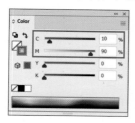

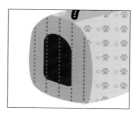

③ Selection Tool(▶)로 Shift를 누르면서 5개의 수직선을 함께 선택하고 Align 패널에서 'Horizontal Distribute Center(❚❙❚)'를 클릭하여 균등 간격으로 배치한 후 Ctrl+[를 여러 번 눌러 입구 모양보다 뒤쪽으로 배치합니다.

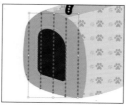
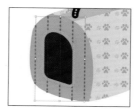

06 특정 모양으로 오브젝트 자르고 불규칙적인 점선 적용하기

① Selection Tool(▶)로 고양이 실루엣만을 선택하고 Ctrl+C로 복사하고 Ctrl+V로 붙여 넣기를 합니다. Scale Tool(⊞)을 더블 클릭하고 'Uniform : 130%, Transform Objects : 체크, Transform Patterns : 체크 해제'를 지정하여 오브젝트의 크기를 확대한 후 Reflect Tool(▷◁)을 더블 클릭하고 'Axis : Vertical'을 지정하고 'Fill Color : M20Y10, Stroke Color : None'을 지정합니다.

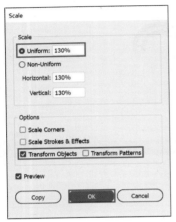

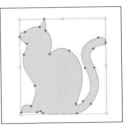

② [Object]-[Path]-[Offset Path]를 선택한 후 'Offset : 1mm'를 지정하여 확대된 복사본을 만든 후 'Fill Color : C0M0Y0K0, Stroke Color : None'을 지정합니다. 계속해서 [Off-set Path]를 선택한 후 'Offset : 1.3mm'를 지정하여 확대된 복사본을 만든 후 'Fill Color : M50Y30, Stroke Color : None'을 지정합니다.

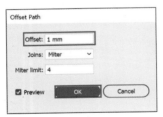

③ Selection Tool(▶)로 패턴이 적용된 오브젝트를 선택하고 Ctrl+C로 복사하고 Ctrl+F로 복사한 오브젝트 앞에 붙여 넣기를 합니다. 계속해서 Shift+Ctrl+]를 눌러 맨 앞으로 가져 오기를 하고 'Fill Color : None, Stroke Color : 임의 색상'을 지정합니다.

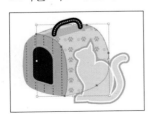

④ Selection Tool(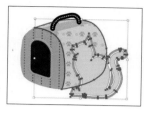)로 3개의 고양이 실루엣 모양과 함께 선택하고 Pathfinder 패널에서 'Crop(▣)'을 클릭하여 맨 앞의 오브젝트와 겹친 부분을 잘라 줍니다.

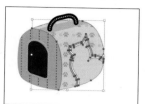

⑤ Selection Tool(▶)로 고양이 모양을 더블 클릭하여 Isolation Mode로 전환합니다. 가장 작은 고양이 모양을 선택하고 Ctrl+C로 복사하고 Ctrl+F로 복사한 오브젝트 앞에 붙여 넣기를 한 후 'Fill Color : None, Stroke Color : M80'을 지정하고 Stroke 패널에서 'Weight : 1pt, Dashed Line : 체크, dash : 8pt, gap : 3pt, dash : 2pt, gap : 3pt'를 입력하여 점선을 그려 배치합니다.

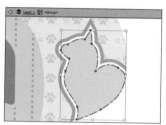

⑥ Direct Selection Tool(▷)로 오른쪽 하단의 고정점을 클릭하여 선택하고 Delete 를 눌러 삭제한 후 Esc 를 눌러 정상 모드로 전환합니다.

07 문자 입력하고 기울이기

① Type Tool(T)로 작업 도큐먼트를 클릭한 후 Character 패널에서 'Set font family : Arial, Set font style : Bold, Set font size : 9pt'를 설정하고 'Fill Color : M90Y20, Stroke Color : None'을 지정한 후 Pink Cat을 입력합니다. Shear Tool(☞)을 더블 클릭하고 'Shear Angle : −26°, Axis : Vertical'을 지정하여 기울기를 맞춰 오른쪽 하단에 배치합니다.

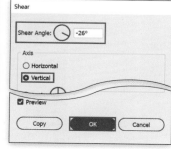

03
PART

최신 기출 유형
따라하기

CHAPTER 01 최신 기출 유형 따라하기

최신 기출 유형 따라하기

급수	문제유형	시험시간	수험번호	성명
2급	A	90분		

수 험 자 유 의 사 항

- 수험자는 문제지를 받는 즉시 응시하고자 하는 과목 및 급수가 맞는지 확인한 후 수험번호와 성명을 작성합니다.
- 파일명은 본인의 "수험번호–성명–문제번호"로 공백 없이 정확히 입력하고 답안폴더(내 PC₩문서₩GTQ)에 ai 파일 포맷으로 저장해야 하며, 다른 파일 형식으로 저장하였을 경우 0점 처리됩니다. 답안문서 파일명이 "수험번호–성명–문제번호"와 일치하지 않거나, 답안 파일을 전송하지 않아 미제출로 처리될 경우 불합격 처리됩니다.
- 수험자 정보와 저장한 파일명, 저장 위치가 다를 경우 전송이 되지 않으므로, 주의하시기 바랍니다.
- 답안 작성 중에도 주기적으로 '저장'과 '답안 전송'을 이용하여 감독위원 PC로 답안을 전송하셔야 합니다. (※ 작업한 내용을 저장하지 않고 전송할 경우 이전의 저장내용이 전송되오니 이점 반드시 유념하시기 바랍니다.)
- 답안문서는 지정된 경로 외의 다른 보조기억장치에 저장하는 행위, 지정된 시험 시간 외에 작성된 파일을 활용한 행위, 기타 통신수단(이메일, 메신저, 네트워크 등)을 이용하여 타인에게 전달 또는 외부 반출하는 행위는 부정으로 간주되어 자격기본법 제32조에 의거 본 시험 및 국가공인 자격시험을 2년간 응시할 수 없습니다.
- 시험 중 부주의 또는 고의로 시스템을 파손한 경우와 〈수험자 유의사항〉에 기재된 방법대로 이행하지 않아 생기는 불이익은 수험자의 책임임을 알려 드립니다.
- 시험을 완료한 수험자는 최종적으로 저장한 답안파일이 전송되었는지 확인한 후 감독위원의 지시에 따라 문제지를 제출하고 퇴실합니다.

답 안 작 성 요 령

- 온라인 답안 작성 절차
  수험자 등록 ⇒ 시험 시작 ⇒ 답안파일 저장 ⇒ 답안 전송 ⇒ 시험 종료
- 배점은 총 100점으로 이루어지며, 점수는 각 문제별로 차등 배분됩니다.
- 각 문제는 제시된 조건에 맞게 답안을 작성하셔야 하며, 조건을 지키지 못했을 경우에는 0점 또는 감점 처리됩니다.
- 조건에서 주어진 단위는 'mm(밀리미터)'입니다. 눈금자는 작성하지 않으며, 그 외는 출력형태(레이아웃, 색상, 문자, 규격 등)와 같게 작업하십시오.
- 문제 조건에 서체의 지정이 없을 경우 한글은 굴림이나 돋움, 영문은 Arial로 작업하십시오. (단, 그 외 제시되지 않은 문자 속성을 기본값으로 작성하지 않은 경우는 감점 처리됩니다.)
- 문제 조건에 크기와 색상, 두께의 지정이 없을 경우 《출력형태》를 참고하여 작업해 주시기 바랍니다.
- Image Mode(이미지 모드)는 별도의 처리조건이 없을 경우에는 CMYK로 작업하십시오.
- 조건에서 제시한 기능을 임의로 합치거나 각 기능에 대한 속성을 해지할 경우 해당 요소는 0점 처리됩니다.

한 국 생 산 성 본 부

다음의 《조건》에 따라 아래의 《출력형태》와 같이 작업하시오.

조건

파일저장규칙	AI	파일명	문서₩GTQ₩수험번호-성명-1.ai
		크기	100 × 80mm

1. 작업 방법
① 도형, 변형 툴과 Pathfinder 기능을 활용하여 오브젝트를 작성한다.
② 그 외 《출력형태》 참조

출력형태

C70M80Y10K10,
C30M40Y10,
C40M10Y10,
C10M60Y60,
Y30, K100,
C0M0Y0K0,
C20Y10,
C70M80Y10,
(선/획) K100, 1pt

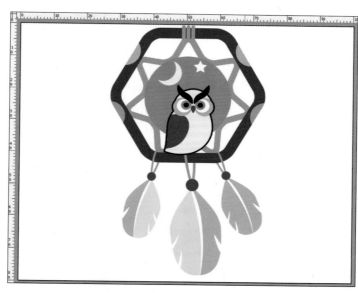

문제 2 ⋮ 문자와 오브젝트 35점

다음의 《조건》에 따라 아래의 《출력형태》와 같이 작업하시오.

조건

파일저장규칙	AI	파일명	문서₩GTQ₩수험번호-성명-2.ai
		크기	100 × 80mm

1. 작업 방법

① 'JEWELRY' 문자에 Arial (Bold) 폰트를 적용한다.
② 'Forever You' 문자에 Type on a Path Tool을 활용한다.
③ Brush는 《출력형태》를 참고하여 작성한다.
④ Effect는 《출력형태》를 참고하여 작성한다.
⑤ 그 외 《출력형태》 참조

2. 문자 효과

① Forever You (Times New Roman, Bold, 11pt, C20M40Y10)

출력형태

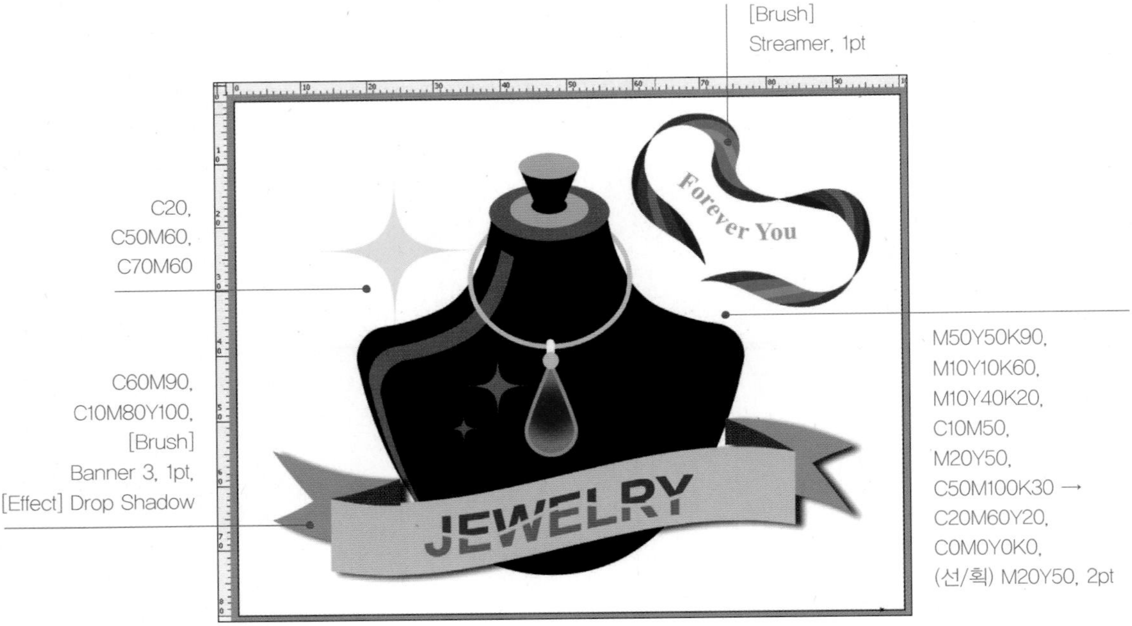

[Brush]
Streamer, 1pt
C20,
C50M60,
C70M60
Forever You
C60M90,
C10M80Y100,
[Brush]
Banner 3, 1pt,
[Effect] Drop Shadow
JEWELRY
M50Y50K90,
M10Y10K60,
M10Y40K20,
C10M50,
M20Y50,
C50M100K30 →
C20M60Y20,
C0M0Y0K0,
(선/획) M20Y50, 2pt

다음의 《조건》에 따라 아래의 《출력형태》와 같이 작업하시오.

조건

파일저장규칙	AI	파일명	문서₩GTQ₩수험번호-성명-3.ai
		크기	120 × 80mm

1. 작업 방법
① 도형 툴로 오브젝트를 제작한 후 Pattern을 활용하여 작성한다. (패턴 등록 : 장식)
② 패키지에는 불규칙한 점선을, 입체 패키지에는 규칙적인 점선을 설정한다.
③ 패키지에 Pattern을 적용한다.
④ 패키지에 배치된 오브젝트는 정렬, 간격을 일정하게 한 후 Group 설정을 한다.
⑤ 그 외 《출력형태》 참조

2. 문자 효과
① Special Gift (Arial, Bold, 8pt, M20Y50)
② JEWELRY (Times New Roman, Bold, 8pt, M40Y100)

출력형태

M40Y100, M10Y50, M60Y100

M10Y70, C20Y20K20

C20M60Y60K60

[Pattern]

C0M0Y0K0,
[Group]

M20Y50, M40Y100,
M60Y100K10,
M60Y100,
M80Y100K20,
M10Y50,
C0M0Y0K0 →
M50Y80K10,
M80Y100K10,
C0M0Y0K0,
(선/획) K50, 1pt,
C0M0Y0K0, 3pt

C20M60Y50K20,
C20M60Y60K60,
C0M0Y0K0,
Opacity 50%,
C90M80Y30K10,
C90M80Y30K50,
(선/획)
C20M60Y60K60, 1pt

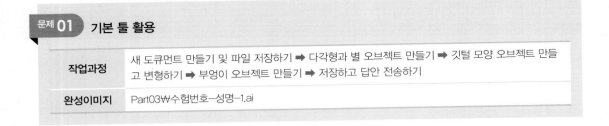

문제 **01** 기본 툴 활용

작업과정	새 도큐먼트 만들기 및 파일 저장하기 ➡ 다각형과 별 오브젝트 만들기 ➡ 깃털 모양 오브젝트 만들고 변형하기 ➡ 부엉이 오브젝트 만들기 ➡ 저장하고 답안 전송하기
완성이미지	Part03₩수험번호-성명-1.ai

🔟 새 도큐먼트 만들기 및 파일 저장하기

01 [File]–[New]([Ctrl]+[N])를 선택하고 'Width : 100mm, Height : 80mm, Units : Millimeters, Color Mode : CMYK'를 설정하여 새 도큐먼트를 만들고, [View]–[Rulers]–[Show Rulers]([Ctrl]+[R])를 선택하여 눈금자를 표시합니다.

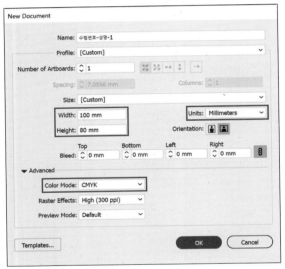

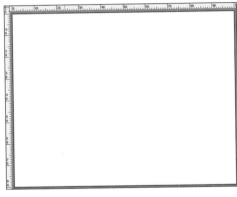

합격생의 비법

• Advanced를 클릭하여 확장하면 CMYK 컬러 모드를 확인 및 설정할 수 있습니다.
• [File]–[New]를 설정하는 화면이 아래와 같다면 [Edit]–[Preferences]–[General]의 Options에서 'Use legacy "File New" Interface'를 체크하여 설정을 바꿀 수 있습니다.

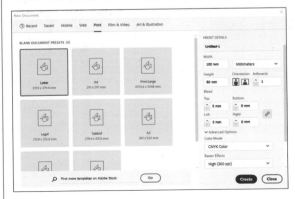

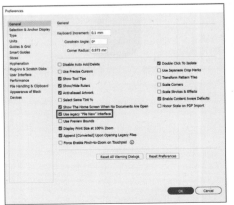

02 작품의 규격 왼쪽 상단에 원점(0,0)을 확인하고 왼쪽과 상단 눈금자 위에서 마우스로 각각 드래그하여 제시된 출력형태와 레이아웃 구성이 동일하게 안내선을 표시합니다.

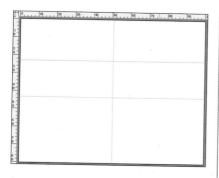

합격생의 비법

- 안내선의 위치는 오브젝트의 중앙 위치에 드래그하여 배치한 후 제시된 문제의 전체적인 레이아웃에 맞게 적절하게 표시합니다.
- 작업 도큐먼트의 상단과 왼쪽에 보이는 눈금자 위를 더블 클릭해서 안내선을 표시할 수도 있습니다.
- 안내선의 편집은 [View]-[Guides]-[Unlock Guides]([Alt]+[Ctrl]+[;]) 를 선택하고 잠금을 해제한 후 Selection Tool([▶]) 또는 Direct Selection Tool([▷])로 선택하여 이동, 삭제가 가능합니다. 편집 후 반드시 [View]-[Guides]-[Lock Guides]([Alt]+[Ctrl]+[;])를 선택하고 잠금을 해야 안내선이 고정되어 편집되지 않습니다.

03 작업 도큐먼트를 저장하기 위해 [File]-[Save As]를 선택하고 '저장 위치 : 내 PC₩문서₩ GTQ, 파일 형식 : Adobe Illustrator(*.AI), 파일 이름 : 수험번호-성명-문제번호'를 입력하고 [저장]을 클릭한 후 [Illustrator Options] 대화상자에서 'Version : Illustrator 2020'으로 설정하고 [OK]를 클릭합니다.

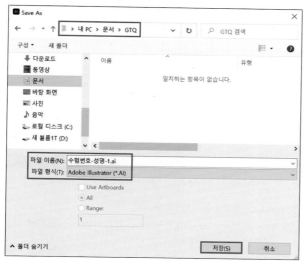

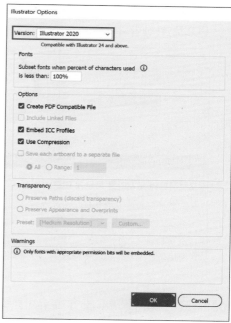

합격생의 비법

- [Illustrator Options]의 'Version'은 작업 중인 컴퓨터에 설치된 Adobe Illustrator CC의 버전에 따라 다르게 표시됩니다.
- 작업 중에 발생할 수 있는 에러나 시스템 오류에 대비하여 [Ctrl]+[S]를 수시로 눌러 저장합니다.

02 다각형과 별 오브젝트 만들기

01 Polygon Tool()로 작업 도큐먼트 위쪽 안내선의 교차지점을 클릭한 후 'Radius : 22.5mm, Sides : 6'을 입력하여 육각형을 그리고 'Fill Color : None, Stroke Color : C70M80Y10K10'을 지정한 후 Stroke 패널에서 'Weight : 9pt'를 지정합니다.

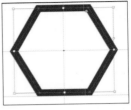

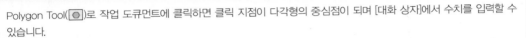

합격생의 비법

Polygon Tool()로 작업 도큐먼트에 클릭하면 클릭 지점이 다각형의 중심점이 되며 [대화 상자]에서 수치를 입력할 수 있습니다.

02 [Effect]-[Illustrator Effects]-[Stylize]-[Round Corners]를 선택하고 'Radius : 3mm'를 지정하여 모서리를 둥글게 만든 후 [Object]-[Path]-[Outline Stroke]를 선택하여 선을 면으로 확장합니다.

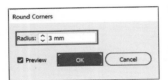

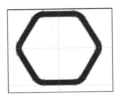

합격생의 비법

오브젝트의 모서리를 둥글게 만드는 방법

- [Effect]-[Stylize]-[Round Corners]로 'Radius'를 입력하여 적용할 수 있습니다.
- [Properties] 패널에서 [Appearance] 항목의 [fx.]를 눌러 [Illustrator Effects]-[Stylize]-[Round Corners]를 바로 적용할 수 있습니다.
- 오브젝트 모서리 안쪽의 둥근 점()을 더블 클릭하여 다양한 모서리 모양과 둥근 정도를 설정할 수 있습니다.

03 Star Tool()로 작업 도큐먼트를 클릭한 후 'Radius 1 : 20mm, Radius 2 : 12mm, Points : 7'을 입력하여 그리고 'Fill Color : None, Stroke Color : C30M40Y10'을 지정하고 Stroke 패널에서 'Weight : 5pt'를 지정합니다.

04 [Effect]-[Illustrator Effects]-[Stylize]-[Round Corners]를 선택하고 'Radius : 3mm'
를 지정하여 모서리를 둥글게 만든 후 [Object]-[Path]-[Outline Stroke]를 선택하여 선을
면으로 확장합니다.

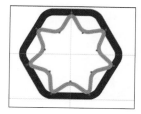 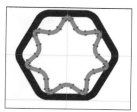

05 Ellipse Tool(◉)로 작업 도큐먼트를 클릭한 후 'Width : 9mm, Height : 9mm'를 입력하
여 그리고 'Fill Color : C40M10Y10, Stroke Color : None'을 지정한 후 확장된 육각형의
왼쪽 상단과 겹치도록 배치합니다.

 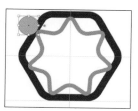

06 [Object]-[Transform]-[Move]를 선택한 후 'Horizontal : −4.5mm, Vertical : 20.5
mm'를 입력하고 [Copy]를 눌러 아래쪽으로 이동하여 복사한 후 'Fill Color : C30M40Y10,
Stroke Color : None'을 지정합니다.

 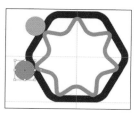

07 Selection Tool(▶)로 **Shift**를 누르면서 2개의 정원을 함께 선택한 후 Reflect Tool(▷◁)로 **Alt**를 누르고 세로 안내선을 클릭하여 'Axis : Vertical'을 지정하고 [Copy]를 눌러 복사합니다.

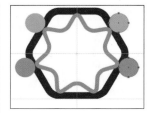

08 Selection Tool(▶)로 **Shift**를 누르면서 별 모양 오브젝트를 제외한 5개의 오브젝트를 함께 선택하고 Pathfinder 패널에서 'Divide(◱)'를 클릭합니다.

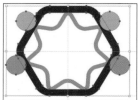

09 Selection Tool(▶)로 더블 클릭하여 Isolation Mode로 전환하고 **Shift**를 누른 채 클릭하여 불필요한 4개의 오브젝트를 선택하고 **Delete**를 눌러 삭제한 후 **Esc**를 눌러 정상 모드로 전환합니다.

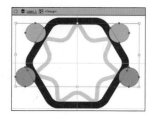

10 Line Segment Tool()로 **Shift** 를 누르면서 드래그하여 상단에 수직선을 겹치도록 그리고 'Fill Color : None, Stroke Color : C30M40Y10'을 지정하고 Stroke 패널에서 'Weight : 3pt, Cap : Round Cap'을 지정합니다.

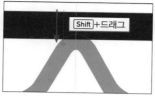
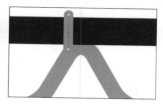

11 [Object]–[Path]–[Outline Stroke]를 선택하고 선을 면으로 확장한 후 Selection Tool (▶️)로 **Alt** + **Shift** 를 누르면서 오른쪽으로 드래그하여 복사하고 [Object]–[Transform]– [Transform Again](**Ctrl** + **D**)을 선택하고 반복하여 복사합니다.

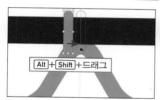
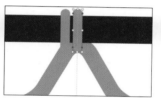

12 Ellipse Tool(⬭)로 작업 도큐먼트를 클릭한 후 'Width : 26mm, Height : 26mm'를 입력하여 그리고 'Fill Color : C10M60Y60, Stroke Color : None'을 지정하고 중앙에 배치합니다. 계속해서 **Shift** 를 누르면서 크기가 작은 정원을 그리고 'Fill Color : 임의 색상, Stroke Color : 임의 색상'을 지정합니다. Selection Tool(▶️)로 **Alt** 를 누르면서 왼쪽 상단으로 드래그하여 복사하고 겹치도록 배치합니다.

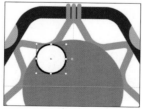
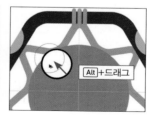

13 Selection Tool(▶)로 2개의 정원을 함께 선택하고 Pathfinder 패널에서 'Minus Front(▣)'를 클릭한 후 'Fill Color : Y30, Stroke Color : None'을 지정합니다.

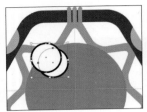  

14 Star Tool(★)로 드래그하여 그리고 'Fill Color : C0M0Y0K0, Stroke Color : None'을 지정합니다.

합격생의 비법

• Star Tool(★)로 드래그하면서 키보드의 ↑를 누르면 별의 포인트가 증가하고, ↓를 누르면 포인트가 감소됩니다.
• Star Tool(★)로 Shift 를 누르면서 드래그하면 반듯하게 별을 그릴 수 있습니다.

03 깃털 모양 오브젝트 만들고 변형하기

01 Pen Tool(✐)로 드래그하여 깃털 모양 오브젝트의 왼쪽 열린 패스를 그린 후 'Fill Color : None, Stroke Color : 임의 색상'을 지정합니다.

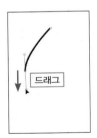 

드래그

드래그

합격생의 비법

Pen Tool(✐)로 패스 그리기

• 드래그하면 곡선을 그릴 수 있으며, 곡선의 고정점에 클릭하면 한쪽 핸들을 삭제할 수 있습니다.
• Shift 를 누른 채 클릭하면 수직선, 수평선을 그릴 수 있습니다.
• Shift 를 누른 채 드래그하면 핸들의 수직, 수평을 유지할 수 있습니다.
• 패스를 그리고 Ctrl 을 누르면서 도큐먼트의 빈 곳을 클릭하면 열린 패스를 그릴 수 있습니다.

02 Direct Selection Tool(▷)로 드래그하여 2개의 고정점을 선택한 후, [Object]-[Path]-[Average]를 선택하고 'Axis : Vertical'을 지정하여 세로의 평균 지점에 반듯하게 정렬합니다.

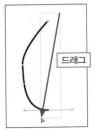 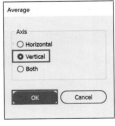

드래그

03 Selection Tool(▶)로 패스를 선택하고, Reflect Tool(▷◁)로 Alt 를 누르고 상단 고정점을 클릭하여 'Axis : Vertical'을 지정하고 [Copy]를 눌러 복사합니다. Selection Tool(▶)로 2 개의 패스를 선택하고 Pathfinder 패널에서 'Unite(■)'를 클릭한 후 'Fill Color : C20Y10, Stroke Color : None'을 지정합니다.

합격생의 비법

작업 중 Direct Selection Tool(▷)이 선택된 상태에서 Ctrl 을 누르거나 영문 입력 모드에서 V 를 눌러 Selection Tool(▶)로 빠르게 전환이 가능합니다.

04 Pen Tool(✐)로 드래그하여 깃털 모양 오브젝트의 중앙에 곡선의 열린 패스를 아래에서 위 쪽으로 그리고 'Fill Color : None, Stroke Color : 임의 색상'을 지정한 후 Stroke 패널에서 'Weight : 3pt, Profile : Width Profile 5'를 지정합니다.

합격생의 비법

Stroke 패널의 옵션 확장하기

• Stroke 패널의 'Stroke' 탭을 여러 번 더블 클릭하여 다양하게 확장이 가능합니다.

• Stroke 패널의 오른쪽 상단 팝업 메뉴 아이 콘을 클릭하여 'Show Options'를 클릭합니다.

합격생의 비법

• Selection Tool(▶)로 열린 패스를 선택하고 Control 패널에서 'Variable Width Profile : Width Profile 5'를 지정할 수 도 있습니다.

• 'Width Profile 5'의 모양을 보고 패스의 시작점을 지정해야 동일한 모양으로 지정됩니다.

05 계속해서 Pen Tool()로 안쪽에서 바깥쪽으로 드래그하여 2개의 열린 패스를 그린 후 앞서 그린 패스와 동일한 설정을 지정합니다. 오른쪽에 열린 패스를 그린 후 Stroke 패널에서 'Weight : 5pt, Profile : Width Profile 5'를 지정합니다.

06 Selection Tool()로 4개의 열린 패스를 선택하고, [Object]-[Path]-[Outline Stroke]를 선택하고 선을 면으로 확장합니다. 계속해서 5개의 오브젝트를 함께 선택하고 Pathfinder 패널에서 'Minus Front()'를 클릭합니다.

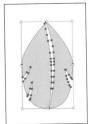

07 Selection Tool(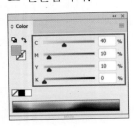)로 더블 클릭하여 Isolation Mode로 전환하고 오른쪽 오브젝트를 선택한 후 'Fill Color : C40M10Y10, Stroke Color : None'을 지정하고 Esc 를 눌러 정상 모드로 전환합니다.

08 Ellipse Tool()로 Shift 를 누르면서 정원을 그리고 'Fill Color : C70M80Y10, Stroke Color : None'을 지정합니다. 계속해서 상단에 타원을 그리고 'Fill Color : None, Stroke Color : C30M40Y10'을 지정하고 Stroke 패널에서 'Weight : 2pt'를 지정합니다. Selection Tool(▶)로 깃털 오브젝트와 2개의 원을 함께 선택하고 Align 패널에서 'Horizontal Align Center(❖)'를 클릭하여 가운데 정렬을 지정합니다.

  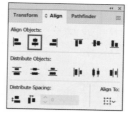 

09 Direct Selection Tool(▷)로 타원 하단의 고정점을 클릭하여 선택하고 하단으로 이동하여 패스를 변형한 후, [Object]-[Arrange]-[Send Backward]([Ctrl]+[[])를 선택하고 뒤로 보내기를 합니다.

합격생의 비법

반듯하게 이동하기

- 키보드의 [↓]를 눌러 이동할 수 있습니다. [Shift]를 누르면서 [↓]를 눌러 10배수로 이동이 가능합니다.
- Direct Selection Tool(▷)로 고정점을 이동할 때 [Shift]를 누르면 반듯하게 이동이 가능합니다.

---

10 Selection Tool(▶)로 깃털 오브젝트를 모두 선택하고, Rotate Tool(⟳)을 더블 클릭하여 'Angle : 5°'를 지정한 후 [OK]를 눌러 회전하고 하단 중앙에 배치합니다.

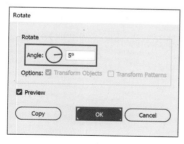 

11 Selection Tool(▶)로 고리 모양을 더블 클릭하여 Isolation Mode로 전환하고 Scissors Tool(✂)로 상단과 하단 고정점에 각각 클릭하여 패스를 자른 후 [Esc]를 눌러 정상 모드로 전환합니다.

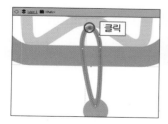 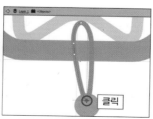

12 오른쪽 열린 패스를 선택한 후 [Object]-[Arrange]-[Send to Back]([Shift]+[Ctrl]+[[ ])을 선택하고 맨 뒤로 보내기를 합니다. 2개의 패스를 선택한 후 [Object]-[Path]-[Outline Stroke]를 선택하고 선을 면으로 확장합니다.

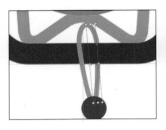 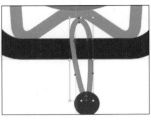

합격생의 비법

패널에서 [Arrange] 적용하기

[Properties] 패널에서 [Quick Actions] 항목의 [Arrange]를 클릭하여 적용할 수도 있습니다.

13 Selection Tool(▶)로 깃털 오브젝트를 모두 선택한 후, Scale Tool(🔲)을 더블 클릭하여 'Uniform : 70%'를 지정하고 [Copy]를 눌러 축소 복사합니다. Rotate Tool(🔄)을 더블 클릭하여 'Angle : 20°'를 지정하고 [OK]를 눌러 회전하고 오른쪽에 배치합니다.

 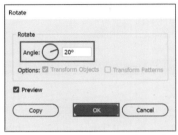 

14 Reflect Tool(🔛)을 더블 클릭하여 'Angle : 95°'를 지정하고 [Copy]를 눌러 복사한 후 왼쪽으로 이동하여 배치합니다.

15 Selection Tool(▶)로 Shift 를 누르면서 왼쪽과 오른쪽의 고리 모양을 함께 선택하고 Shift +Ctrl+[ ] 을 눌러 맨 뒤로 보내기를 합니다. 오른쪽 깃털 오브젝트를 선택하고 더블 클릭하여 Isolation Mode로 전환한 후 왼쪽 오브젝트를 선택하고 Eyedropper Tool(✐)로 오른쪽 오브젝트에 클릭하여 동일한 색상으로 지정한 후 Esc 를 눌러 정상 모드로 전환합니다.

 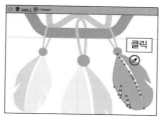

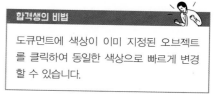

합격생의 비법

도큐먼트에 색상이 이미 지정된 오브젝트를 클릭하여 동일한 색상으로 빠르게 변경할 수 있습니다.

04 부엉이 오브젝트 만들기

01 Ellipse Tool(◉)로 작업 도큐먼트를 클릭한 후 'Width : 11.5mm, Height : 11mm'를 입력하여 그리고 'Fill Color : 임의 색상, Stroke Color : 임의 색상'을 지정합니다.

02 Pen Tool(✐)로 하단 오브젝트를 그린 후 'Fill Color : 임의 색상, Stroke Color : 임의 색상'을 지정하고, Selection Tool(▶)로 원형과 함께 선택한 후 Pathfinder 패널에서 'Unite(◻)'를 클릭합니다.

03 Pen Tool(✐)로 날개 모양의 열린 패스를 그린 후 'Fill Color : None, Stroke Color : 임의 색상'을 지정합니다. Selection Tool(▶)로 함께 선택하고 Pathfinder 패널에서 'Divide(◻)'를 클릭한 후 더블 클릭하여 Isolation Mode로 전환합니다. 각각 선택한 후 'Fill Color : Y30, C70M80Y10, Stroke Color : None'을 지정하고 Esc 를 눌러 정상 모드로 전환합니다.

04 Ellipse Tool(⬭)로 작업 도큐먼트를 클릭한 후 'Width : 5.8mm, Height : 5.8mm'를 입력하여 그리고 'Fill Color : C40M10Y10, Stroke Color : None'을 지정합니다. 계속해서 Shift 를 누르면서 크기가 다른 3개의 정원을 겹치도록 그리고 'Fill Color : C0M0Y0K0, C10M60Y60, K100, Stroke Color : None'을 순서대로 지정합니다.

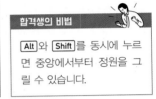
05 Ellipse Tool(⬭)로 드래그하여 타원을 그리고 'Fill Color : C70M80Y10, Stroke Color : None'을 지정합니다. Direct Selection Tool(▷)로 하단 고정점을 클릭하여 선택하고 하단으로 이동한 후 Anchor Point Tool(⬎)로 고정점을 클릭하여 패스를 뾰족하게 변형합니다.

06 Pen Tool(✒)로 눈썹 모양의 열린 패스를 그린 후 'Fill Color : None, Stroke Color : K100'을 지정하고 Stroke 패널에서 'Weight : 5pt, Profile : Width Profile 1'을 지정한 후 [Object]-[Path]-[Outline Stroke]를 선택하고 선을 면으로 확장합니다.

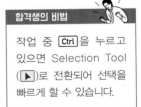

07 Selection Tool(▶)로 눈썹과 눈 오브젝트를 함께 선택한 후, Reflect Tool(◀▶)로 Alt 를 누르고 부리 모양의 중앙 고정점을 클릭하여 'Axis : Vertical'을 지정하고 [Copy]를 눌러 복사합니다. Selection Tool(▶)로 부리 모양 오브젝트를 선택하고 Shift + Ctrl +] 를 눌러 맨 앞으로 가져오기를 합니다.

합격생의 비법

[View]–[Outline](Ctrl + Y)을 선택하고 윤곽선 보기를 하면 겹쳐진 부분의 패스가 보이므로 드래그하여 쉽게 선택할 수 있습니다.

08 Selection Tool(▶)로 부엉이 오브젝트를 모두 선택하고 [Object]–[Group](Ctrl + G)을 선택하고 그룹을 설정한 후 중앙에 배치합니다. [Edit]–[Copy](Ctrl + C)로 복사하고 [Edit]–[Paste in Front](Ctrl + F)로 복사한 오브젝트 앞에 붙여 넣기를 합니다. Pathfinder 패널에서 'Unite(◼)'를 클릭한 후 Color 패널에서 'Fill Color : None, Stroke Color : K100'을 지정하고 Stroke 패널에서 'Weight : 1pt'를 지정합니다.

05 저장하고 답안 전송하기

01 [View]–[Guides]–[Hide Guides](Ctrl + ;)를 선택하여 안내선을 숨기고 [View]–[Fit Artboard in Window](Ctrl + 0)를 선택하여 현재 창에 맞추기를 합니다.

합격생의 비법

Tool 패널의 Hand Tool(✋) 자체를 더블 클릭하면 빠르게 현재 창에 맞추기가 됩니다.

02 [File]-[Save As]를 선택하고 '저장 위치 : 내 PC₩문서₩GTQ, 파일 형식 : Adobe Illustrator(*AI), 파일 이름 : 수험번호-성명-문제번호.ai'를 확인하고 [저장]을 클릭한 후 [Illustrator Options] 대화상자에서 'Version : Illustrator 2020'으로 설정하고 [OK]를 클릭합니다.

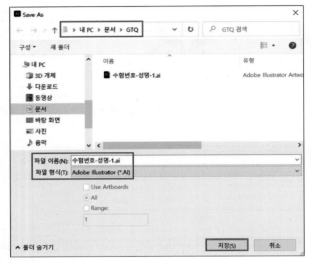

합격생의 비법

작업의 시작 단계에서 저장 위치와 파일 형식, 파일 이름, 버전을 지정하여 저장하였어도 최종적인 작업 완료 후 [File]-[Save As]를 통해 다시 확인을 합니다.

03 답안 저장이 완료가 되면 [File]-[Close]([Ctrl]+[W])를 선택하여 파일을 닫고 수험 프로그램에서 [답안 전송]을 클릭하여 감독관 컴퓨터로 전송합니다.

문제 02 **문자와 오브젝트**

작업과정	새 도큐먼트 만들기 및 파일 저장하기 ➡ 마네킹 오브젝트 만들기 ➡ 목걸이 오브젝트 만들고 그라디언트 적용하기 ➡ 브러쉬와 이펙트 적용하기 ➡ 문자 입력하고 변형하기 ➡ 패스를 따라 흐르는 문자 입력하고 브러쉬 적용하기 ➡ 저장하기
완성이미지	Part03₩수험번호-성명-2.ai

01 새 도큐먼트 만들기 및 파일 저장하기

01 [File]-[New]를 선택하고 'Width : 100mm, Height : 80mm, Units : Millimeters, Color Mode : CMYK'를 설정하여 새 도큐먼트를 만들고 [View]-[Rulers]-[Show Rulers] (Ctrl+R)를 선택하여 눈금자를 표시합니다.

합격생의 비법

Advanced를 클릭하여 확장하면 CMYK 컬러 모드를 확인 및 설정할 수 있습니다.

02 작품의 규격 왼쪽 상단에 원점(0,0)을 확인하고 왼쪽과 상단 눈금자 위에서 마우스로 각각 드래그하여 제시된 출력형태와 레이아웃 구성이 동일하게 안내선을 표시합니다.

합격생의 비법

안내선의 위치는 제시된 문제의 전체적인 레이아웃에 맞게 적절하게 배치합니다.

03 작업 도큐먼트를 저장하기 위해 [File]-[Save As]를 선택하고 '저장 위치 : 내 PC₩문서₩GTQ, 파일 형식 : Adobe Illustrator(*AI), 파일 이름 : 수험번호-성명-문제번호'를 입력하고 [저장]을 클릭한 후 [Illustrator Options] 대화상자에서 'Version : Illustrator 2020'으로 설정하고 [OK]를 클릭합니다.

합격생의 비법

작업 중에 발생할 수 있는 에러나 시스템 오류에 대비하여 Ctrl+S 를 수시로 눌러 저장합니다.

02 마네킹 오브젝트 만들기

01 Pen Tool(✐)로 드래그하여 마네킹 오브젝트의 왼쪽 모양을 닫힌 패스로 수직 안내선 왼쪽에 그리고 'Fill Color : 임의 색상, Stroke Color : 임의 색상'을 지정합니다.

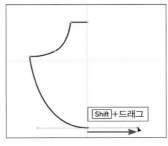

합격생의 비법

• Pen Tool(✐)로 Shift 를 누르면서 드래그하여 곡선을 그리면 핸들을 수평, 수직, 45° 각도를 유지하며 그릴 수 있습니다.
• 패스를 그리는 과정 중 드래그하여 그린 곡선의 고정점에 마우스를 올리면 ▸ 모양으로 바뀝니다. 클릭하면 한쪽 방향선이 삭제되며 직선 또는 곡선의 방향이 다른 패스를 연결하여 그릴 수 있습니다.

02 Direct Selection Tool()로 드래그하여 왼쪽 고정점을 선택하고 선택된 고정점 안쪽의 ⊙
를 안쪽으로 드래그하여 둥근 정도를 조절합니다.

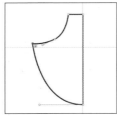
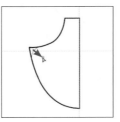

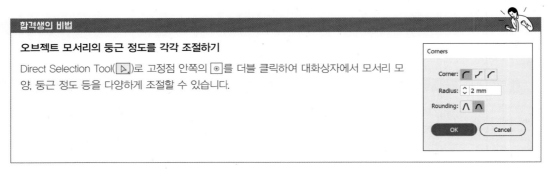
03 [Select]-[All](Ctrl+A)로 패스를 선택한 후, Reflect Tool()로 Alt를 누르면서 세로 안
내선에 클릭하여 'Axis : Vertical'을 지정하고 [Copy]를 눌러 복사합니다. Ctrl+A로 모두
선택하고 Pathfinder 패널에서 'Unite()'를 클릭한 후 Color 패널에서 'Fill Color :
M50Y50K90, Stroke Color : None'을 지정합니다.

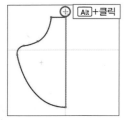

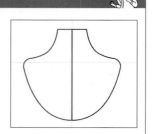

04 Ellipse Tool(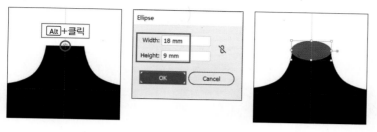)로 상단 수직의 안내선에 [Alt]를 누른 채 클릭한 후 'Width : 18mm, Height : 9mm'를 입력하여 그리고 'Fill Color : M10Y10K60, Stroke Color : None'을 지정합니다.

05 Scale Tool()을 더블 클릭하여 'Uniform : 65%'를 지정하고 [Copy]를 눌러 축소 복사한 후 키보드의 [↑]를 누르고 위쪽으로 이동한 후 'Fill Color : M10Y40K20, Stroke Color : None'을 지정합니다.

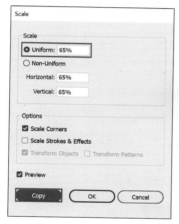

06 Scale Tool()을 더블 클릭하여 'Uniform : 45%'를 지정하고 [Copy]를 눌러 축소 복사한 후 키보드의 [↑]를 누르고 위쪽으로 이동한 후 Color 패널에서 'Fill Color : M50Y50K90, Stroke Color : None'을 지정합니다.

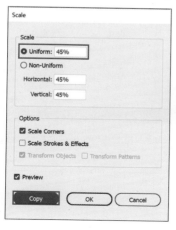

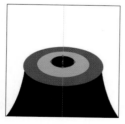

07 Ellipse Tool(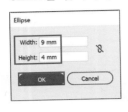)로 상단 수직의 안내선에 Alt 를 누른 채 클릭한 후 'Width : 9mm, Height : 4mm'를 입력하여 그리고 'Fill Color : M10Y40K20, Stroke Color : None'을 지정합니다. Rectangle Tool(▣)로 작업 도큐먼트를 클릭한 후 'Width : 9mm, Height : 6mm'를 입력하여 그리고 'Fill Color : M50Y50K90, Stroke Color : None'을 지정합니다.

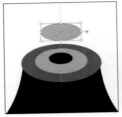

08 Selection Tool(▶)로 사각형을 더블 클릭하여 Isolation Mode로 전환합니다. Direct Selection Tool(▷)로 사각형 하단 2개의 고정점을 선택하고 Scale Tool(🔲)을 더블 클릭하여 'Uniform : 45%'를 지정하고 [OK]를 눌러 패스를 축소 변형한 후 Esc 를 눌러 정상 모드로 전환합니다.

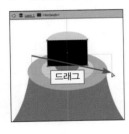
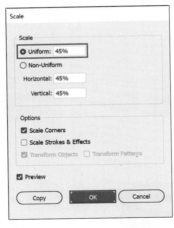
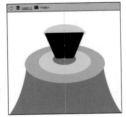

09 Selection Tool(▶)로 상단 타원형을 선택하고 Ctrl +] 를 눌러 앞으로 가져오기를 합니다.

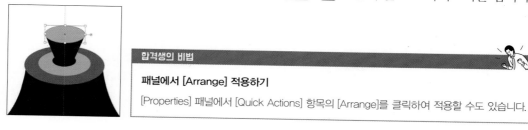

합격생의 비법

패널에서 [Arrange] 적용하기

[Properties] 패널에서 [Quick Actions] 항목의 [Arrange]를 클릭하여 적용할 수도 있습니다.

10 Selection Tool(▶)로 마네킹의 바디 오브젝트를 선택한 후 [Edit]-[Copy](Ctrl + C)로 복사하고 [Edit]-[Paste in Front](Ctrl + F)로 복사한 오브젝트 앞에 붙여 넣기를 한 후 더블 클릭하여 Isolation Mode로 전환합니다. [Object]-[Transform]-[Move]를 선택하고 'Horizontal : 1.7mm, Vertical : 3mm'를 지정하고 [OK]를 눌러 오른쪽 아래로 이동합니다.

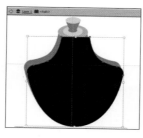

11 계속해서 [Object]-[Transform]-[Move]를 선택하고 'Horizontal : 1.7mm, Vertical : 2mm'를 지정하고 [Copy]를 눌러 오른쪽 아래로 이동하여 복사합니다. Pen Tool(✏)로 드래그하여 열린 패스를 2개의 오브젝트와 겹치도록 그리고 'Fill Color : None, Stroke Color : 임의 색상'을 지정합니다.

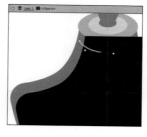

합격생의 비법

Tool 패널의 Selection Tool(▶) 또는 Direct Selection Tool(▷)을 더블 클릭하여 [Move] 대화상자를 빠르게 지정할 수도 있습니다.

12 Ctrl+A로 모두 선택하고 Pathfinder 패널에서 'Divide(⬚)'를 클릭합니다. Selection Tool(▶)로 불필요한 오브젝트를 선택하고 Delete를 눌러 삭제한 후 왼쪽 오브젝트에 'Fill Color : M10Y10K60, Stroke Color : None'을 지정하고 Esc를 눌러 정상 모드로 전환합니다.

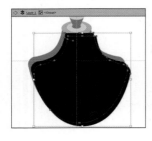  

03 목걸이 오브젝트를 만들고 그라디언트 적용하기

01 Ellipse Tool(⬭)로 작업 도큐먼트를 클릭한 후 'Width : 8mm, Height : 8mm'를 입력하여 그리고 'Fill Color : 임의 색상, Stroke Color : None'을 지정합니다.

 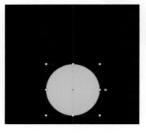

02 Direct Selection Tool(▷)로 상단 고정점을 클릭하여 선택하고 키보드의 ↑를 여러 번 눌러 위쪽으로 이동하고 Anchor Point Tool(⋀)로 고정점을 클릭하여 패스를 변형한 후 'Fill Color : C10M50, Stroke Color : None'을 지정합니다.

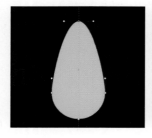 

03 [Object]–[Path]–[Offset Path]를 선택하고 'Offset : −0.6mm'를 지정하고 [OK]를 눌러 안쪽으로 패스를 이동하여 만듭니다.

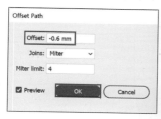 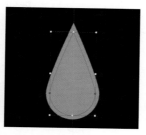

04 Gradient 패널에서 'Type : Radial Gradient'를 적용하고 Gradient Slider의 왼쪽 'Color Stop'을 더블 클릭하여 C50M100K30을, 오른쪽 'Color Stop'을 더블 클릭하여 C20M60Y20을 적용합니다.

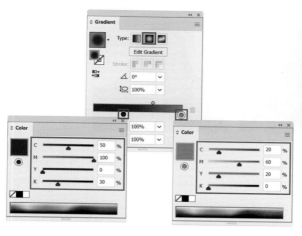 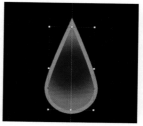

05 Rounded Rectangle Tool(□)로 드래그하여 둥근 사각형을 그리고 'Fill Color : C0M0Y0K0, Stroke Color : None'을 지정합니다. Ellipse Tool(◉)로 Shift 를 누르면서 정원을 그리고 'Fill Color : M20Y50, Stroke Color : None'을 지정합니다.

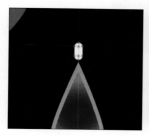 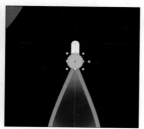

합격생의 비법

• Alt + Shift 를 누르면서 드래그하면 중앙에서부터 정원을 그릴 수 있습니다.

• 둥근 사각형을 그린 후 고정점 안쪽의 ◉를 안쪽으로 드래그하여 모서리의 둥근 정도를 조절할 수 있습니다.

06 Ellipse Tool(◯)로 작업 도큐먼트를 클릭한 후 'Width : 24mm, Height : 21mm'를 입력하여 그리고 'Fill Color : None, Stroke Color : M20Y50'을 지정하고 Stroke 패널에서 'Weight : 2pt'를 지정합니다.

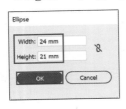  

07 Scissors Tool(✂)로 왼쪽과 오른쪽 선분에 각각 클릭하여 패스를 자른 후 Selection Tool(▶)로 상단 열린 패스를 선택하고 Shift+Ctrl+[ ]를 눌러 맨 뒤로 보내기를 합니다.

  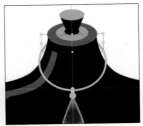

08 Selection Tool(▶)로 중앙에 배치된 오브젝트를 모두 선택하고 Align 패널에서 'Horizontal Align Center(▣)'를 클릭하여 가로 중앙에 정렬합니다. 정원과 둥근 사각형을 함께 선택하고 Shift+Ctrl+[ ]를 눌러 맨 앞으로 가져오기를 합니다.

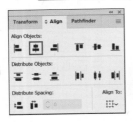  

09 Rectangle Tool(▢)로 작업 도큐먼트를 클릭한 후 'Width : 9.5mm, Height : 9.5mm'를 입력하여 그리고 'Fill Color : C20, Stroke Color : None'을 지정합니다.

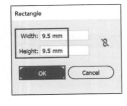 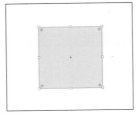

10 Rotate Tool(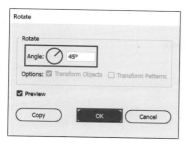)을 더블 클릭하여 'Angle : 45°'를 지정한 후 [OK]를 눌러 회전하고 왼쪽에 배치합니다.

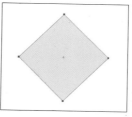

합격생의 비법

Selection Tool(▶)로 선택된 오브젝트의 바운딩 박스 바깥쪽을 Shift를 누르면서 드래그하면 45° 단위로 회전이 가능합니다.

11 [Effect]–[Illustrator Effects]–[Distort & Transform]–[Pucker & Bloat]를 선택하고 −64%를 지정하여 오브젝트를 변형한 후 [Object]–[Expand Appearance]를 선택하여 오브젝트의 모양을 확장합니다.

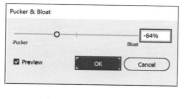

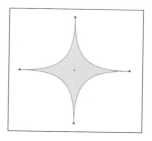

12 Scale Tool(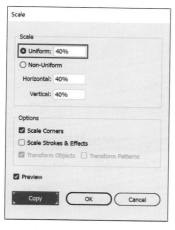)을 더블 클릭하여 'Uniform : 40%'를 지정하고 [Copy]를 눌러 축소 복사한 후 'Fill Color : C50M60, Stroke Color : None'을 지정하고 하단으로 이동하여 배치합니다. 계속해서 더블 클릭하여 'Uniform : 50%'를 지정하고 [Copy]를 눌러 축소 복사한 후 'Fill Color : C70M60, Stroke Color : None'을 지정하고 이동하여 배치합니다.

❹ 브러쉬와 이펙트 적용하기

01 Line Segment Tool(✏)로 작업 도큐먼트 하단을 클릭하여 'Length : 87mm, Angle : 0°'를 지정하고 'Fill Color : None, Stroke Color : 임의 색상'을 지정한 후 Stroke 패널에서 'Weight : 1pt'를 지정하고 수평선을 그립니다.

> **합격생의 비법**
>
> • [Decorative]–[Decorative_Banners and Seals] 의 브러쉬는 등록된 모양대로 출력되므로 'Fill Color : None, Stroke Color : 임의 색상'을 지정합니다.
> • 제시된 브러쉬의 양 끝 형태를 보고 패스의 시작점과 끝점을 설정해야 출력 형태와 동일한 결과가 나옵니다.

02 Brushes 패널 하단의 'Brush Libraries Menu'를 클릭하고 [Decorative]–[Decorative_Banners and Seals]를 선택하여 추가 브러쉬 패널을 불러온 후 'Banner 3'을 선택하고 적용합니다.

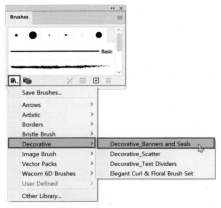

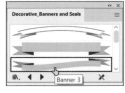

03 [Effect]–[Illustrator Effects]–[Stylize]–[Drop Shadow]를 선택하고 'Opacity : 75%, X Offset : 1mm, Y Offset : 0.4mm, Blur : 0.4mm'를 지정하여 그림자 효과를 적용합니다.

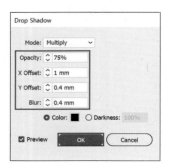

> **합격생의 비법**
>
> **Effect의 옵션 편집 및 삭제하기**
>
> • Properties 패널에서 [Appearance] 항목의 fx를 클릭하여 새로 적용하거나 해당 이펙트를 클릭하여 편집 또는 삭제할 수 있습니다.
> • Appearance 패널에서 해당 이펙트를 클릭하여 편집하거나 삭제가 가능합니다.

05 문자 입력하고 변형하기

01 Type Tool(T)로 작업 도큐먼트를 클릭한 후 Character 패널에서 'Set font family : Ar-ial, Set font style : Bold, Set font size : 24pt'를 설정하고 'Fill Color : C60M90, Stroke Color : None'을 지정한 후 JEWELRY를 입력합니다.

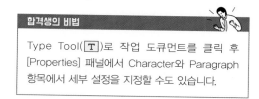

합격생의 비법

Type Tool(T)로 작업 도큐먼트를 클릭 후 [Properties] 패널에서 Character와 Paragraph 항목에서 세부 설정을 지정할 수도 있습니다.

02 [Object]-[Envelope Distort]-[Make with Warp]를 선택하고 'Style : Rise, Horizontal : 체크, Bend : 50%'를 지정하여 문자 모양을 왜곡한 후, [Object]-[Envelope Distort]-[Expand]를 선택하여 확장합니다.

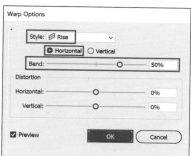

합격생의 비법

[Object]-[Envelope Distort]-[Expand]를 선택하여 확장하면 [Type]-[Create Outlines](Shift + Ctrl + O)로 문자를 윤곽선으로 변환하지 않아도 일반 오브젝트로 변환됩니다.

03 Pen Tool(✏)로 드래그하여 글자를 완전히 통과하는 열린 곡선의 패스를 그리고 'Fill Color : None, Stroke Color : 임의 색상'을 지정한 후 Stroke 패널에서 'Weight : 1pt'를 지정합니다. [Object]-[Path]-[Outline Stroke]를 선택하여 선을 면으로 확장합니다.

04 Selection Tool(▶)로 문자 오브젝트와 함께 선택하고 Pathfinder 패널에서 'Trim(🗐)'을 클릭합니다. 분할된 오브젝트를 더블 클릭하여 Isolation Mode로 전환한 후 면으로 확장된 오브젝트를 선택하고 Delete 를 눌러 삭제합니다.

합격생의 비법

Isolation Mode로 전환하면 편집 중인 오브젝트의 색상만 선명하게 표시되고 나머지는 흐릿하게 됩니다.

합격생의 비법

작업 중 Ctrl 을 누르면 최근에 선택한 선택 도구인 Selection Tool(▶) 또는 Direct Selection Tool(▷)로 빠르게 전환이 가능합니다.

05 Selection Tool(▶)로 Shift 를 누르면서 분리된 하단의 오브젝트를 모두 선택하고 'Fill Color : C10M80Y100, Stroke Color : None'을 지정한 후 Esc 를 눌러 정상 모드로 전환합니다.

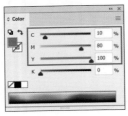 

06 패스를 따라 흐르는 문자 입력하고 브러쉬 적용하기

01 Pen Tool(✎)로 드래그하여 문자를 입력할 열린 곡선 패스를 오른쪽 상단에 그리고 'Fill Color : None, Stroke Color : 임의 색상'을 지정합니다.

02 Type on a Path Tool()로 열린 곡선 패스의 왼쪽을 클릭한 후 Character 패널에서 'Set font family : Times New Roman, Set font style : Bold, Set font size : 11pt'를 설정하고 'Fill Color : C20M40Y10, Stroke Color : None'을 지정한 후 Forever You를 입력합니다. [Select]-[Deselect]([Shift]+[Ctrl]+[A])로 선택을 해제합니다.

03 Pen Tool()로 드래그하여 브러쉬를 적용할 열린 곡선 패스를 오른쪽 상단에 그리고 'Fill Color : None, Stroke Color : 임의 색상'을 지정합니다. Brushes 패널 하단의 'Brush Libraries Menu'를 클릭하고 [Borders]-[Borders_Novelty]를 선택하여 추가 브러쉬 패널을 불러온 후 'Streamer'를 선택하고 적용합니다. Stroke 패널에서 'Weight : 1pt'를 지정합니다.

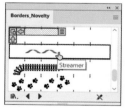

07 저장하기

01 [View]-[Guides]-[Hide Guides]([Ctrl]+[;])를 선택하여 안내선을 숨기고 [View]-[Fit Artboard in Window]([Ctrl]+[0])를 선택하여 현재 창에 맞추기를 합니다.

합격생의 비법

Tool 패널의 Hand Tool(✋) 자체를 더블 클릭하면 빠르게 현재 창에 맞추기가 됩니다.

02 [File]-[Save As]를 선택하고 '저장 위치 : 내 PC₩문서₩GTQ, 파일 형식 : Adobe Illustrator(*AI), 파일 이름 : 수험번호-성명-문제번호.ai'를 확인하고 [저장]을 클릭한 후 [Illustrator Options] 대화상자에서 'Version : Illustrator 2020'으로 설정하고 [OK]를 클릭합니다.

합격생의 비법

작업의 시작 단계에서 저장 위치와 파일 형식, 파일 이름, 버전을 지정하여 저장하였어도 최종적인 작업 완료 후 [File]-[Save As]를 통해 다시 확인을 합니다.

03 답안 저장이 완료가 되면 [File]-[Close]([Ctrl]+[W])를 선택하여 파일을 닫고 수험 프로그램에서 [답안 전송]을 클릭하여 감독관 컴퓨터로 전송합니다.

문제 03	어플리케이션 디자인
작업과정	새 도큐먼트 만들기 및 파일 저장하기 ➡ 클로버 오브젝트 만들기 ➡ 체인 장식 모양 오브젝트 만들고 패턴 정의하기 ➡ 손 모양 오브젝트 만들기 ➡ 입체 패키지 만들기 ➡ 규칙적인 점선과 오브젝트 변형 및 문자 입력하기 ➡ 패키지 만들고 패턴과 불투명도 지정하기 ➡ 불규칙적인 점선 지정하기 ➡ 정렬과 간격 일정하게 한 후 그룹 지정하기 ➡ 문자 입력하기 ➡ 저장 및 답안 전송하기
완성이미지	Part03₩수험번호-성명-3.ai

01 새 도큐먼트 만들기 및 파일 저장하기

01 [File]-[New]를 선택하고 'Width : 120mm, Height : 80mm, Units : Millimeters, Color Mode : CMYK'를 설정하여 새 도큐먼트를 만들고 [View]-[Rulers]-[Show Rulers] ([Ctrl]+[R])를 선택하여 눈금자를 표시합니다.

02 작품의 규격 왼쪽 상단에 원점(0,0)을 확인하고 왼쪽과 상단 눈금자 위에서 마우스로 각각 드래그하여 제시된 출력형태와 레이아웃 구성이 동일하게 안내선을 표시합니다.

03 작업 도큐먼트를 저장하기 위해 [File]-[Save As]를 선택하고 '저장 위치 : 내 PCW문서W GTQ, 파일 형식 : Adobe Illustrator(*AI), 파일 이름 : 수험번호-성명-문제번호'를 입력하고 [저장]을 클릭한 후 [Illustrator Options] 대화상자에서 'Version : Illustrator 2020'으로 설정하고 [OK]를 클릭합니다.

02 클로버 오브젝트 만들기

01 Pen Tool(✏️)로 드래그하여 닫힌 곡선 패스를 세로 안내선의 오른쪽에 그리고 'Fill Color : 임의 색상, Stroke Color : 임의 색상'을 지정합니다.

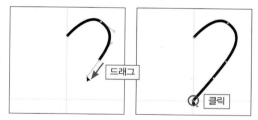

02 [Select]-[All](Ctrl + A)로 패스를 선택하고 Reflect Tool(▷◁)로 Alt 를 누르면서 세로 안내선에 클릭하여 'Axis : Vertical'을 지정하고 [Copy]를 눌러 복사합니다.

03 Ctrl+A로 모두 선택하고 Pathfinder 패널에서 'Unite()'를 클릭한 후 Color 패널에서 'Fill Color : M40Y100, Stroke Color : None'을 지정합니다.

04 Rotate Tool(⟳)로 Alt를 누르면서 안내선의 교차 지점을 클릭하여 'Angle : 90°'를 지정하고 [Copy]를 눌러 회전하여 복사한 후 [Object]-[Transform]-[Transform Again](Ctrl+D)을 2번 선택하고 반복하여 회전 복사합니다.

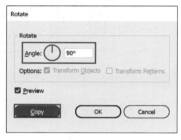

합격생의 비법

45° 단위로 회전하기

• Rotate Tool(⟳)로 클릭한 후 Shift를 누르면서 드래그하면 클릭 지점이 회전축으로 지정되며 45° 단위로 회전이 가능합니다.

• Alt+Shift를 누르면서 드래그하면 45° 단위로 회전 복사가 가능합니다.

---

05 Star Tool(★)로 안내선의 교차 지점에 클릭하여 'Radius 1 : 8mm, Radius 2 : 6mm, Points : 22'를 지정하고 [OK]를 눌러 그리고 'Fill Color : 임의 색상, Stroke Color : 임의 색상'을 지정합니다.

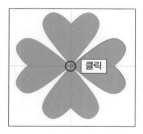

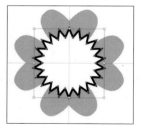

합격생의 비법

• Star Tool(★)로 드래그하면서 키보드의 ↑를 누르면 별의 포인트가 증가하고, ↓를 누르면 포인트가 감소됩니다.

• Star Tool(★)로 Shift를 누르면서 드래그하면 반듯하게 별을 그릴 수 있습니다.

06 Scale Tool()을 더블 클릭하여 'Uniform : 70%'를 지정하고 [Copy]를 눌러 축소 복사합니다.

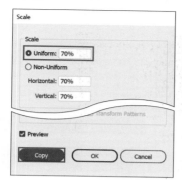

07 [Ctrl]+[A]로 모두 선택하고 Pathfinder 패널에서 'Divide(▣)'를 클릭합니다. Selection Tool(▶)로 오브젝트를 더블 클릭하여 Isolation Mode로 전환한 후, 불필요한 오브젝트를 선택하고 [Delete]를 눌러 삭제합니다.

  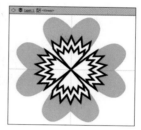

08 Selection Tool(▶)로 [Shift]를 누르면서 중간 4개의 오브젝트를 함께 선택하고 'Fill Color : M10Y50, Stroke Color : None'을 지정합니다. 계속해서 동일한 방법으로 안쪽 4개의 오브젝트를 함께 선택하고 'Fill Color : M60Y100, Stroke Color : None'을 지정하고 [Esc]를 눌러 정상 모드로 전환합니다.

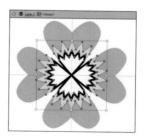 

⑧ 체인 장식 모양 오브젝트 만들고 패턴 정의하기

01 Ellipse Tool(⬭)로 작업 도큐먼트를 클릭한 후 'Width : 2mm, Height : 5mm'를 입력하여 그리고 'Fill Color : M10Y70, Stroke Color : None'을 지정합니다.

02 Direct Selection Tool()로 하단 고정점을 선택한 후 [Object]-[Transform]-[Move]를 선택하고 'Horizontal : 0mm, Vertical : 0.5mm'를 지정하고 [OK]를 눌러 아래로 이동합니다. Anchor Point Tool(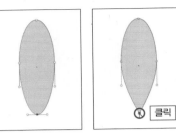)로 하단 고정점에 클릭하여 뾰족하게 패스를 변형합니다.

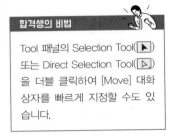

클릭

03 Selection Tool(▶)로 오브젝트를 선택하고 Scale Tool(⊞)을 더블 클릭하여 'Uniform : 80%'를 지정하고 [Copy]를 눌러 축소 복사합니다. [Object]-[Transform]-[Move]를 선택한 후 'Horizontal : 0mm, Vertical : −1.35mm'를 지정하고 [OK]를 눌러 위로 이동합니다.

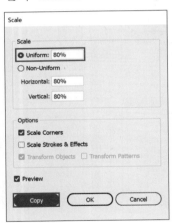

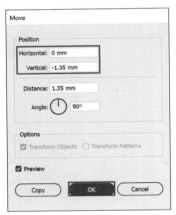

04 Selection Tool(▶)로 2개의 오브젝트를 선택한 후 Pathfinder 패널에서 'Minus Front (▣)'를 클릭합니다.

05 Scale Tool()을 더블 클릭하여 'Uniform : 80%'를 지정하고 [Copy]를 눌러 축소 복사합니다. [Object]-[Transform]-[Move]를 선택한 후 'Horizontal : 0mm, Vertical : −18.5mm'를 지정하고 [OK]를 눌러 위로 이동합니다.

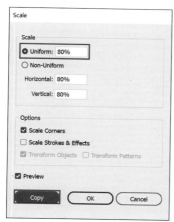

06 Selection Tool(▶)로 2개의 오브젝트를 선택한 후 [Object]-[Blend]-[Make]를 적용하고 [Object]-[Blend]-[Blend Options]로 'Specified Steps : 5'를 적용합니다.

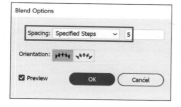

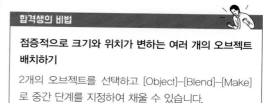

합격생의 비법

점증적으로 크기와 위치가 변하는 여러 개의 오브젝트 배치하기

2개의 오브젝트를 선택하고 [Object]-[Blend]-[Make] 로 중간 단계를 지정하여 채울 수 있습니다.

07 [Effect]-[Illustrator Effects]-[Warp]-[Arc]를 선택하고 'Style : Arc, Vertical : 체크, Bend : 75%'를 지정하고 변형한 후 [Object]-[Expand Appearance]를 선택하여 오브젝트의 모양을 확장합니다.

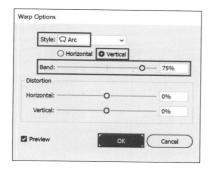
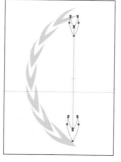
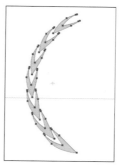

합격생의 비법

변형 도구로 오브젝트를 변형하기 전에 [Object]-[Expand Appearance]를 지정해야 출력 형태와 동일한 결과가 됩니다.

08 Reflect Tool()로 더블 클릭하여 'Axis : Vertical'을 지정하고 [Copy]를 눌러 복사한 후 하단으로 이동하여 배치하고 'Fill Color : C20Y20K20, Stroke Color : None'을 지정합니다.

09 Selection Tool(▶)로 2개의 오브젝트를 선택한 후 Rotate Tool(↻)을 더블 클릭하여 'Angle : 45°'를 지정하고 회전합니다.

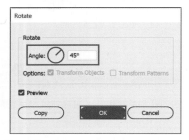

합격생의 비법

Rotate Tool(↻)로 **Shift**를 누르면서 드래그하면 45° 단위로 회전이 가능합니다.

합격생의 비법

바운딩 박스를 조절하여 45° 단위로 회전하기

• Selection Tool(▶)로 오브젝트를 선택하면 오브젝트의 외곽에 여덟 개의 조절점이 표시되어 크기와 회전을 조절할 수 있습니다. **Shift**를 누르면서 조절점 밖에 마우스를 놓고 ↰로 바뀌면 **Shift**를 누르면서 드래그하여 45° 단위로 회전이 가능합니다.

• 조절점이 표시되지 않을 때는 [View]–[Show Bounding Box](**Shift**+**Ctrl**+**B**)를 선택합니다.

---

10 [Object]–[Pattern]–[Make]를 선택하고 Pattern Options에서 'Name : 장식'을 지정하고 패턴으로 등록하고 **Esc**를 눌러 패턴의 편집 모드에서 정상 모드로 전환합니다.

⑭ 손 모양 오브젝트 만들기

01 Pen Tool(✎)로 드래그하여 손 모양의 닫힌 패스를 그리고 'Fill Color : C20M60Y60K60, Stroke Color : None'을 지정합니다.

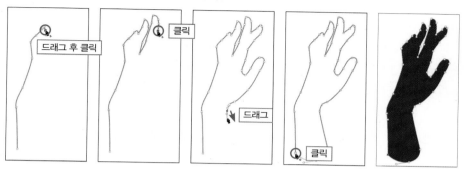

합격생의 비법

패스를 그리는 과정 중 드래그하여 그린 곡선의 고정점에 마우스를 올리면 ▶. 모양으로 바뀝니다. 클릭하면 곡선 핸들의 한쪽 방향선을 삭제하여 직선 또는 곡선의 방향이 다른 패스를 연결하여 그릴 수 있습니다.

---

02 Selection Tool(▶)로 클로버 오브젝트를 선택하고 [Edit]-[Copy](Ctrl + C)로 복사하고 [Edit]-[Paste](Ctrl + V)로 붙여 넣기를 합니다. Scale Tool(◰)을 더블 클릭하여 'Uniform : 25%'를 지정하고 [OK]를 눌러 축소한 후 Rotate Tool(↻)을 더블 클릭하여 'Angle : 75°'를 지정하고 회전하여 손 모양 오브젝트 위에 배치합니다.

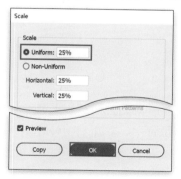

⑮ 입체 패키지 만들기

01 Rounded Rectangle Tool(▢)로 작업 도큐먼트를 클릭한 후 'Width : 50mm, Height : 30mm, Corner Radius : 5mm'를 입력하여 그리고 'Fill Color : 임의 색상, Stroke Color : None'을 지정합니다.

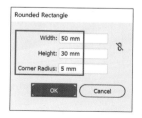
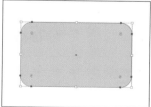

02 [Effect]–[Illustrator Effects]–[3D]–[Extrude & Bevel]을 선택하고 'Specify rotation around the X axis : 60°, Specify rotation around the Y axis : 30°, Specify rotation around the Z axis : −13°, Perspective : 60°, Extrude Depth : 45pt'를 지정합니다.

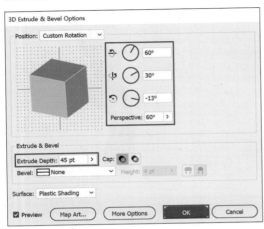

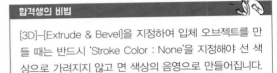

합격생의 비법

[3D]–[Extrude & Bevel]을 지정하여 입체 오브젝트를 만들 때는 반드시 'Stroke Color : None'을 지정해야 선 색상으로 가려지지 않고 면 색상의 음영으로 만들어집니다.

03 [Object]–[Expand Appearance]를 선택하여 오브젝트의 모양을 확장한 후, [Object]–[Ungroup]을 지정합니다. Selection Tool(▶)로 오브젝트를 더블 클릭하여 Isolation Mode로 전환한 후 상단 오브젝트를 선택하고 Alt 를 누르면서 아래로 드래그하여 복사하고 'Fill Color : None, Stroke Color : 임의 색상'을 지정합니다.

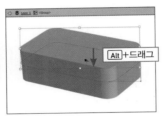

04 Selection Tool(▶)로 선을 더블 클릭하여 한번 더 Isolation Mode로 전환한 후 Direct Selection Tool(▷)로 상단의 선을 드래그하여 선택한 후 Delete 를 눌러 삭제합니다. 작업 도큐먼트 왼쪽 상단의 첫 번째 〈Group〉을 클릭한 후, Selection Tool(▶)로 바운딩 박스의 세로 중앙점을 바깥쪽으로 드래그하여 열린 패스의 너비를 확대합니다.

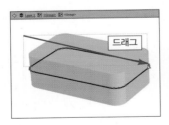

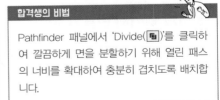

합격생의 비법

Pathfinder 패널에서 'Divide(▣)'를 클릭하여 깔끔하게 면을 분할하기 위해 열린 패스의 너비를 확대하여 충분히 겹치도록 배치합니다.

05 [Select]−[All]([Ctrl]+[A])로 모두 선택한 후 Pathfinder 패널에서 'Divide()'를 클릭합니다.

06 Selection Tool(▶)로 상단 면을 선택하고 'Fill Color : M20Y50, Stroke Color : None' 을 지정합니다. 나머지 면들을 드래그하여 각각 선택하고 Pathfinder 패널에서 'Unite()' 를 클릭한 후 Color 패널에서 'Fill Color : M40Y100, M60Y100K10, M60Y100, M80Y100K20, Stroke Color : None'을 순서대로 각각 지정합니다.

07 Pen Tool(✒)로 드래그하여 상하 오브젝트의 경계면에 열린 패스를 그리고 'Fill Color : None, Stroke Color : K50'을 지정한 후 Stroke 패널에서 'Weight : 1pt'를 지정하고 [Esc] 를 눌러 정상 모드로 전환합니다.

08 Ellipse Tool(◯)로 드래그하여 타원을 그리고 'Fill Color : M60Y100, Stroke Color : None'을 지정합니다. [Object]-[Path]-[Offset Path]를 선택한 후 'Offset : −1mm'를 지정하고 [OK]를 눌러 안쪽으로 패스를 이동하여 만든 후 'Fill Color : M10Y50, Stroke Color : None'을 지정합니다.

06 규칙적인 점선과 오브젝트 변형 및 문자 입력하기

01 Pen Tool(✎)로 클릭하여 직선의 열린 패스를 기울기에 맞춰서 그리고 'Fill Color : None, Stroke Color : 임의 색상'을 지정하고 Stroke 패널에서 'Weight : 13pt'를 지정합니다. Selection Tool(▶)로 선을 선택하고 [Edit]-[Copy](Ctrl+C)로 복사한 후 [Object]-[Path]-[Outline Stroke]를 선택하고 선을 면으로 확장합니다.

  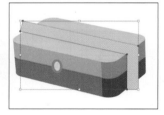

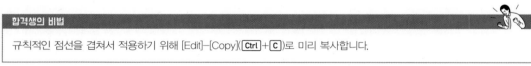

합격생의 비법

규칙적인 점선을 겹쳐서 적용하기 위해 [Edit]-[Copy](Ctrl+C)로 미리 복사합니다.

02 Line Segment Tool(╱)로 드래그하여 기울기에 맞춰서 2개의 사선을 겹치도록 각각 그리고 'Fill Color : None, Stroke Color : 임의 색상'을 지정합니다. Selection Tool(▶)로 확장된 선과 함께 선택하고 Pathfinder 패널에서 'Divide(▣)'를 클릭합니다.

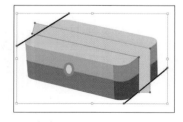 

03 Selection Tool(▶)로 더블 클릭하여 Isolation Mode로 전환합니다. Shift를 누르면서 클릭하여 불필요한 2개의 오브젝트를 선택하고 Delete를 눌러 삭제한 후 Esc를 눌러 정상 모드로 전환합니다.

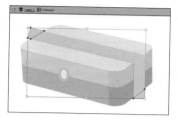 

04 Selection Tool(▶)로 선택하고 Gradient 패널에서 'Type : Linear Gradient, Angle : 0°를 적용하고 Gradient Slider의 왼쪽 'Color Stop'을 더블 클릭하여 C0M0Y0K0을, 오른쪽 'Color Stop'을 더블 클릭하여 M50Y80K10을 적용합니다.

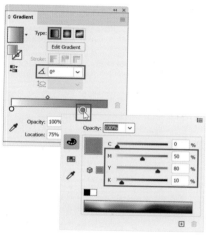 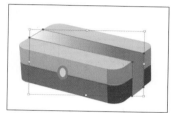

05 [Edit]-[Paste in Front](Ctrl+F)를 선택하고 앞서 Ctrl+C로 복사한 오브젝트의 앞에 붙여 넣기를 합니다. Color 패널에서 'Fill Color : None, Stroke Color : C0M0Y0K0'을 지정하고 Stroke 패널에서 'Weight : 3pt, Cap : Round Cap, Corner : Round Join, Dashed Line : 체크, dash : 5pt'를 입력하여 규칙적인 점선을 지정합니다.

합격생의 비법

Direct Selection Tool(▷)로 점선이 적용된 패스의 좌우 끝 고정점을 각각 경사면에 맞게 조정합니다.

06 Selection Tool(▶)로 도큐먼트 왼쪽 상단의 클로버 오브젝트를 선택한 후 [Edit]–[Copy]
([Ctrl]+[C])로 복사하고 [Edit]–[Paste]([Ctrl]+[V])로 붙여 넣기를 합니다. Scale Tool(▣)을
더블 클릭하여 'Uniform : 50%'를 지정하고 [OK]를 눌러 축소한 후 [Object]–[Path]–
[Offset Path]를 선택하고 'Offset : 1.5mm'를 지정합니다.

 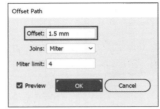 

07 Pathfinder 패널에서 'Unite(▣)'를 클릭한 후 Color 패널에서 'Fill Color : C0M0Y0K0,
Stroke Color : None'을 지정하고 [Shift]+[Ctrl]+[[]를 눌러 맨 뒤로 보내기를 합니다.

 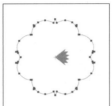 

08 Delete Anchor Point Tool(✎)로 튀어나온 고정점에 각각 클릭하여 패스의 모양을 정리합
니다.

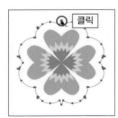 

09 Selection Tool(▶)로 축소한 클로버 오브젝트와 함께 선택하고 Rotate Tool(↻)로 더블
클릭하여 'Angle : 45°'를 지정하고 회전합니다.

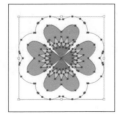  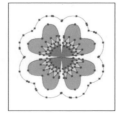

10 Selection Tool(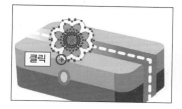)로 입체 패키지와 겹치도록 배치하고 Shear Tool(⬚)로 왼쪽 하단 고정 점을 클릭한 후 오른쪽으로 드래그하여 기울이기를 조절한 후 배치합니다.

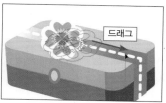
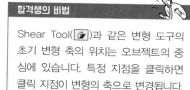

11 Selection Tool(▶)로 클로버 오브젝트를 더블 클릭하여 Isolation Mode로 전환한 후 'Fill Color : M40Y100'인 4개의 오브젝트를 함께 선택하고 'Fill Color : M80Y100K10, Stroke Color : None'을 지정하고 Esc 를 눌러 정상 모드로 전환합니다.

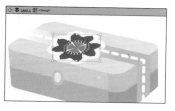

12 Type Tool(T)로 작업 도큐먼트를 클릭한 후 Character 패널에서 'Set font family : Arial, Set font style : Bold, Set font size : 8pt'를 설정하고 'Fill Color : M20Y50, Stroke Color : None'을 지정한 후 Special Gift를 입력합니다. Shear Tool(⬚)로 더블 클릭하여 'Shear Angle : 14.5°, Axis : Vertical'을 지정하고 배치합니다.

07 패키지 만들고 패턴과 불투명도 지정하기

01 Rectangle Tool(▣)로 작업 도큐먼트를 클릭한 후 'Width : 22mm, Height : 30mm'를 입력하여 그리고 'Fill Color : C20M60Y50K20, Stroke Color : 임의 색상'을 지정합니다. [Object]-[Path]-[Add Anchor Points]를 선택하고 고정점을 추가합니다.

02 Direct Selection Tool(▷)로 드래그하여 가로 중앙의 2개의 고정점을 선택한 후 Scale Tool(▣)을 더블 클릭하여 'Uniform : 97%'를 지정하고 [OK]를 눌러 패스를 축소합니다.

 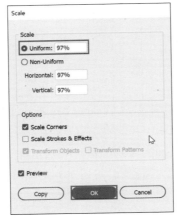 

03 Ellipse Tool(◯)로 드래그하여 크기가 다른 2개의 타원을 사각형의 위와 아래에 겹치도록 그리고 'Fill Color : None, Stroke Color : 임의 색상'을 지정합니다.

04 Selection Tool(▶)로 3개의 오브젝트를 함께 선택하고 Pathfinder 패널에서 'Divide(▣)' 를 클릭합니다. Selection Tool(▶)로 더블 클릭하여 Isolation Mode로 전환한 후 불필요한 오브젝트를 선택하고 Delete 를 눌러 삭제합니다. Shift 를 누르면서 2개의 오브젝트를 함께 선택한 후 'Fill Color : C20M60Y60K60'을 지정하고, Ctrl + A 로 모두 선택하고 'Stroke Color : None'을 지정한 후 Esc 를 눌러 정상 모드로 전환합니다.

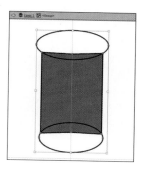  

05 Pen Tool(✎)로 3개의 닫힌 패스를 그리고 'Fill Color : C0M0Y0K0, Stroke Color : None'을 지정한 후 Transparency 패널에서 'Opacity : 50%'를 각각 지정합니다.

 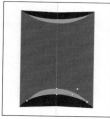 

06 Selection Tool(▶)로 패키지 오브젝트를 더블 클릭하여 Isolation Mode로 전환한 후 중앙의 오브젝트를 선택합니다. [Edit]-[Copy](Ctrl + C)로 복사하고 [Edit]-[Paste in Front](Ctrl + F)로 복사한 오브젝트 앞에 붙여 넣기를 한 후 Swatches 패널에 등록된 장식 패턴을 클릭하여 면 색상에 적용합니다.

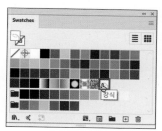 

07 Scale Tool(⬚)을 더블 클릭하고 'Uniform : 30%, Transform Objects : 체크 해제, Transform Patterns : 체크'를 지정하여 패턴의 크기만을 축소합니다.

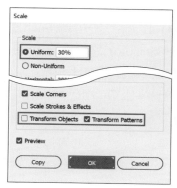 

합격생의 비법

적용된 패턴의 크기만을 조절할 때는 반드시 'Transform Objects : 체크 해제, Transform Patterns : 체크'를 지정해야 합니다.

08 Rotate Tool()을 더블 클릭하여 'Angle : 15°, Transform Objects : 체크 해제, Transform Patterns : 체크'를 지정하고 패턴을 회전한 후 Esc 를 눌러 정상 모드로 전환합니다.

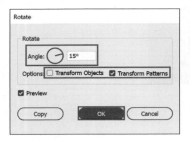 

합격생의 비법

패턴으로 정의한 원래 오브젝트의 위치에 따라 적용된 패턴의 위치는 다를 수 있습니다. [Object]–[Transform]–[Move]
를 선택하고 [Move] 대화상자에서 'Transform Objects : 체크 해제, Transform Patterns : 체크, Preview : 체크'를 지정
하고 Horizontal과 Vertical에 수치를 조절하여 맞춰 줍니다.

---

09 Selection Tool(▶)로 패키지 오브젝트를 모두 선택하고 [Edit]–[Copy](Ctrl + C)로 복사하고 [Edit]–[Paste](Ctrl + V)로 붙여 넣기를 한 후 이동하여 배치합니다. Selection Tool(▶)로 더블 클릭하여 Isolation Mode로 전환한 후 패턴이 적용된 오브젝트를 선택하고 Delete 를 눌러 삭제합니다. 나머지 오브젝트를 선택한 후 'Fill Color : C90M80Y30K10, C90M80Y30K50, Stroke Color : None'을 각각 지정하고 Esc 를 눌러 정상 모드로 전환합니다.

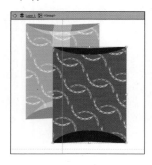 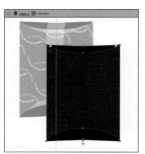

---

08 불규칙적인 점선 지정하기

01 Selection Tool(▶)로 중앙의 오브젝트를 선택한 후 [Object]–[Path]–[Offset Path]를 선택하고 'Offset : −1mm'를 지정하고 'Fill Color : None, Stroke Color : C20M60Y60K60'을 지정합니다. Stroke 패널에서 'Weight : 1pt, Dashed Line : 체크, dash : 5pt, gap : 1pt, dash : 2pt, gap : 3pt'를 지정한 후 Transparency 패널에서 'Opacity : 100%'를 지정합니다.

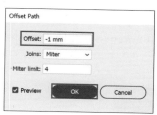  

02 Selection Tool(▶)로 점선 오브젝트를 더블 클릭하여 Isolation Mode로 전환한 후 Direct Selection Tool(▷)로 상단과 하단의 선분을 선택하고 Delete 를 눌러 삭제합니다. 열린 점선 패스의 끝 고정점을 각각 선택하고 길이를 조절한 후 Esc 를 눌러 정상 모드로 전환합니다.

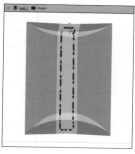 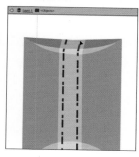 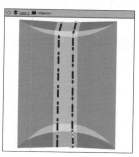

⑨ 정렬과 간격 일정하게 한 후 그룹 지정하기

01 Selection Tool(▶)로 클로버 오브젝트를 선택하고 Ctrl + C 로 복사하고 Ctrl + V 로 붙여 넣기를 한 후 Scale Tool(🔲)을 더블 클릭하고 'Uniform : 20%, Transform Objects : 체크, Transform Patterns : 체크 해제'를 지정하여 크기를 축소합니다. Pathfinder 패널에서 'Unite(■)'를 클릭한 후 'Fill Color : C0M0Y0K0, Stroke Color : None'을 지정합니다.

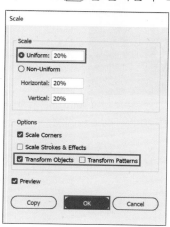  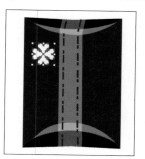

02 Selection Tool(▶)로 Alt + Shift 를 누르면서 아래로 드래그하여 복사하고 Ctrl + D 를 눌러 반복하여 복사합니다. 3개의 클로버 오브젝트를 함께 선택한 후 [Object]-[Group](Ctrl + G)을 선택하여 그룹을 지정합니다.

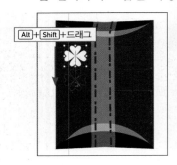  

⑩ 문자 입력하기

01 Type Tool(T)로 작업 도큐먼트를 클릭한 후 Character 패널에서 'Set font family : Times New Roman, Set font style : Bold, Set font size : 8pt'를 설정하고 'Fill Color : M40Y100, Stroke Color : None'을 지정한 후 JEWELRY를 입력합니다. Rotate Tool(↻)을 더블 클릭하여 'Angle : 90°'를 지정하여 회전한 후 배치합니다.

 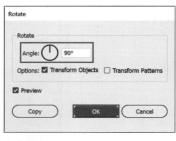 

02 Selection Tool(▶)로 함께 선택하고 Rotate Tool(↻)을 더블 클릭한 후 'Angle : -10°'를 지정하여 회전 배치합니다.

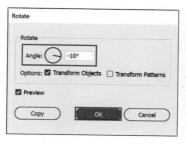

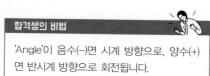

'Angle'이 음수(-)면 시계 방향으로, 양수(+)면 반시계 방향으로 회전됩니다.

⑪ 저장 및 답안 전송하기

01 [View]-[Guides]-[Hide Guides]([Ctrl]+[;])를 선택하여 안내선을 숨기고 [View]-[Fit Artboard in Window]([Ctrl]+[0])를 선택하여 현재 창에 맞추기를 합니다.

합격생의 비법

Tool 패널의 Hand Tool(✋) 자체를 더블 클릭하면 빠르게 현재 창에 맞추기가 됩니다.

02 [File]-[Save As]를 선택하고 '저장 위치 : 내 PC₩문서₩GTQ, 파일 형식 : Adobe Illustrator(*.AI), 파일 이름 : 수험번호-성명-문제번호.ai'를 확인하고 [저장]을 클릭한 후 [Illustrator Options] 대화상자에서 'Version : Illustrator 2020'으로 설정하고 [OK]를 클릭합니다.

합격생의 비법

작업의 시작 단계에서 저장 위치와 파일 형식, 파일 이름, 버전을 지정하여 저장하였어도 최종적인 작업 완료 후 [File]-[Save As]를 통해 다시 확인을 합니다.

03 답안 저장이 완료가 되면 [File]-[Exit]([Ctrl]+[Q])를 선택하여 일러스트레이터 프로그램을 종료하고 수험 프로그램에서 [답안 전송]을 클릭하여 감독관 컴퓨터로 전송합니다.

04
PART

기출 유형 문제

기출 유형 문제 01회

▶ 동영상 무료

급수	문제유형	시험시간	수험번호	성명
2급	A	90분	G123456789	

수 험 자 유 의 사 항

- 수험자는 문제지를 받는 즉시 응시하고자 하는 과목 및 급수가 맞는지 확인한 후 수험번호와 성명을 작성합니다.
- 파일명은 본인의 "수험번호-성명-문제번호"로 공백 없이 정확히 입력하고 답안폴더(내 PC₩문서₩GTQ)에 ai 파일 포맷으로 저장해야 하며, 다른 파일 형식으로 저장하였을 경우 0점 처리됩니다. 답안문서 파일명이 "수험번호-성명-문제번호"와 일치하지 않거나, 답안 파일을 전송하지 않아 미제출로 처리될 경우 불합격 처리됩니다.
- 수험자 정보와 저장한 파일명, 저장 위치가 다를 경우 전송이 되지 않으므로, 주의하시기 바랍니다.
- 답안 작성 중에도 주기적으로 '저장'과 '답안 전송'을 이용하여 감독위원 PC로 답안을 전송하셔야 합니다. (※ 작업한 내용을 저장하지 않고 전송할 경우 이전의 저장내용이 전송되오니 이점 반드시 유념하시기 바랍니다.)
- 답안문서는 지정된 경로 외의 다른 보조기억장치에 저장하는 행위, 지정된 시험 시간 외에 작성된 파일을 활용한 행위, 기타 통신수단(이메일, 메신저, 네트워크 등)을 이용하여 타인에게 전달 또는 외부 반출하는 행위는 부정으로 간주되어 자격기본법 제32조에 의거 본 시험 및 국가공인 자격시험을 2년간 응시할 수 없습니다.
- 시험 중 부주의 또는 고의로 시스템을 파손한 경우와 〈수험자 유의사항〉에 기재된 방법대로 이행하지 않아 생기는 불이익은 수험자의 책임임을 알려 드립니다.
- 시험을 완료한 수험자는 최종적으로 저장한 답안파일이 전송되었는지 확인한 후 감독위원의 지시에 따라 문제지를 제출하고 퇴실합니다.

답 안 작 성 요 령

- 온라인 답안 작성 절차
  수험자 등록 ⇒ 시험 시작 ⇒ 답안파일 저장 ⇒ 답안 전송 ⇒ 시험 종료
- 배점은 총 100점으로 이루어지며, 점수는 각 문제별로 차등 배분됩니다.
- 각 문제는 제시된 조건에 맞게 답안을 작성하셔야 하며, 조건을 지키지 못했을 경우에는 0점 또는 감점 처리됩니다.
- 조건에서 주어진 단위는 'mm(밀리미터)'입니다. 눈금자는 작성하지 않으며, 그 외는 출력형태(레이아웃, 색상, 문자, 규격 등)와 같게 작업하십시오.
- 문제 조건에 서체의 지정이 없을 경우 한글은 굴림이나 돋움, 영문은 Arial로 작업하십시오. (단, 그 외 제시되지 않은 문자 속성을 기본값으로 작성하지 않은 경우는 감점 처리됩니다.)
- 문제 조건에 크기와 색상, 두께의 지정이 없을 경우 《출력형태》를 참고하여 작업해 주시기 바랍니다.
- Image Mode(이미지 모드)는 별도의 처리조건이 없을 경우에는 CMYK로 작업하십시오.
- 조건에서 제시한 기능을 임의로 합치거나 각 기능에 대한 속성을 해지할 경우 해당 요소는 0점 처리됩니다.

한 국 생 산 성 본 부

다음의 《조건》에 따라 아래의 《출력형태》와 같이 작업하시오.

조건

파일저장규칙	AI	파일명	문서₩GTQ₩수험번호−성명−1.ai
		크기	100 × 80mm

1. 작업 방법
① 도형, 변형 툴과 Pathfinder 기능을 활용하여 오브젝트를 작성한다.
② 그 외 《출력형태》 참조

출력형태

C10K10,
C100M10,
C0M0Y0K0,
M10Y10,
M20Y10K10,
K100, K10,
C100Y50K30,
(선/획) K100, 1pt

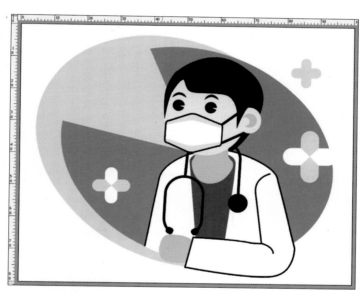

문제 2 ⋮ 문자와 오브젝트 35점

다음의 《조건》에 따라 아래의 《출력형태》와 같이 작업하시오.

조건

파일저장규칙	AI	파일명	문서₩GTQ₩수험번호-성명-2.ai
		크기	100 × 80mm

1. 작업 방법

① 'SCIENCE' 문자에 Times New Roman (Bold) 폰트를 적용한다.
② 'Laboratory' 문자에 Type on a Path Tool을 활용한다.
③ Brush는 《출력형태》를 참고하여 작성한다.
④ Effect는 《출력형태》를 참고하여 작성한다.
⑤ 그 외 《출력형태》 참조

2. 문자 효과

① Laboratory (Arial, Regular, 14pt, C40M100Y80K40)

출력형태

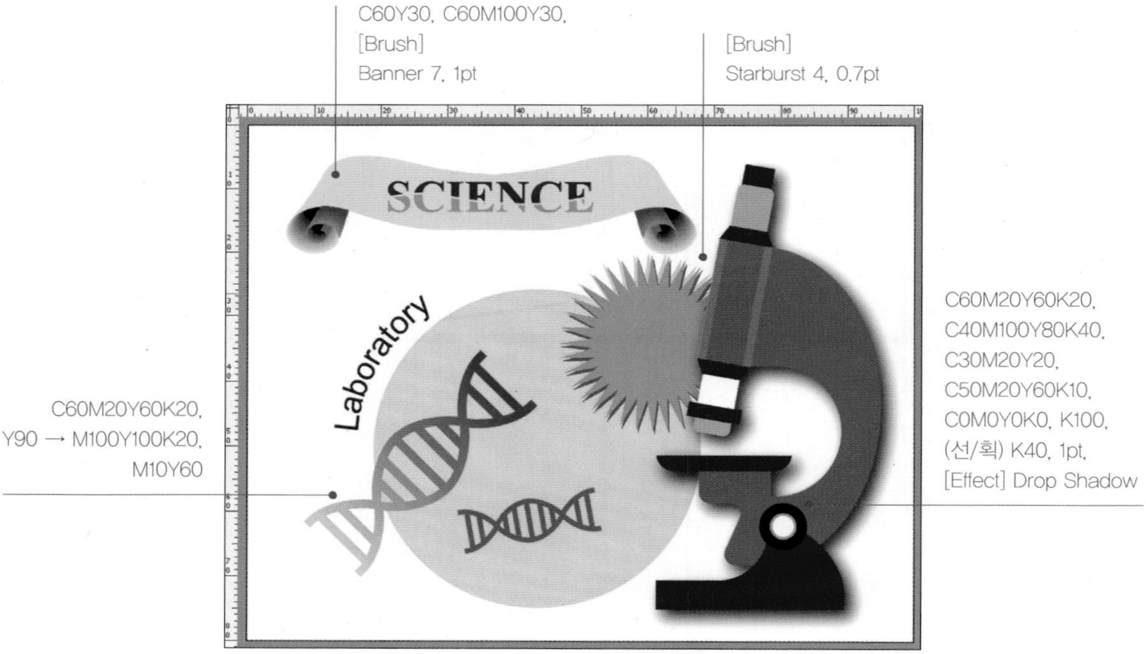

C60Y30, C60M100Y30,
[Brush]
Banner 7, 1pt
[Brush]
Starburst 4, 0.7pt
SCIENCE
Laboratory
C60M20Y60K20,
C40M100Y80K40,
C30M20Y20,
C50M20Y60K10,
C0M0Y0K0, K100,
(선/획) K40, 1pt,
[Effect] Drop Shadow
C60M20Y60K20,
Y90 → M100Y100K20,
M10Y60

다음의 《조건》에 따라 아래의 《출력형태》와 같이 작업하시오.

조건

파일저장규칙	AI	파일명	문서₩GTQ₩수험번호-성명-3.ai
		크기	120 × 80mm

1. 작업 방법

① 도형 툴로 오브젝트를 제작한 후 Pattern을 활용하여 작성한다. (패턴 등록 : 잎)
② 손 세정제에는 불규칙한 점선을, 물티슈에는 규칙적인 점선을 설정한다.
③ 물티슈에 Pattern을 적용한다.
④ 손 세정제에 배치된 오브젝트는 정렬, 간격을 일정하게 한 후 Group 설정을 한다.
⑤ 그 외 《출력형태》 참조

2. 문자 효과

① KEEP CLEAN (Times New Roman, Bold, 9pt, K100)
② Hand Sanitizer (Arial, Bold, 9pt, C50Y20)

출력형태

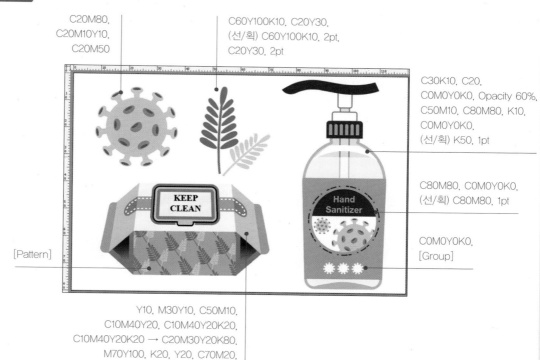

C20M80,
C20M10Y10,
C20M50

C60Y100K10, C20Y30,
(선/획) C60Y100K10, 2pt,
C20Y30, 2pt

C30K10, C20,
C0M0Y0K0, Opacity 60%,
C50M10, C80M80, K10,
C0M0Y0K0,
(선/획) K50, 1pt

C80M80, C0M0Y0K0,
(선/획) C80M80, 1pt

C0M0Y0K0,
[Group]

[Pattern]

Y10, M30Y10, C50M10,
C10M40Y20, C10M40Y20K20,
C10M40Y20K20 → C20M30Y20K80,
M70Y100, K20, Y20, C70M20,
(선/획) K100, 1pt,
C0M0Y0K0, 1pt

작업과정	새 도큐먼트 만들기 및 파일 저장하기 ➡ 배경 오브젝트 만들기 ➡ 의사 캐릭터 만들기 ➡ 청진기 오브젝트 만들기 ➡ 마스크 오브젝트 만들기 ➡ 저장하기
완성이미지	Part04₩기출유형문제01회₩수험번호−성명−1.ai

01 새 도큐먼트 만들기 및 파일 저장하기

01 [File]−[New]([Ctrl]+[N])를 선택하고 'Width : 100mm, Height : 80mm, Units : Mil-limeters, Color Mode : CMYK'를 설정하여 새 도큐먼트를 만들고 [View]−[Rulers]−[Show Rulers]([Ctrl]+[R])를 선택하여 눈금자를 표시합니다.

02 작품의 규격 왼쪽 상단에 원점(0,0)을 확인하고 왼쪽과 상단 눈금자 위에서 마우스로 각각 드래그하여 제시된 출력형태와 레이아웃 구성이 동일하게 안내선을 표시합니다.

03 작업 도큐먼트를 저장하기 위해 [File]−[Save As]를 선택하고 '저장 위치 : 내 PC₩문서₩GTQ, 파일 형식 : Adobe Illustrator(*AI), 파일 이름 : 수험번호−성명−문제번호'를 입력하고 [저장]을 클릭한 후 [Illustrator Options] 대화상자에서 'Version : Illustrator 2020'으로 설정하고 [OK]를 클릭합니다.

02 배경 오브젝트 만들기

01 Ellipse Tool(◉)로 작업 도큐먼트를 클릭한 후 'Width : 88mm, Height : 68mm'를 입력하여 그리고 'Fill Color : C10K10, Stroke Color : None'을 지정합니다. Rotate Tool(↻)을 더블 클릭하여 'Angle : −25°'를 지정하고 [OK]를 눌러 회전합니다.

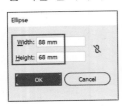

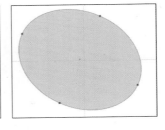

02 Scale Tool(⊡)을 더블 클릭하여 'Uniform : 95%'를 지정한 후, [Copy]를 눌러 축소 복사하고 'Fill Color : C100M10, Stroke Color : None'을 지정합니다. [Object]−[Transform]−[Move]를 선택하고 'Horizontal : 6mm, Vertical : 1mm'를 지정하고 [OK]를 눌러 오른쪽 아래로 이동합니다.

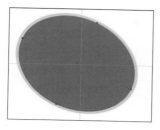
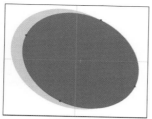

03 Star Tool(★)로 작업 도큐먼트를 클릭한 후 'Radius 1 : 70mm, Radius 2 : 35mm, Points : 5'를 입력하여 그리고 'Fill Color : 임의 색상, Stroke Color : 임의 색상'을 지정합니다. Rotate Tool(↺)을 더블 클릭하여 'Angle : 14°'를 지정하고 [OK]를 눌러 회전하여 작은 타원과 겹치도록 배치합니다.

04 Selection Tool(▶)로 타원과 함께 선택한 후 Pathfinder 패널에서 'Minus Front(▣)'를 클릭합니다.

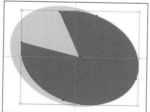

05 Rounded Rectangle Tool(▢)로 작업 도큐먼트를 클릭한 후 'Width : 3mm, Height : 9mm, Corner Radius : 2mm'를 입력하여 그리고 'Fill Color : C10K10, Stroke Color : None'을 지정합니다. Rotate Tool(↺)을 더블 클릭하여 'Angle : 90°'를 지정하고 [Copy]를 눌러 회전 복사합니다.

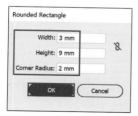
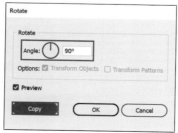
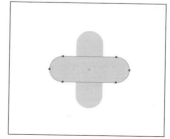

06 Selection Tool()로 2개의 둥근 사각형을 함께 선택한 후 Pathfinder 패널에서 'Unite()'를 클릭합니다.

07 Scale Tool()을 더블 클릭하여 'Uniform : 180%'를 지정하고 [Copy]를 눌러 확대 복사합니다. Line Segment Tool()로 Shift 를 누르면서 드래그하여 2개의 사선을 그리고 'Fill Color : None, Stroke Color : 임의 색상'을 지정합니다.

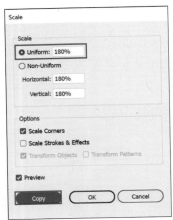

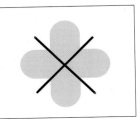

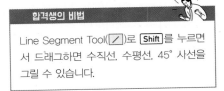

08 Selection Tool()로 3개의 오브젝트를 함께 선택하고 Align 패널에서 'Horizontal Align Center()'와 'Vertical Align Center()'를 각각 클릭하여 가운데 정렬을 지정합니다.

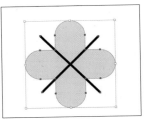

09 Pathfinder 패널에서 'Divide()'를 클릭합니다. Selection Tool()로 분할된 오브젝트를 더블 클릭하여 Isolation Mode로 전환합니다. Shift 를 누른 채 클릭하여 2개의 오브젝트를 함께 선택하고 'Fill Color : C0M0Y0K0, Stroke Color : None'을 지정한 후 Esc 를 눌러 정상 모드로 전환합니다.

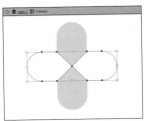

10 Selection Tool(▶)로 오브젝트를 선택하고 Scale Tool(⊡)을 더블 클릭하여 'Uniform : 70%'를 지정하고 [Copy]를 눌러 축소 복사합니다. Rotate Tool(↻)을 더블 클릭하여 'Angle : 90°'를 지정하고 [OK]를 눌러 회전하여 배치합니다.

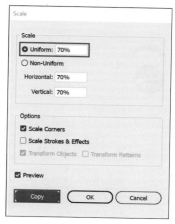
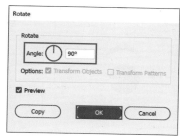
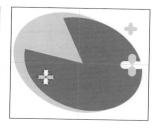

03 의사 캐릭터 만들기

01 Ellipse Tool(⬭)로 작업 도큐먼트를 클릭한 후 'Width : 25mm, Height : 27mm'를 입력하여 그리고 'Fill Color : M10Y10, Stroke Color : None'을 지정합니다. 계속해서 클릭하여 'Width : 7mm, Height : 8mm'를 입력하여 그리고 배치합니다.

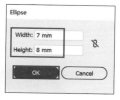
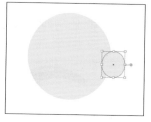

02 Ellipse Tool(⬭)로 드래그하여 크기가 다른 2개의 원을 겹치도록 그리고 'Fill Color : M20Y10K10, M10Y10, Stroke Color : None'을 각각 지정하고 귀 위치에 배치합니다.

03 Ellipse Tool(⬭)로 작업 도큐먼트를 클릭한 후 'Width : 3.5mm, Height : 3.5mm'를 입력하여 그리고 'Fill Color : K100, Stroke Color : None'을 지정합니다. Transform 패널에서 'Pie End Angle : 337°'를 지정하여 눈 모양을 만듭니다.

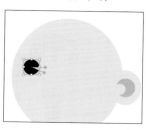

합격생의 비법

Ellipse Tool(⬭)로 원형을 그린 후 바운딩 박스 오른쪽의 ◉를 드래그하여 파이 모양으로 조절할 수도 있습니다.

04 Pen Tool(✐)로 드래그하여 눈썹 모양의 열린 패스로 그린 후 'Fill Color : None, Stroke Color : K100'을 지정하고 Stroke 패널에서 'Weight : 2pt, Profile : Width Profile 1'을 지정한 후 [Object]-[Path]-[Outline Stroke]를 선택하고 선을 면으로 확장합니다.

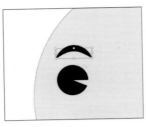

05 Selection Tool(▶)로 Shift를 누르면서 눈과 눈썹 오브젝트를 함께 선택하고 Alt를 누른 채 오른쪽으로 드래그하여 복사합니다.

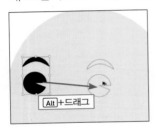

06 Pen Tool(✐)로 드래그하여 머리카락 모양의 닫힌 패스로 그린 후 'Fill Color : K100, Stroke Color : None'을 지정하고 [Object]-[Arrange]-[Send to Back](Shift+Ctrl+[)을 선택하고 맨 뒤로 보내기를 합니다. 계속해서 동일한 색상으로 앞 머리카락 모양의 닫힌 패스를 그립니다.

07 Pen Tool(✐)로 가운 모양의 닫힌 패스를 그리고 'Fill Color : C0M0Y0K0, Stroke Color : K100'을 지정하고 Stroke 패널에서 'Weight : 1pt'를 지정합니다. 계속해서 순서대로 2개의 닫힌 패스를 그린 후 'Fill Color : C100Y50K30, M20Y10K10, Stroke Color : None'을 지정합니다.

08 Selection Tool(▶)로 Shift 를 누르면서 3개의 닫힌 패스와 뒷 머리카락 모양의 오브젝트를 함께 선택하고 [Object]-[Arrange]-[Send to Back](Shift + Ctrl + [ )을 선택하고 맨 뒤로 보내기를 합니다.

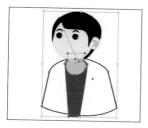

09 Selection Tool(▶)로 가운 모양의 닫힌 패스를 [Edit]-[Copy](Ctrl + C)로 복사하고 'Stroke Color : None'을 지정합니다. [Edit]-[Paste in Front](Ctrl + F)로 복사한 오브젝트 앞에 붙여 넣기를 한 후 더블 클릭하여 Isolation Mode로 전환하고 'Fill Color : None'을 지정합니다.

10 Direct Selection Tool(▷)로 하단의 고정점을 클릭하여 선택하고 Delete 를 눌러 삭제한 후 Esc 를 눌러 정상 모드로 전환합니다.

11 Pen Tool(✎)로 2개의 열린 패스를 그리고 'Fill Color : C0M0Y0K0, Stroke Color : K100'을 지정하고 Stroke 패널에서 'Weight : 1pt'를 지정합니다. 계속해서 손 모양의 닫힌 패스를 그린 후 'Fill Color : M20Y10K10, Stroke Color : None'을 지정하고 Ctrl + [를 눌러 뒤로 보내기를 합니다.

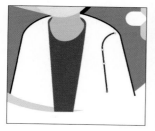  

ⓞ④ 청진기 오브젝트 만들기

01 Rounded Rectangle Tool(■)로 작업 도큐먼트를 클릭한 후 'Width : 16mm, Height : 28mm, Corner Radius : 6mm'를 지정하여 그리고 'Fill Color : None, Stroke Color : K100'을 지정한 후 Stroke 패널에서 'Weight : 2pt'를 지정합니다. 계속해서 클릭하여 'Width : 11mm, Height : 18mm, Corner Radius : 5mm'를 지정하여 동일한 색상의 둥근 사각형을 그립니다.

02 Ellipse Tool(◉)로 작업 도큐먼트를 클릭한 후 'Width : 6mm, Height : 6mm'를 입력하여 그리고 'Fill Color : K100, Stroke Color : None'을 지정합니다.

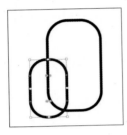 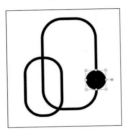

03 Selection Tool(▶)로 큰 둥근 사각형을 더블 클릭하여 Isolation Mode로 전환합니다. Scissors Tool(✂)로 둥근 사각형의 왼쪽과 오른쪽 선분에 각각 클릭하여 패스를 자른 후 Delete 를 2번 눌러 자른 패스를 삭제하고 Esc 를 눌러 정상 모드로 전환합니다.

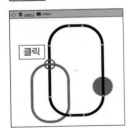  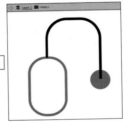

04 Rounded Rectangle Tool(■)로 드래그하여 둥근 사각형을 그리고 'Fill Color : K100, Stroke Color : None'을 지정합니다. 작은 둥근 사각형과 겹치도록 배치하고 Selection Tool(▶)로 바운딩 박스의 모서리 밖을 드래그하여 회전합니다. Reflect Tool(◀▶)로 Alt 를 누르면서 둥근 사각형의 가로 중앙을 클릭하여 'Axis : Vertical'을 지정하고 [Copy]를 눌러 복사합니다.

  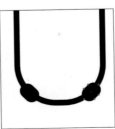

05 Selection Tool(▶)로 작은 둥근 사각형을 더블 클릭하여 Isolation Mode로 전환합니다. Scissors Tool(✂)로 둥근 사각형의 왼쪽과 오른쪽 선분에 각각 클릭하여 패스를 자른 후 [Delete]를 2번 눌러 자른 패스를 삭제하고 [Esc]를 눌러 정상 모드로 전환합니다.

06 Selection Tool(▶)로 2개의 열린 패스를 선택하고 [Object]-[Path]-[Outline Stroke]를 선택하여 선을 면으로 확장합니다. 5개의 오브젝트를 함께 선택하고 Pathfinder 패널에서 'Unite(■)'를 클릭합니다.

07 Selection Tool(▶)로 바운딩 박스의 모서리 밖을 드래그하여 회전하여 배치하고 [Ctrl]+[[]를 여러 번 눌러 배치합니다.

합격생의 비법

Selection Tool(▶)로 오브젝트를 선택하면 오브젝트의 외곽에 여덟 개의 조절점이 있는 사각형이 표시됩니다. 조절점과 모서리 밖을 드래그하여 크기와 회전을 빠르게 조절할 수 있습니다. 조절점이 표시되지 않을 때는 [View]-[Show Bounding Box]([Shift]+[Ctrl]+[B])를 선택합니다.

05 마스크 오브젝트 만들기

01 Rounded Rectangle Tool(⬜)로 작업 도큐먼트를 클릭한 후 'Width : 17mm, Height : 7mm, Corner Radius : 1mm'를 지정하여 그리고 'Fill Color : K10, Stroke Color : K100'을 지정한 후 Stroke 패널에서 'Weight : 1pt'를 지정합니다. [Object]−[Path]−[Add Anchor Points]를 선택하고 선분에 고정점을 추가합니다.

02 Direct Selection Tool(▷)로 가로 중앙의 2개의 고정점을 함께 선택하고 Scale Tool(▣)을 더블 클릭하여 'Uniform : 180%'를 지정하고 [OK]를 눌러 패스를 변형합니다.

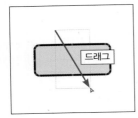
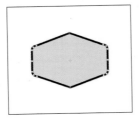

03 Direct Selection Tool(▷)로 선택된 고정점 안쪽의 ◉를 안쪽으로 드래그하여 둥근 정도를 조절한 후 키보드의 ←를 여러 번 눌러 고정점의 위치를 왼쪽으로 이동합니다.

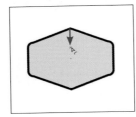
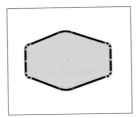

04 Selection Tool(▶)로 오브젝트를 선택하고 Scale Tool(▣)을 더블 클릭하여 'Horizontal : 100%, Vertical : 65%'를 지정하고 [Copy]를 눌러 복사한 후 'Fill Color : C0M0Y0K0, Stroke Color : None'을 지정합니다.

05 Selection Tool(▶)로 뒤쪽 오브젝트를 선택하고 [Edit]−[Copy](Ctrl+C)로 복사하고 [Edit]−[Paste in Front](Ctrl+F)로 복사한 오브젝트 앞에 붙이기를 합니다. Shift+Ctrl+]를 눌러 맨 앞으로 가져오기를 한 후 'Fill Color : None'을 지정합니다.

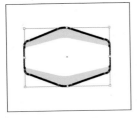
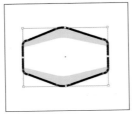

06 Selection Tool(▶)로 마스크 오브젝트를 모두 선택하고 바운딩 박스의 모서리 밖을 시계 방향으로 드래그하여 회전합니다.

07 Line Segment Tool(╱)로 드래그하여 2개의 선을 그리고 'Fill Color : None, Stroke Color : K100'을 지정하고 Stroke 패널에서 'Weight : 2pt'를 지정한 후 [Object]-[Path]-[Outline Stroke]를 선택하여 선을 면으로 확장합니다.

06 저장하기

01 [View]-[Guides]-[Hide Guides](Ctrl+;))를 선택하여 안내선을 숨기고 [View]-[Fit Artboard in Window](Ctrl+0)를 선택하여 현재 창에 맞추기를 합니다.

02 [File]-[Save As]를 선택하고 '저장 위치 : 내 PC₩문서₩GTQ, 파일 형식 : Adobe Illustrator(*AI), 파일 이름 : 수험번호-성명-문제번호.ai'를 확인하고 [저장]을 클릭한 후 [Illustrator Options] 대화상자에서 'Version : Illustrator 2020'으로 설정하고 [OK]를 클릭합니다.

03 답안 저장이 완료가 되면 [File]-[Close](Ctrl+W))를 선택하여 파일을 닫고 수험 프로그램에서 [답안 전송]을 클릭하여 감독관 컴퓨터로 전송합니다.

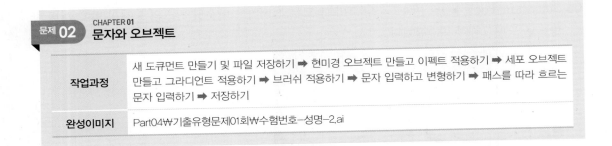

작업과정	새 도큐먼트 만들기 및 파일 저장하기 ➡ 현미경 오브젝트 만들고 이펙트 적용하기 ➡ 세포 오브젝트 만들고 그라디언트 적용하기 ➡ 브러쉬 적용하기 ➡ 문자 입력하고 변형하기 ➡ 패스를 따라 흐르는 문자 입력하기 ➡ 저장하기
완성이미지	Part04₩기출유형문제01회₩수험번호-성명-2.ai

01 새 도큐먼트 만들기 및 파일 저장하기

01 [File]-[New]를 선택하고 'Width : 100mm, Height : 80mm, Units : Millimeters, Color Mode : CMYK'를 설정하여 새 도큐먼트를 만들고 [View]-[Rulers]-[Show Rulers] (Ctrl+R)를 선택하여 눈금자를 표시합니다.

02 작품의 규격 왼쪽 상단에 원점(0,0)을 확인하고 왼쪽과 상단 눈금자 위에서 마우스로 각각 드래그하여 제시된 출력형태와 레이아웃 구성이 동일하게 안내선을 표시합니다.

03 작업 도큐먼트를 저장하기 위해 [File]-[Save As]를 선택하고 '저장 위치 : 내 PC₩문서₩ GTQ, 파일 형식 : Adobe Illustrator(*AI), 파일 이름 : 수험번호-성명-문제번호'를 입력하고 [저장]을 클릭한 후 [Illustrator Options] 대화상자에서 'Version : Illustrator 2020'으로 설정하고 [OK]를 클릭합니다.

02 현미경 오브젝트 만들고 이펙트 적용하기

01 Ellipse Tool(●)로 작업 도큐먼트를 클릭한 후 'Width : 36mm, Height : 49mm'를 입력하여 그리고 'Fill Color : 임의 색상, Stroke Color : 임의 색상'을 지정합니다. Rounded Rectangle Tool(■)로 작업 도큐먼트를 클릭한 후 'Width : 38mm, Height : 20mm, Corner Radius : 10mm'를 입력하여 그리고 'Fill Color : 임의 색상, Stroke Color : 임의 색상'을 지정하고 겹치도록 배치합니다.

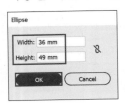
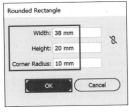
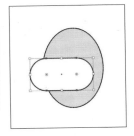

02 Rectangle Tool()로 드래그하여 2개의 오브젝트의 왼쪽과 겹치도록 그리고 'Fill Color : 임의 색상, Stroke Color : 임의 색상'을 지정합니다. [Select]-[All](Ctrl+A)로 모두 선택하고 Pathfinder 패널에서 'Minus Front(🔲)'를 클릭합니다.

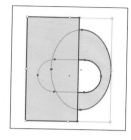

03 Direct Selection Tool(△)로 드래그하여 왼쪽 하단 고정점을 선택하고 왼쪽으로 이동하여 패스를 변형합니다.

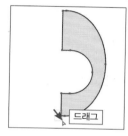
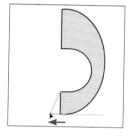
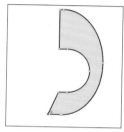

04 Rectangle Tool(🔲)로 드래그하여 임의 색상의 사각형을 겹치도록 그리고 배치합니다. Ctrl +A로 모두 선택하고 Pathfinder 패널에서 'Unite(🔲)'를 클릭합니다.

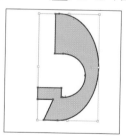

05 Direct Selection Tool(△)로 드래그하여 하단 3개의 고정점을 선택하고 선택된 고정점 안쪽의 ◉를 바깥쪽으로 드래그하여 둥근 정도를 조절한 후 'Fill Color : C60M20Y60K20, Stroke Color : None'을 지정합니다.

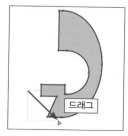

06 Rounded Rectangle Tool(▣)로 작업 도큐먼트를 클릭한 후 'Width : 20mm, Height : 5mm, Corner Radius : 7mm'를 입력하여 그리고 'Fill Color : C40M100Y80K40, Stroke Color : None'을 지정합니다. Rectangle Tool(▣)로 드래그하여 임의 색상의 사각형을 상단에 겹치도록 배치한 후 둥근 사각형과 함께 선택하고 Pathfinder 패널에서 'Minus Front(▣)'를 클릭합니다.

 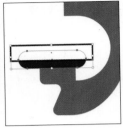 

07 Rounded Rectangle Tool(▣)로 작업 도큐먼트를 클릭한 후 'Width : 5.5mm, Height : 39mm, Corner Radius : 1mm'를 입력하여 그리고 'Fill Color : 임의 색상, Stroke Color : 임의 색상'을 지정합니다. Rectangle Tool(▣)로 작업 도큐먼트를 클릭한 후 'Width : 8mm, Height : 19mm'를 입력하여 임의 색상의 사각형을 겹치도록 배치합니다.

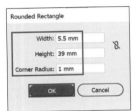  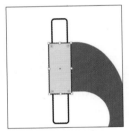

08 Selection Tool(▶)로 2개의 오브젝트를 함께 선택하고 Align 패널에서 'Horizontal Align Center(▣)'를 클릭하여 가로 중앙에 정렬한 후 Pathfinder 패널에서 'Divide(▣)'를 클릭합니다.

09 Selection Tool(▶)로 분할된 오브젝트를 더블 클릭하여 Isolation Mode로 전환한 후 각각 선택하고 'Fill Color : C30M20Y20, C60M20Y60K20, C50M20Y60K10, Stroke Color : None'을 지정한 후 Esc를 눌러 정상 모드로 전환합니다.

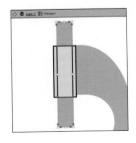  

10 Rectangle Tool(■)로 드래그하여 사각형을 그리고 'Fill Color : C40M100M80K40, Stroke Color : None'을 지정합니다. Selection Tool(▶)로 Alt + Shift 를 누르면서 하단으로 드래그하여 2개의 사각형을 복사하여 배치합니다. Rectangle Tool(■)로 상단에 드래그하여 동일 색상의 사각형을 그리고 Shift + Ctrl + [를 눌러 맨 뒤로 보내기를 합니다.

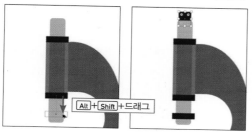

11 Direct Selection Tool(▷)로 Shift 를 누르면서 클릭하여 상단 2개의 고정점을 선택하고 Scale Tool(▦)로 안쪽으로 드래그하여 패스를 축소합니다. 동일한 방법으로 하단 사각형의 고정점도 축소하여 패스를 변형합니다.

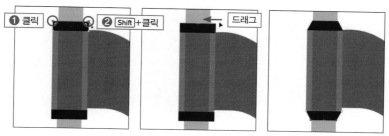

12 Rectangle Tool(■)로 드래그하여 사각형을 그리고 'Fill Color : C0M0Y0K0, Stroke Color : None'을 지정합니다. Selection Tool(▶)로 선택하고 Rotate Tool(↻)을 더블 클릭하여 'Angle : −10°'를 지정하고 [OK]를 눌러 회전하여 배치합니다.

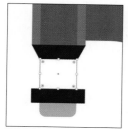

13 Ellipse Tool(●)로 작업 도큐먼트를 클릭한 후 'Width : 36mm, Height : 27mm'를 입력하여 그리고 'Fill Color : 임의 색상, Stroke Color : 임의 색상'을 지정합니다. Rounded Rectangle Tool(▢)로 작업 도큐먼트를 클릭한 후 'Width : 30mm, Height : 15mm, Corner Radius : 8mm'를 입력하여 그리고 'Fill Color : 임의 색상, Stroke Color : 임의 색상' 지정하고 배치합니다.

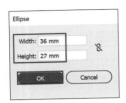
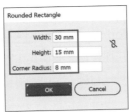
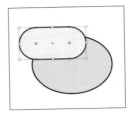

14 Selection Tool(▶)로 타원과 함께 선택하고 Pathfinder 패널에서 'Minus Front(▣)'를 클릭합니다.

15 Rectangle Tool(▣)로 드래그하여 임의 색상의 사각형을 겹치도록 그리고 Selection Tool (▶)로 2개의 오브젝트를 함께 선택하고 Pathfinder 패널에서 'Intersect(▣)'를 클릭한 후 'Fill Color : C40M100Y80K40, Stroke Color : None'을 지정하고 배치합니다.

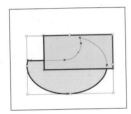

16 Ellipse Tool(◉)로 Shift를 누르면서 드래그하여 정원을 그리고 'Fill Color : K100, Stroke Color : None'을 지정합니다. 계속해서 Alt+Shift를 누르면서 정원의 중앙에서부터 드래그하여 작은 정원을 그리고 'Fill Color : C0M0Y0K0, Stroke Color : K40'을 지정한 후 Stroke 패널에서 'Weight : 1pt'를 지정합니다.

17 Ctrl+A로 모두 선택한 후 [Object]-[Group](Ctrl+G)을 선택하고 그룹을 설정합니다. [Effect]-[Illustrator Effects]-[Stylize]-[Drop Shadow]를 선택하고 'Opacity : 75%, X Offset : 1mm, Y Offset : 1mm, Blur : 1mm'를 지정하여 그림자 효과를 적용합니다.

합격생의 비법

- [Drop Shadow] 이펙트 적용 전 그룹을 설정하지 않으면 각각의 오브젝트에 이펙트가 모두 적용되어 제시된 출력형 태와 다르게 표현됩니다.
- 반드시 Preview를 체크하여 제시된 문제와 비교하여 조정합니다.
- [Properties] 패널에서 [Appearance] 항목의 fx.를 눌러 [Illustrator Effects]-[Stylize]-[Drop Shadow]를 바로 적용할 수도 있습니다.

03 세포 오브젝트 만들고 그라디언트 적용하기

01 Ellipse Tool(◉)로 작업 도큐먼트를 클릭한 후 'Width : 10mm, Height : 6mm'를 입력하여 그리고 'Fill Color : 임의 색상, Stroke Color : 임의 색상'을 지정합니다. [Object]-[Transform]-[Move]를 선택한 후 'Horizontal : 10mm, Vertical : 0mm'를 입력하고 [Copy]를 클릭하여 이동 복사한 후 Ctrl+D를 눌러 반복하여 이동 복사합니다.

02 Direct Selection Tool(▷)로 왼쪽 2개의 타원형 접점 부분의 고정점을 드래그하여 선택하고 Scale Tool(🔲)을 더블 클릭하여 'Uniform : 10%'를 지정하고 [OK]를 지정하고 패스를 축소합니다. 동일한 방법으로 오른쪽 2개의 타원의 고정점도 패스를 축소합니다.

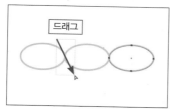 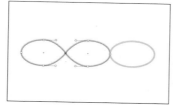 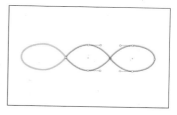

03 Direct Selection Tool(▷)로 Shift를 누르면서 왼쪽과 오른쪽 타원형의 2개의 고정점을 드래그하여 선택하고 Delete를 눌러 삭제합니다.

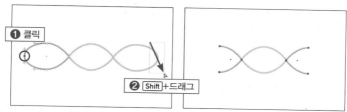

04 Selection Tool(▶)로 3개의 오브젝트를 선택하고 'Fill Color : None, Stroke Color : C60M20Y60K20'을 지정한 후 Stroke 패널에서 'Weight : 2pt, Cap : Projecting Cap'을 지정합니다. Line Segment Tool(/)로 Shift를 누르면서 드래그하여 길이가 다른 5개의 수직선을 그리고 'Fill Color : None, Stroke Color : C60M20Y60K20'을 지정하고 Stroke 패널에서 'Weight : 2pt'를 지정합니다.

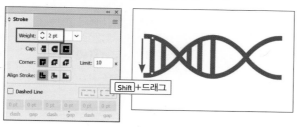

05 Selection Tool(▶)로 4개의 수직선을 선택하고 Reflect Tool(▷◁)로 Alt 를 누르면서 가운데 오브젝트 중앙 부분을 클릭하여 'Axis : Vertical'을 지정하고 [Copy]를 눌러 복사합니다.

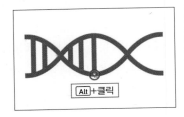
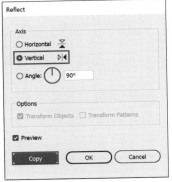
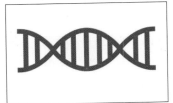

06 Selection Tool(▶)로 오브젝트를 선택한 후 [Object]-[Path]-[Outline Stroke]를 선택하고 선을 면으로 확장하고 Pathfinder 패널에서 'Unite(■)'를 클릭합니다.

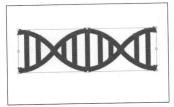

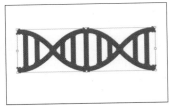

07 Rotate Tool(↻)을 더블 클릭하여 'Angle : 10°'를 지정하고 [OK]를 눌러 회전합니다.

08 Scale Tool(⊡)을 더블 클릭하여 'Uniform : 180%'를 지정하고 [Copy]를 눌러 확대 복사한 후 Rotate Tool(↻)을 더블 클릭하여 'Angle : 35°'를 지정하고 [OK]를 눌러 회전합니다.

09 Gradient 패널에서 'Type : Linear Gradient, Angle : 45°'를 적용하고 Gradient Slider의 왼쪽 'Color Stop'을 더블 클릭하여 Y90을 적용하고 오른쪽 'Color Stop'을 더블 클릭하여 M100Y100K20을 적용합니다.

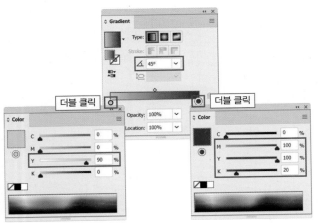
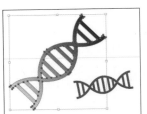

10 Ellipse Tool(⬭)로 작업 도큐먼트를 클릭한 후 'Width : 49mm, Height : 49mm'를 입력하여 그리고 'Fill Color : M10Y60, Stroke Color : None'을 지정한 후 도큐먼트의 빈 곳을 클릭하고 선택을 해제합니다.

04 브러쉬 적용하기

01 Line Segment Tool(╱)로 Shift 를 누르면서 왼쪽에서 오른쪽으로 드래그하여 수평선을 그리고 'Fill Color : None, Stroke Color : 임의 색상'을 지정합니다.

02 Brushes 패널 하단의 'Brush Libraries Menu'를 클릭하고 [Decorative]–[Decorative_ Banners and Seals]를 선택하여 추가 브러쉬 패널을 불러온 후 'Starburst 4'를 선택합니다.

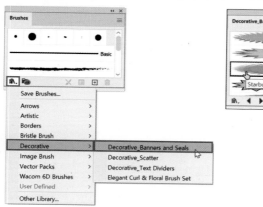
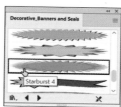

03 Stroke 패널에서 'Weight : 0.7pt'를 지정합니다. Selection Tool(▶)로 정원과 함께 선택하고 Shift + Ctrl + [를 눌러 맨 뒤로 보내기를 합니다.

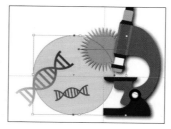

04 Line Segment Tool(╱)로 작업 도큐먼트를 클릭한 후 'Length : 64mm, Angle : 0°'를 입력하여 그리고 추가 브러쉬 패널에서 'Banner 7'을 선택합니다. 'Fill Color : None, Stroke Color : 임의 색상'을 지정하고 Stroke 패널에서 'Weight : 1pt'를 지정합니다.

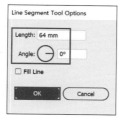

05 문자 입력하고 변형하기

01 Type Tool(T)로 작업 도큐먼트를 클릭한 후 Character 패널에서 'Set font family : Times New Roman, Set font style : Bold, Set font size : 20pt'를 설정하고 'Fill Color : C60Y30, Stroke Color : None'을 지정한 후 SCIENCE를 입력합니다. [Type]-[Create Outlines](Shift+Ctrl+O)를 선택하여 문자를 윤곽선으로 변환합니다.

> **합격생의 비법**
> • Selection Tool(▶)로 문자를 선택해야 [Type]-[Create Outlines]가 활성화됩니다.
> • [Properties] 패널에서 [Quick Actions] 항목의 [Create Outlines]를 클릭하여 적용할 수도 있습니다.

02 Pen Tool(✎)로 드래그하여 열린 곡선 패스를 그리고 'Fill Color : None, Stroke Color : 임의 색상'을 지정하고 Stroke 패널에서 'Weight : 1pt'를 지정한 후 [Object]-[Path]-[Outline Stroke]를 선택하고 선을 면으로 확장합니다.

03 Selection Tool(▶)로 문자 오브젝트와 함께 선택하고 Pathfinder 패널에서 'Trim(▣)'을 클릭합니다. 분할된 오브젝트를 더블 클릭하여 Isolation Mode로 전환한 후 면으로 확장된 선 오브젝트를 선택하고 Delete를 눌러 삭제합니다.

04 Selection Tool(▶)로 Shift를 누르면서 분리된 상단 오브젝트를 모두 선택하고 'Fill Color : C60M100Y30, Stroke Color : None'을 지정한 후 Esc를 눌러 정상 모드로 전환합니다.

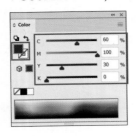 

06 패스를 따라 흐르는 문자 입력하기

01 Pen Tool(✎)로 드래그하여 문자를 입력할 열린 곡선 패스를 정원의 왼쪽에 그리고 'Fill Color : None, Stroke Color : 임의 색상'을 지정합니다.

02 Type on a Path Tool(↺)로 열린 곡선 패스의 아래쪽을 클릭한 후 Character 패널에서 'Set font family : Arial, Set font style : Regular, Set font size : 14pt'를 설정하고 'Fill Color : C40M100Y80K40, Stroke Color : None'을 지정한 후 Laboratory를 입력합니다.

 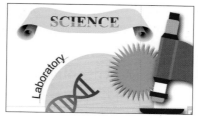

07 저장하기

01 [View]-[Guides]-[Hide Guides]([Ctrl]+[;])를 선택하여 안내선을 숨기고 [View]-[Fit Artboard in Window]([Ctrl]+[0])를 선택하여 현재 창에 맞추기를 합니다.

02 [File]-[Save As]를 선택하고 '저장 위치 : 내 PC₩문서₩GTQ, 파일 형식 : Adobe Illustrator(*AI), 파일 이름 : 수험번호-성명-문제번호.ai'를 확인하고 [저장]을 클릭한 후 [Illustrator Options] 대화상자에서 'Version : Illustrator 2020'으로 설정하고 [OK]를 클릭합니다.

03 답안 저장이 완료가 되면 [File]-[Close]([Ctrl]+[W])를 선택하여 파일을 닫고 수험 프로그램에서 [답안 전송]을 클릭하여 감독관 컴퓨터로 전송합니다.

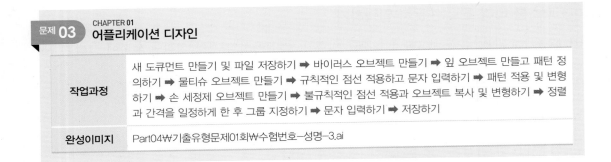

작업과정	새 도큐먼트 만들기 및 파일 저장하기 ➡ 바이러스 오브젝트 만들기 ➡ 잎 오브젝트 만들고 패턴 정의하기 ➡ 물티슈 오브젝트 만들기 ➡ 규칙적인 점선 적용하고 문자 입력하기 ➡ 패턴 적용 및 변형하기 ➡ 손 세정제 오브젝트 만들기 ➡ 불규칙적인 점선 적용과 오브젝트 복사 및 변형하기 ➡ 정렬과 간격을 일정하게 한 후 그룹 지정하기 ➡ 문자 입력하기 ➡ 저장하기
완성이미지	Part04₩기출유형문제01회₩수험번호−성명−3.ai

01 새 도큐먼트 만들기 및 파일 저장하기

01 [File]−[New]를 선택하고 'Width : 120mm, Height : 80mm, Units : Millimeters, Color Mode : CMYK'를 설정하여 새 도큐먼트를 만들고 [View]−[Rulers]−[Show Rulers](Ctrl + R)를 선택하여 눈금자를 표시합니다.

02 작품의 규격 왼쪽 상단에 원점(0,0)을 확인하고 왼쪽과 상단 눈금자 위에서 마우스로 각각 드래그하여 제시된 출력형태와 레이아웃 구성이 동일하게 작업하기 위해서 안내선을 표시합니다.

03 작업 도큐먼트를 저장하기 위해 [File]−[Save As]를 선택하고 '저장 위치 : 내 PC₩문서₩GTQ, 파일 형식 : Adobe Illustrator(*AI), 파일 이름 : 수험번호−성명−문제번호'를 입력하고 [저장]을 클릭한 후 [Illustrator Options] 대화상자에서 'Version : Illustrator 2020'으로 설정하고 [OK]를 클릭합니다.

02 바이러스 오브젝트 만들기

01 Ellipse Tool( )로 작업 도큐먼트를 클릭한 후 'Width : 22mm, Height : 22mm'를 입력하여 그리고 'Fill Color : 임의 색상, Stroke Color : 임의 색상'을 지정합니다. 계속해서 상단에 클릭하여 'Width : 4.5mm, Height : 2.5mm'를 입력하여 그리고 'Fill Color : 임의 색상, Stroke Color : 임의 색상'을 지정합니다.

02 Ellipse Tool( )로 드래그하여 타원보다 작은 타원을 겹치도록 그리고 'Fill Color : C20M80, Stroke Color : None'을 지정합니다. Rectangle Tool( )로 작업 도큐먼트를 클릭한 후 'Width : 2mm, Height : 3mm'를 입력하여 그리고 'Fill Color : 임의 색상, Stroke Color : None'을 지정한 후 2개의 원 사이에 겹치도록 배치합니다.

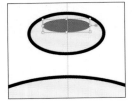  

03 Ctrl+A를 눌러 모두 선택하고 Align 패널에서 'Horizontal Align Center(⬓)'를 클릭하여 가로 가운데 정렬을 지정합니다.

04 Selection Tool(▶)로 큰 타원과 사각형을 함께 선택하고 Pathfinder 패널에서 'Unite(⬛)'를 클릭합니다.

05 Direct Selection Tool(▷)로 드래그하여 2개의 고정점을 선택하고 선택된 고정점 바깥쪽의 ◉를 바깥쪽으로 드래그하여 각진 모서리를 둥글게 조절합니다.

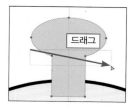 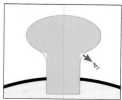 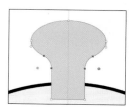

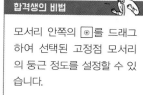

합격생의 비법

모서리 안쪽의 ◉를 드래그하여 선택된 고정점 모서리의 둥근 정도를 설정할 수 있습니다.

06 Ctrl+[를 눌러 뒤로 보내기를 한 후 Selection Tool(▶)로 타원과 함께 선택하고 Rotate Tool(↻)로 Alt를 누르면서 안내선의 교차 지점에 클릭하여 'Angle : 32.7°'를 지정하고 [Copy]를 눌러 회전 복사한 후 Ctrl+D를 9번 눌러 반복하여 회전 복사합니다.

 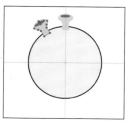 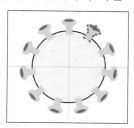

07 Selection Tool(▶)로 타원을 선택하고 [Select]-[Same]-[Fill Color]로 동일한 색상의 오브젝트를 모두 선택합니다. [Select]-[Inverse]로 선택을 반전한 후 Pathfinder 패널에서 'Unite(⬛)'를 클릭합니다.

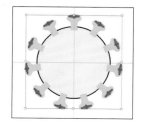  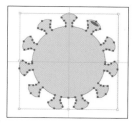

08 [Object]-[Arrange]-[Send to Back]([Shift]+[Ctrl]+[[])을 선택하고 맨 뒤로 보내기를 한 후 'Fill Color : C20M10Y10, Stroke Color : None'을 지정합니다.

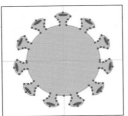

09 Ellipse Tool(◯)로 작업 도큐먼트를 클릭한 후 'Width : 4.6mm, Height : 2.8mm'를 입력하여 그리고 'Fill Color : C20M50, Stroke Color : None'을 지정합니다. Direct Selection Tool(▷)로 상단 고정점을 선택하고 키보드의 [↓]를 여러 번 눌러 변형합니다.

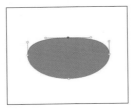

10 Ellipse Tool(◯)로 드래그하여 작은 타원을 겹치도록 그리고 'Fill Color : C20M80, Stroke Color : None'을 지정합니다. Selection Tool(▶)로 2개의 타원을 함께 선택하고 Rotate Tool(↻)을 더블 클릭하여 'Angle : 30˚'를 지정하고 [OK]를 눌러 회전하고 배치합니다.

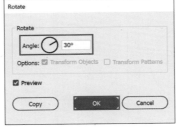
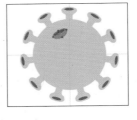

11 Rotate Tool(↻)로 [Alt]를 누르면서 안내선의 교차 지점에 클릭하여 'Angle : 60˚'를 지정하고 [Copy]를 눌러 회전 복사한 후 [Ctrl]+[D]를 4번 눌러 반복하여 회전 복사합니다.

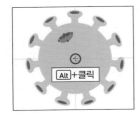

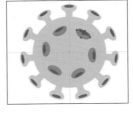

12 Rotate Tool()을 더블 클릭하여 'Angle : 70°'를 지정하고 [Copy]를 눌러 회전 복사한 후 안내선의 교차 지점에 배치합니다. Direct Selection Tool()로 큰 타원의 오른쪽 하단 고정점을 선택하고 이동한 후 핸들을 조절하여 오브젝트를 변형합니다.

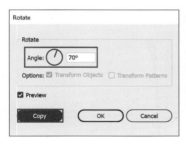
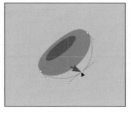
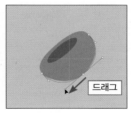

13 [Select]−[All](Ctrl+A)로 모두 선택하고 [Object]−[Group](Ctrl+G)으로 그룹으로 지정합니다.

03 잎 오브젝트 만들고 패턴 정의하기

01 Pen Tool()로 드래그하여 줄기 모양의 열린 곡선 패스를 그린 후 'Fill Color : None, Stroke Color : C60Y100K10'을 지정한 후 Stroke 패널에서 'Weight : 2pt'를 지정합니다.

02 Ellipse Tool()로 작업 도큐먼트를 클릭한 후 'Width : 2.3mm, Height : 7mm'를 입력하여 그리고 'Fill Color : C60Y100K10, Stroke Color : None'을 지정합니다. Direct Selection Tool()로 드래그하여 중앙 2개의 고정점을 선택합니다.

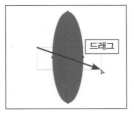

03 [Object]−[Transform]−[Move]를 선택한 후 'Horizontal : 0mm, Vertical : −1mm'를 입력하고 [OK]를 눌러 위쪽으로 이동합니다.

04 Selection Tool(▶)로 오브젝트를 선택한 후 Rotate Tool(⟲)을 더블 클릭하여 'Angle : −10°'를 지정하고 [OK]를 눌러 회전하고 상단으로 이동하여 배치합니다. 계속해서 Rotate Tool(⟲)을 더블 클릭하여 'Angle : 70°'를 지정하고 [Copy]를 눌러 회전 복사하고 하단으로 이동하여 배치합니다.

 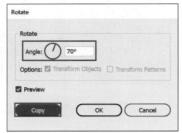 

05 Scale Tool(⊞)을 더블 클릭하여 'Uniform : 75%'를 지정하고 [Copy]를 눌러 축소 복사합니다. Rotate Tool(⟲)을 더블 클릭하여 'Angle : −20°'를 지정하고 [OK]를 눌러 회전하고 상단으로 이동하여 배치합니다.

06 Selection Tool(▶)로 2개의 잎 모양 오브젝트를 선택하고 [Object]-[Blend]-[Make]를 적용하고 [Object]-[Blend]-[Blend Options]로 'Specified Steps : 4'를 적용한 후 [Object]-[Blend]-[Expand]로 블렌드 오브젝트를 확장합니다.

 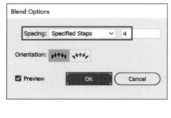  

07 Reflect Tool(◁|▶)로 Alt 를 누르면서 줄기 모양을 클릭하여 'Angle : 88°'를 지정하고 [Copy]를 눌러 복사한 후 이동하여 배치합니다. Selection Tool(▶)로 잎 모양 오브젝트를 모두 선택하고 Ctrl + G 로 그룹을 지정합니다.

08 Rotate Tool(⟳)을 더블 클릭하여 'Angle : −45°'를 지정하고 [Copy]를 눌러 회전 복사한 후 Scale Tool(⬚)을 더블 클릭하여 'Uniform : 70%, Scale Strokes & Effects : 체크 해제'를 지정하고 [OK]를 눌러 축소하고 이동하여 배치합니다.

09 Selection Tool(▶)로 더블 클릭하여 Isolation Mode로 전환합니다. 줄기 모양을 선택하고 'Fill Color : None, Stroke Color : C20Y30'을 지정합니다. [Select]−[Inverse]로 선택을 반전하고 'Fill Color : C20Y30, Stroke Color : None'을 지정하고 [Esc]를 눌러 정상 모드로 전환합니다.

10 Selection Tool(▶)로 잎 모양 오브젝트를 모두 선택한 후 [Object]−[Pattern]−[Make]를 선택하고 Pattern Options에서 'Name : 잎'을 지정하여 패턴으로 등록하고 [Esc]를 눌러 패턴의 편집 모드에서 정상 모드로 전환합니다.

④ 물티슈 오브젝트 만들기

01 Rectangle Tool(▢)로 작업 도큐먼트를 클릭한 후 'Width : 37mm, Height : 18mm'를 지정하여 그리고 'Fill Color : Y10, Stroke Color : 임의 색상'을 지정합니다.

02 Rectangle Tool(▢)로 작업 도큐먼트를 클릭한 후 'Width : 9mm, Height : 18mm'를 지정하여 그리고 'Fill Color : M30Y10, Stroke Color : 임의 색상'을 지정합니다. Direct Selection Tool(▷)로 드래그하여 왼쪽 2개의 고정점을 선택하고 [Object]−[Transform]−[Move]를 선택한 후 'Horizontal : 0mm, Vertical : 8mm'를 입력하고 [OK]를 눌러 아래쪽으로 이동합니다.

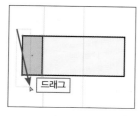  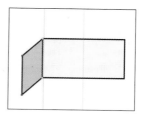

03 Rectangle Tool(■)로 작업 도큐먼트를 클릭한 후 'Width : 3mm, Height : 18mm'를 지정하여 그리고 'Fill Color : C50M10, Stroke Color : 임의 색상'을 지정합니다. Direct Selection Tool(▷)로 드래그하여 왼쪽 2개의 고정점을 선택하고 선택된 고정점 안쪽의 ◉를 안쪽으로 드래그하여 각진 모서리를 둥글게 조절합니다.

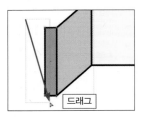 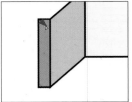 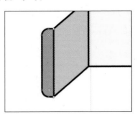

04 Rectangle Tool(■)로 큰 직사각형의 왼쪽 하단 고정점에 클릭하여 'Width : 37mm, Height : 16mm'를 지정하여 그리고 'Fill Color : C10M40Y20, Stroke Color : 임의 색상'을 지정합니다.

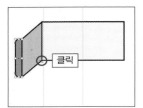 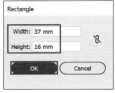 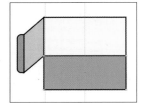

05 Rectangle Tool(■)로 작업 도큐먼트를 클릭한 후 'Width : 9mm, Height : 16mm'를 지정하여 그리고 'Fill Color : C10M40Y20K20, Stroke Color : 임의 색상'을 지정합니다. Selection Tool(▶)로 더블 클릭하여 Isolation Mode로 전환하고 Direct Selection Tool(▷)로 드래그하여 왼쪽 2개의 고정점을 선택합니다.

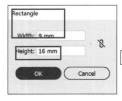 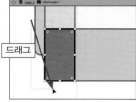

06 [Object]-[Path]-[Average]를 선택한 후 'Axis : Both'를 지정하고 [OK]를 눌러 한 점에 정렬하여 삼각형 모양으로 패스를 변형합니다. Esc 를 눌러 정상 모드로 전환합니다.

 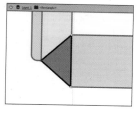

07 Selection Tool(▶)로 삼각형 오브젝트를 선택하고 Scale Tool(🔳)을 더블 클릭하여 'Uniform : 65%'를 지정하고 [Copy]를 눌러 축소하고 상단으로 이동하여 배치합니다.

08 Gradient 패널에서 'Type : Linear Gradient, Angle : 90°'를 적용하고 Gradient Slider 의 왼쪽 'Color Stop'을 더블 클릭하여 C10M40Y20K20을 적용하고 오른쪽 'Color Stop'을 더블 클릭하여 C20M30Y20K80을 적용한 후, 'Stroke Color : None'을 지정합니다.

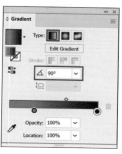 

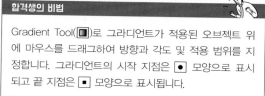

합격생의 비법

Gradient Tool(🔳)로 그라디언트가 적용된 오브젝트 위에 마우스를 드래그하여 방향과 각도 및 적용 범위를 지정합니다. 그라디언트의 시작 지점은 ● 모양으로 표시되고 끝 지점은 ■ 모양으로 표시됩니다.

09 Selection Tool(▶)로 대칭 복사할 4개의 오브젝트를 함께 선택하고 Reflect Tool(◀)로 Alt 를 누르면서 사각형의 중심점을 클릭하여 'Axis : Vertical'을 지정하고 [Copy]를 눌러 복사합니다.

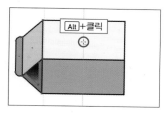  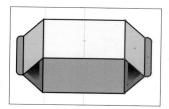

10 Direct Selection Tool(▷)로 드래그하여 상단의 고정점들을 선택하고 Scale Tool(⊡)을 더블 클릭하여 'Uniform : 90%'를 지정하고 [OK]를 눌러 패스를 축소합니다.

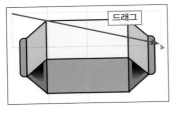

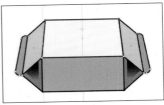

11 Selection Tool(▶)로 물티슈 오브젝트를 모두 선택하고 Color 패널에서 'Stroke Color : None'을 지정합니다.

12 Rounded Rectangle Tool(▢)로 Alt 를 누르면서 세로 안내선에 클릭한 후 'Width : 25mm, Height : 15mm, Corner Radius : 3mm'를 입력하여 그리고 'Fill Color : M70Y100, Stroke Color : None'을 지정합니다.

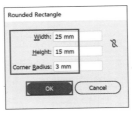

13 [Object]-[Path]-[Offset Path]를 선택하여 'Offset : −1mm'를 지정하고 [OK]를 클릭한 후 'Fill Color : K20, Stroke Color : K100'을 지정하고 Stroke 패널에서 'Weight : 1pt'를 지정합니다.

14 계속해서 [Object]-[Path]-[Offset Path]를 선택하고 'Offset : −1.5mm'를 지정하여 [OK]를 클릭한 후 'Fill Color : Y20, Stroke Color : C70M20'을 지정하고 Stroke 패널에서 'Weight : 3pt'를 지정합니다. [Object]-[Path]-[Outline Stroke]를 선택하고 선을 면으로 확장합니다.

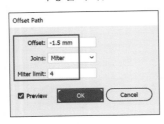

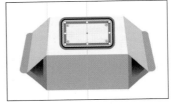

15 Rectangle Tool()로 **Alt**를 누르면서 세로 안내선에 클릭한 후 'Width : 7mm, Height : 3.5mm'를 지정하여 그리고 'Fill Color : 임의 색상, Stroke Color : 임의 색상'을 지정하고 겹치도록 배치합니다. [Object]-[Path]-[Offset Path]를 선택한 후 'Offset : −0.6mm'를 지정하고 [OK]를 클릭합니다.

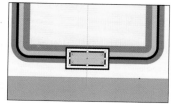

16 Selection Tool()로 가장 큰 둥근 사각형과 중앙의 큰 사각형을 함께 선택하고 Path-finder 패널에서 'Minus Front()'를 클릭합니다. **Ctrl**+**[**]를 여러 번 눌러 뒤로 보내기를 합니다.

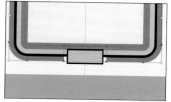

17 Selection Tool(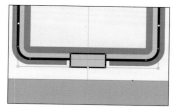)로 중간 크기의 둥근 사각형과 중앙의 작은 사각형을 함께 선택하고 Pathfinder 패널에서 'Unite()'를 클릭한 후 **Ctrl**+**[**]를 눌러 뒤로 보내기를 합니다.

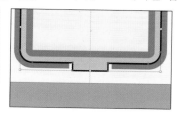

18 Selection Tool(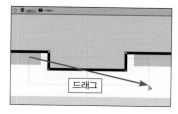)로 더블 클릭하여 Isolation Mode로 전환합니다. Direct Selection Tool()로 드래그하여 하단 중앙 2개의 고정점을 선택하고 선택된 고정점 안쪽의 를 안쪽으로 드래그하여 각진 모서리를 둥글게 조절합니다.

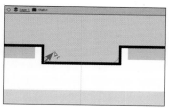

19 Color 패널에서 'Fill Color : K20, Stroke Color : K100'을 지정하고 Stroke 패널에서 'Weight : 1pt'를 지정한 후 [Esc]를 눌러 정상 모드로 전환합니다.

20 Selection Tool(▶)로 'Fill Color : Y10, Stroke Color : None'을 지정한 오브젝트를 선택하고 [Object]-[Lock]-[Selection]([Ctrl]+[2])으로 잠금을 지정합니다. Direct Selection Tool(▷)로 드래그하여 뚜껑 모양 상단의 고정점들을 선택하고 Scale Tool(⊞)을 더블 클릭하여 'Uniform : 96%'를 지정하고 [OK]를 눌러 패스를 축소합니다. [Alt]+[Ctrl]+[2]로 잠금을 해제합니다.

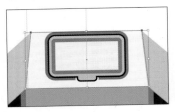 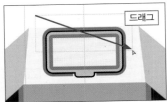 

🄄 규칙적인 점선 적용하고 문자 입력하기

01 Rectangle Tool(▢)로 작업 도큐먼트를 클릭한 후 'Width : 22mm, Height : 5mm'를 입력하여 그리고 'Fill Color : C50M10, Stroke Color : None'을 지정합니다. Line Segment Tool(╱)로 드래그하여 사선을 그리고 'Fill Color : None, Stroke Color : 임의 색상'을 지정합니다.

02 Selection Tool(▶)로 2개의 오브젝트를 함께 선택하고 Pathfinder 패널에서 'Divide(▣)'를 클릭합니다.

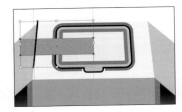 

03 Selection Tool(▶)로 더블 클릭하여 Isolation Mode로 전환합니다. 왼쪽 오브젝트를 선택하고 'Fill Color : C70M20, Stroke Color : None'을 지정한 후 Direct Selection Tool(▷)로 드래그하여 왼쪽 2개의 고정점을 선택하고 선택된 고정점 안쪽의 ◉를 안쪽으로 드래그하여 모서리를 둥글게 조절합니다.

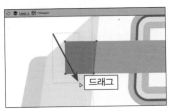 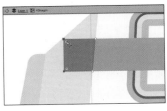 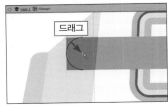

04 Selection Tool(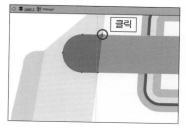)로 왼쪽 오브젝트를 선택하고 Shear Tool(🔧)로 오른쪽 상단 고정점을 클릭한 후 [Shift]를 누르면서 아래쪽으로 드래그하여 기울이기를 조절합니다.

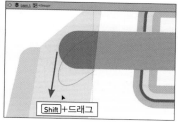

05 Direct Selection Tool(△)로 드래그하여 2개의 고정점을 선택하고 [Object]-[Path]-[Average]를 선택한 후 'Axis : Both'를 지정하고 [OK]를 눌러 한 점에 정렬합니다.

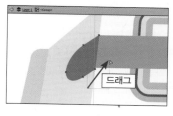

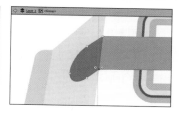

06 [Ctrl]+[A]를 눌러 모두 선택하고 Reflect Tool(▷◁)로 [Alt]를 누르면서 세로 안내선에 클릭하여 'Axis : Vertical'을 지정하고 [Copy]를 눌러 복사합니다.

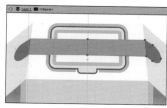

07 Direct Selection Tool(△)로 가운데 2개의 오브젝트를 함께 선택하고 Pathfinder 패널에서 'Unite(■)'를 클릭합니다.

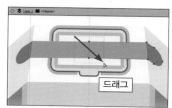
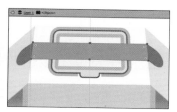

08 Ctrl+A를 눌러 모두 선택하고 Ctrl+C로 복사하고 Ctrl+F로 앞에 붙여 넣기를 한 후 Pathfinder 패널에서 'Unite(■)'를 클릭합니다.

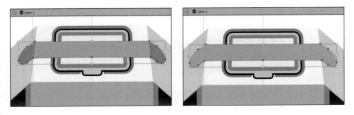

09 [Object]-[Path]-[Offset Path]를 선택한 후 'Offset : -0.7mm'를 지정하고 [OK]를 클릭합니다. 'Fill Color : None, Stroke Color : C0M0Y0K0'을 지정하고 Stroke 패널에서 'Weight : 1pt, Dashed Line : 체크, dash : 2pt'를 지정합니다.

10 Selection Tool(▶)로 붙여 넣기를 한 오브젝트를 선택한 후 Delete를 눌러 삭제한 후 Esc를 눌러 정상 모드로 전환합니다. Selection Tool(▶)로 중앙의 오브젝트를 선택하고 Ctrl+[를 여러 번 눌러 뒤로 보내기를 합니다.

11 Type Tool(T)로 작업 도큐먼트를 클릭한 후 Character 패널에서 'Set font family : Times New Roman, Set font style : Bold, Set font size : 9pt'를 설정하고 Paragraph 패널에서 'Align center(≡)'를 지정하고 'Fill Color : K100, Stroke Color : None'을 지정한 후 KEEP CLEAN을 입력합니다.

06 패턴 적용 및 변형하기

01 Selection Tool(▶)로 중앙의 오브젝트를 선택하고 Ctrl+C로 복사하고 Ctrl+F로 앞에 붙여 넣기를 한 후 Swatches 패널에 등록된 잎 패턴을 클릭하여 면 색상에 적용합니다.

02 Scale Tool(▣)을 더블 클릭하고 'Uniform : 30%, Transform Objects : 체크 해제, Transform Patterns : 체크'를 지정하여 패턴의 크기만을 축소합니다. Rotate Tool(↻)을 더블 클릭하여 'Angle : 30°, Transform Objects : 체크 해제, Transform Patterns : 체크'를 지정하여 패턴을 회전합니다.

 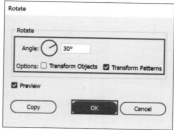 

07 손 세정제 오브젝트 만들기

01 Ellipse Tool(◉)로 작업 도큐먼트를 클릭하여 'Width : 30mm, Height : 32mm'를 입력하여 그리고 'Fill Color : 임의 색상, Stroke Color : 임의 색상'을 지정합니다. Rectangle Tool(▣)로 클릭하여 'Width : 30mm, Height : 39mm'를 입력하여 그리고 'Fill Color : 임의 색상, Stroke Color : 임의 색상'을 지정하고 원의 하단과 겹치도록 배치합니다.

02 Rounded Rectangle Tool(▣)로 드래그하여 임의 색상의 둥근 사각형을 그리고 원의 상단과 겹치도록 배치합니다.

03 Selection Tool(▶)로 3개의 오브젝트를 선택하고 Align 패널에서 'Horizontal Align Center(▣)'를 클릭하여 가로 가운데 정렬을 지정합니다. Pathfinder 패널에서 'Unite(▣)'를 클릭하여 하나로 합칩니다.

 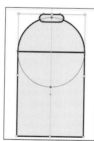 

04 Direct Selection Tool(▷)로 드래그하여 하단 2개의 고정점을 선택하고 Scale Tool(▣)을 더블 클릭하고 'Uniform : 92%, Transform Objects : 체크, Transform Patterns : 체크 해제'를 지정하여 패스를 축소하여 변형합니다.

 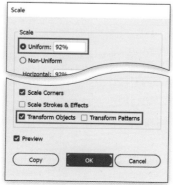 

05 Direct Selection Tool(⬆)로 드래그하여 하단 2개의 고정점을 선택하고 선택된 고정점 안쪽의 ⊙를 안쪽으로 드래그하여 모서리를 둥글게 조절합니다.

 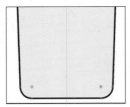

06 Color 패널에서 'Fill Color : C30K10, Stroke Color : None'을 지정하고 [Object]– [Path]–[Offset Path]를 선택하고 'Offset : –1mm'를 지정하고 [OK]를 클릭한 후 'Fill Color : C20, Stroke Color : None'을 지정합니다.

07 Direct Selection Tool(⬆)로 Shift 를 누르면서 클릭하여 안쪽 오브젝트의 상단 2개의 고정 점을 선택하고, 선택된 고정점 바깥쪽의 ⊙를 바깥쪽으로 드래그하여 모서리를 둥글게 조절합 니다.

08 Add Anchor Point Tool(✚)로 안쪽 오브젝트의 하단 중앙의 선분을 클릭하여 고정점을 추 가하고 Direct Selection Tool(⬆)로 위쪽으로 이동한 후 Anchor Point Tool(⬈)로 고정 점에 드래그하여 곡선으로 변형합니다.

 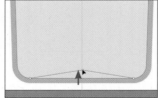 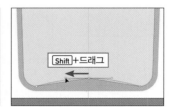

합격생의 비법

Anchor Point Tool(⬈)로 Shift 를 누르면서 고정점을 드래그하면 수평으로 핸들을 유지할 수 있습니다.

09 Selection Tool(▶)로 안쪽 오브젝트를 선택하고 Ctrl + C 로 복사하고 Ctrl + F 로 앞에 붙여 넣기를 한 후 더블 클릭하여 Isolation Mode로 전환합니다. Rectangle Tool(▢)로 드래그하여 임의 색상의 사 각형을 그리고 상단과 겹치도록 배치합니다.

10 [Ctrl]+[A]로 모두 선택하고 Pathfinder 패널에서 'Minus Front(⬚)'를 클릭합니다. Color 패널에서 'Fill Color : C0M0Y0K0, Stroke Color : None'을 지정하고 Transparency 패널에서 'Opacity : 60%'를 지정한 후 [Esc]를 눌러 정상 모드로 전환합니다.

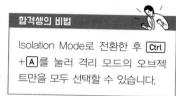

합격생의 비법

Isolation Mode로 전환한 후 [Ctrl]+[A]를 눌러 격리 모드의 오브젝트만을 모두 선택할 수 있습니다.

11 Selection Tool(▶)로 바깥쪽 오브젝트를 선택하고 [Ctrl]+[C]로 복사하고 [Ctrl]+[F]로 앞에 붙여 넣기를 한 후 더블 클릭하여 Isolation Mode로 전환합니다. Rectangle Tool(▢)로 드래그하여 그리고 Fill Color : C50M10, Stroke Color : None'을 지정하고 겹치도록 배치합니다.

12 [Ctrl]+[A]로 모두 선택하고 Pathfinder 패널에서 'Intersect(⬚)'를 클릭한 후 [Esc]를 눌러 정상 모드로 전환하고 [Shift]+[Ctrl]+[]]를 눌러 맨 앞으로 가져오기를 합니다.

13 Rectangle Tool(▢)로 클릭하여 'Width : 13mm, Height : 6.6mm'를 입력하여 그리고 'Fill Color : C80M80, Stroke Color : None'을 지정하고 상단에 배치합니다. Direct Selection Tool(▷)로 드래그하여 상단 2개의 고정점을 선택하고 선택된 고정점 안쪽의 ⊙를 안쪽으로 드래그하여 모서리를 둥글게 조절합니다.

14 Rectangle Tool(▢)로 드래그하여 'Fill Color : C50M10, Stroke Color : None'을 지정하고 왼쪽에 겹치도록 배치하고 Direct Selection Tool(▷)로 상단 고정점을 선택하고 동일한 방법으로 모서리를 둥글게 만듭니다. Selection Tool(▶)로 [Alt]를 누르면서 오른쪽으로 드래그하여 복사한 후 [Ctrl]+[D]를 4번 눌러 반복하여 이동 복사합니다.

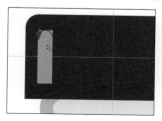 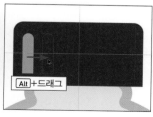 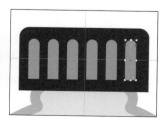

15 Rectangle Tool(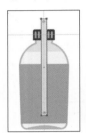)로 드래그하여 그리고 'Fill Color : K10, Stroke Color : K50'을 지정하고 Stroke 패널에서 'Weight : 1pt'를 지정합니다. Rounded Rectangle Tool(■)로 드래그하여 크기가 다른 2개의 둥근 사각형을 겹치도록 그리고 'Fill Color : C0M0Y0K0, Stroke Color : K50'을 지정하고 Stroke 패널에서 'Weight : 1pt'로 지정합니다. Ctrl+[를 여러 번 눌러 'Opacity : 60%'가 지정된 오브젝트의 뒤로 보내기를 합니다.

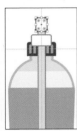
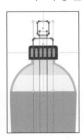

16 Pen Tool(✎)로 열린 패스를 그리고 'Fill Color : None, Stroke Color : C80M80'을 지정하고 Stroke 패널에서 'Weight : 10pt'를 지정한 후 [Object]-[Path]-[Outline Stroke]를 선택하고 선을 면으로 확장합니다.

17 Direct Selection Tool(▷)로 클릭하여 왼쪽 하단의 고정점을 선택하고 고정점 안쪽의 ◉를 안쪽으로 드래그하여 모서리를 둥글게 조절합니다. Pen Tool(✎)로 드래그하여 병 모양 상단에 닫힌 패스를 그리고 'Fill Color : C0M0Y0K0, Stroke Color : None'을 지정합니다.

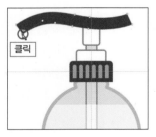

08 불규칙적인 점선 적용과 오브젝트 복사 및 변형하기

01 Ellipse Tool(◯)로 작업 도큐먼트를 클릭한 후 'Width : 23mm, Height : 23mm'를 입력하여 그리고 'Fill Color : C80M80, Stroke Color : None'을 지정합니다.

02 Scale Tool(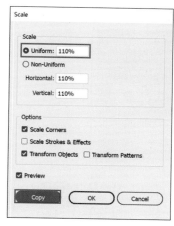)을 더블 클릭하여 'Uniform : 110%'를 지정하고 [Copy]를 눌러 확대 복사한 후 'Fill Color : None, Stroke Color : C80M80'을 지정합니다. Stroke 패널에서 'Weight : 1pt, Dashed Line : 체크, dash : 1pt, gap : 6pt, dash : 3pt'를 지정합니다.

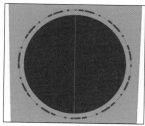

03 Line Segment Tool(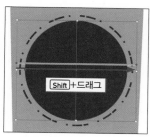)로 **Shift**를 누르면서 드래그하여 작은 정원을 통과하는 수평선을 그리고 'Fill Color : None, Stroke Color : 임의 색상'을 지정합니다. Selection Tool(▶)로 2개의 오브젝트를 함께 선택하고 Pathfinder 패널에서 'Divide(🔲)'를 클릭합니다. 더블 클릭하여 Isolation Mode로 전환한 후 하단 오브젝트를 선택하고 'Fill Color : C0M0Y0K0, Stroke Color : None'을 지정한 후 **Esc**를 눌러 정상 모드로 전환합니다.

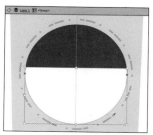

04 Selection Tool(▶)로 분할된 오브젝트를 선택하고 **Shift**+**Ctrl**+**G**로 그룹을 해제합니다. 도큐먼트 왼쪽 상단의 바이러스 오브젝트를 선택하고 **Ctrl**+**C**로 복사하고 **Ctrl**+**V**로 붙여 넣기를 하고 겹치도록 배치합니다. Scale Tool(📐)을 더블 클릭하여 'Uniform : 55%'를 지정하고 [OK]를 눌러 축소하여 배치합니다.

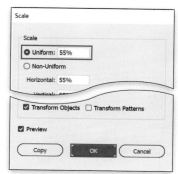
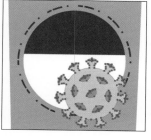

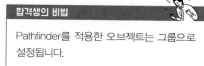

합격생의 비법

Pathfinder를 적용한 오브젝트는 그룹으로 설정됩니다.

05 Selection Tool(▶)로 분할된 하단 오브젝트를 선택하고 [Ctrl]+[C]로 복사하고 [Ctrl]+[F]로 복사한 오브젝트 앞에 붙여 넣기를 한 후 [Shift]+[Ctrl]+[]]를 눌러 맨 앞으로 가져오기를 합니다. Selection Tool(▶)로 바이러스 오브젝트와 함께 선택하고 Pathfinder 패널에서 'Crop(▣)'을 클릭합니다.

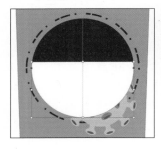  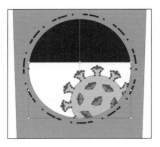

06 Selection Tool(▶)로 도큐먼트 왼쪽 상단의 바이러스 오브젝트를 선택하고 [Ctrl]+[C]로 복사하고 [Ctrl]+[V]로 붙여 넣기를 하고 겹치도록 배치합니다. Scale Tool(▣)을 더블 클릭하여 'Uniform : 20%'를 지정하고 [OK]를 눌러 축소하여 배치합니다.

09 정렬과 간격을 일정하게 한 후 그룹 지정하기

01 Selection Tool(▶)로 축소한 바이러스 오브젝트를 선택한 후 Scale Tool(▣)을 더블 클릭하여 'Uniform : 70%'를 지정하고 [Copy]를 눌러 축소 복사하여 하단에 배치합니다. Pathfinder 패널에서 'Unite(▣)'를 클릭하고 'Fill Color : C0M0Y0K0, Stroke Color : None'을 지정합니다.

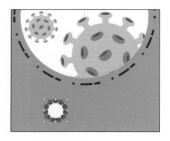

02 Selection Tool(▶)로 [Alt]+[Shift]를 누르면서 오른쪽으로 드래그하여 복사하고 [Ctrl]+[D]를 눌러 반복하여 복사합니다. 3개의 오브젝트를 함께 선택하고 [Ctrl]+[G]를 눌러 그룹을 설정합니다.

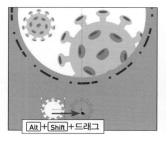 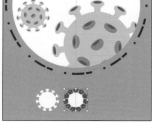 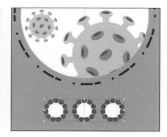

⑩ 문자 입력하기

01 Type Tool(T)로 작업 도큐먼트를 클릭한 후 Character 패널에서 'Set font family : Arial, Set font style : Bold, Set font size : 9pt'를 설정합니다. Paragraph 패널에서 'Align center(≡)'를 지정하고 'Fill Color : C50Y20, Stroke Color : None'을 지정한 후 Hand Sanitizer를 입력합니다.

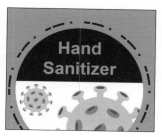

⑪ 저장하기

01 [View]-[Guides]-[Hide Guides](Ctrl+;)를 선택하여 안내선을 숨기고 [View]-[Fit Artboard in Window](Ctrl+0)를 선택하여 현재 창에 맞추기를 합니다.

02 [File]-[Save As]를 선택하고 '저장 위치 : 내 PC₩문서₩GTQ, 파일 형식 : Adobe Illustrator(*AI), 파일 이름 : 수험번호-성명-문제번호.ai'를 확인하고 [저장]을 클릭한 후 [Illustrator Options] 대화상자에서 'Version : Illustrator 2020'으로 설정하고 [OK]를 클릭합니다.

03 답안 저장이 완료가 되면 [File]-[Exit](Ctrl+Q)를 선택하여 일러스트레이터 프로그램을 종료하고 수험 프로그램에서 [답안 전송]을 클릭하여 감독관 컴퓨터로 전송합니다.

기출 유형 문제 02회

▶동영상 무료

급수	문제유형	시험시간	수험번호	성명
2급	A	90분	G123456789	

수 험 자 유 의 사 항

- 수험자는 문제지를 받는 즉시 응시하고자 하는 과목 및 급수가 맞는지 확인한 후 수험번호와 성명을 작성합니다.
- 파일명은 본인의 "수험번호–성명–문제번호"로 공백 없이 정확히 입력하고 답안폴더(내 PC₩문서₩GTQ)에 ai 파일 포맷으로 저장해야 하며, 다른 파일 형식으로 저장하였을 경우 0점 처리됩니다. 답안문서 파일명이 "수험번호–성명–문제번호"와 일치하지 않거나, 답안 파일을 전송하지 않아 미제출로 처리될 경우 불합격 처리됩니다.
- 수험자 정보와 저장한 파일명, 저장 위치가 다를 경우 전송이 되지 않으므로, 주의하시기 바랍니다.
- 답안 작성 중에도 주기적으로 '저장'과 '답안 전송'을 이용하여 감독위원 PC로 답안을 전송하셔야 합니다. (※ 작업한 내용을 저장하지 않고 전송할 경우 이전의 저장내용이 전송되오니 이점 반드시 유념하시기 바랍니다.)
- 답안문서는 지정된 경로 외의 다른 보조기억장치에 저장하는 행위, 지정된 시험 시간 외에 작성된 파일을 활용한 행위, 기타 통신수단(이메일, 메신저, 네트워크 등)을 이용하여 타인에게 전달 또는 외부 반출하는 행위는 부정으로 간주되어 자격기본법 제32조에 의거 본 시험 및 국가공인 자격시험을 2년간 응시할 수 없습니다.
- 시험 중 부주의 또는 고의로 시스템을 파손한 경우와 〈수험자 유의사항〉에 기재된 방법대로 이행하지 않아 생기는 불이익은 수험자의 책임임을 알려 드립니다.
- 시험을 완료한 수험자는 최종적으로 저장한 답안파일이 전송되었는지 확인한 후 감독위원의 지시에 따라 문제지를 제출하고 퇴실합니다.

답 안 작 성 요 령

- 온라인 답안 작성 절차
  수험자 등록 ⇒ 시험 시작 ⇒ 답안파일 저장 ⇒ 답안 전송 ⇒ 시험 종료
- 배점은 총 100점으로 이루어지며, 점수는 각 문제별로 차등 배분됩니다.
- 각 문제는 제시된 조건에 맞게 답안을 작성하셔야 하며, 조건을 지키지 못했을 경우에는 0점 또는 감점 처리됩니다.
- 조건에서 주어진 단위는 'mm(밀리미터)'입니다. 눈금자는 작성하지 않으며, 그 외는 출력형태(레이아웃, 색상, 문자, 규격 등)와 같게 작업하십시오.
- 문제 조건에 서체의 지정이 없을 경우 한글은 굴림이나 돋움, 영문은 Arial로 작업하십시오. (단, 그 외 제시되지 않은 문자 속성을 기본값으로 작성하지 않은 경우는 감점 처리됩니다.)
- 문제 조건에 크기와 색상, 두께의 지정이 없을 경우 《출력형태》를 참고하여 작업해 주시기 바랍니다.
- Image Mode(이미지 모드)는 별도의 처리조건이 없을 경우에는 CMYK로 작업하십시오.
- 조건에서 제시한 기능을 임의로 합치거나 각 기능에 대한 속성을 해지할 경우 해당 요소는 0점 처리됩니다.

한 국 생 산 성 본 부

다음의 《조건》에 따라 아래의 《출력형태》와 같이 작업하시오.

조건

파일저장규칙	AI	파일명	문서₩GTQ₩수험번호-성명-1.ai
		크기	100 × 80mm

1. 작업 방법

① 도형, 변형 툴과 Pathfinder 기능을 활용하여 오브젝트를 작성한다.
② 그 외 《출력형태》 참조

출력형태

K100,
M50Y30K10,
M30Y10,
C20M30,
C0M0Y0K0,
C40M70Y60K30,
C10M80Y90, K40,
(선/획) K100, 1pt

다음의 《조건》에 따라 아래의 《출력형태》와 같이 작업하시오.

조건

파일저장규칙	AI	파일명	문서\GTQ\수험번호-성명-2.ai
		크기	100 × 80mm

1. 작업 방법
① 'CAMPING' 문자에 Arial (Bold) 폰트를 적용한다.
② 'Let's enjoy nature' 문자에 Type on a Path Tool을 활용한다.
③ Brush는 《출력형태》를 참고하여 작성한다.
④ Effect는 《출력형태》를 참고하여 작성한다.
⑤ 그 외 《출력형태》 참조

2. 문자 효과
① Let's enjoy nature (Arial, Regular, 13pt, C30M60Y100)

출력형태

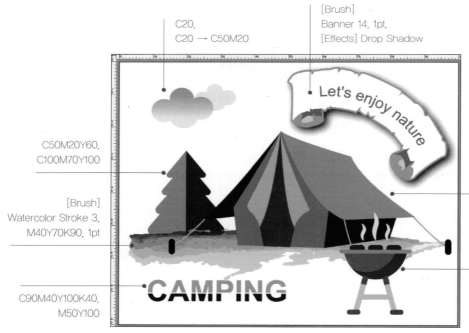

C20,
C20 → C50M20

[Brush]
Banner 14, 1pt,
[Effects] Drop Shadow

C50M20Y60,
C100M70Y100

[Brush]
Watercolor Stroke 3,
M40Y70K90, 1pt

C70M40, C100M90Y10,
C60M20, C70M90Y100,
C10M20Y100, K100,
(선/획) M30Y100, 1pt

C90M40Y100K40,
M50Y100

M100Y100, M80Y100K50,
M60Y100, M80Y80K60,
K10, C10K20, Y30K70

다음의 《조건》에 따라 아래의 《출력형태》와 같이 작업하시오.

조건

파일저장규칙	AI	파일명	문서₩GTQ₩수험번호-성명-3.ai
		크기	120 × 80mm

1. 작업 방법

① 도형 툴로 오브젝트를 제작한 후 Pattern을 활용하여 작성한다. (패턴 등록 : 나침반)
② 모자에는 불규칙한 점선을, 배낭에는 규칙적인 점선을 설정한다.
③ 배낭에 Pattern을 적용한다.
④ 배낭에 배치된 오브젝트는 정렬, 간격을 일정하게 한 후 Group 설정을 한다.
⑤ 그 외 《출력형태》 참조

2. 문자 효과

① FOREST (Times New Roman, Bold, 6pt, C20M10Y80)
② ADVENTURE TIME (Arial, Bold, 5pt, C40M70Y90K50)

출력형태

C10M40Y80K40,
C10M40Y80

K100, K20,
C0M0Y0K0,
C30M30Y40,
C50M50Y60K20,
C20M10Y80

C90M70Y30K10,
[GROUP]

C80M40Y20, C80M50Y90K40,
C10M50Y90,
C10M50Y90K30, C90M70Y30K10,
K100, C40M70Y90K50, K20,
C40M70Y80K20, C20M10Y80,
C40K30, (선/획) K50, 1pt

C60M60Y70K50,
C30M60Y80K20,
C10M80Y90K30,
C10M20Y90 →
C30M50Y100,
K100,
(선/획) K100, 1pt

C0M0Y0K0,
Opacity 60%

[Pattern]

작업과정	새 도큐먼트 만들기 및 파일 저장하기 ➡ 롤러 스케이트화 오브젝트 만들기 ➡ 끈 모양 오브젝트 만들기 ➡ 바퀴 오브젝트 만들기 ➡ 저장하기
완성이미지	Part04₩기출유형문제02회₩수험번호-성명-1.ai

01 새 도큐먼트 만들기 및 파일 저장하기

01 [File]-[New](Ctrl+N)를 선택하고 'Width : 100mm, Height : 80mm, Units : Mil-limeters, Color Mode : CMYK'를 설정하여 새 도큐먼트를 만들고 [View]-[Rulers]-[Show Rulers](Ctrl+R)를 선택하여 눈금자를 표시합니다.

02 작품의 규격 왼쪽 상단에 원점(0,0)을 확인하고 왼쪽과 상단 눈금자 위에서 마우스로 각각 드래그하여 제시된 출력형태와 레이아웃 구성이 동일하게 안내선을 표시합니다.

03 작업 도큐먼트를 저장하기 위해 [File]-[Save As]를 선택하고 '저장 위치 : 내 PC₩문서₩GTQ, 파일 형식 : Adobe Illustrator(*AI), 파일 이름 : 수험번호-성명-문제번호'를 입력하고 [저장]을 클릭한 후 [Illustrator Options] 대화상자에서 'Version : Illustrator 2020'으로 설정하고 [OK]를 클릭합니다.

02 롤러 스케이트화 오브젝트 만들기

01 Pen Tool(🖊)로 드래그하여 스케이트화 모양의 닫힌 패스를 그린 후 'Fill Color : 임의 색상, Stroke Color : 임의 색상'을 지정합니다.

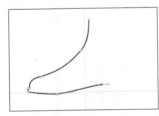 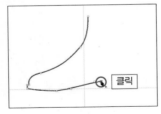 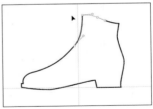

02 Direct Selection Tool(▷)로 클릭하여 왼쪽 상단 모서리의 고정점을 선택한 후 고정점 안쪽의 ◉를 안쪽으로 드래그하여 둥근 정도를 조절합니다. 같은 방법으로 오른쪽 상단 모서리의 둥근 정도를 조절합니다.

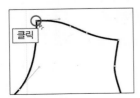 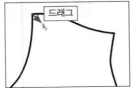 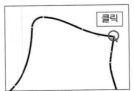 

03 Pen Tool()로 드래그하여 3개의 열린 패스를 그리고 'Fill Color : None, Stroke Color : 임의 색상'을 지정합니다.

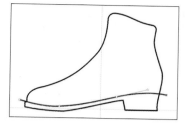  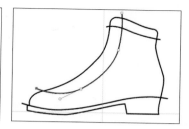

04 Ellipse Tool(◯)로 작업 도큐먼트를 클릭한 후 'Width : 48mm, Height : 50mm'를 입력하여 그리고 'Fill Color : None, Stroke Color : 임의 색상'을 지정하고 겹치도록 배치합니다.

05 Scale Tool(▦)을 더블 클릭하여 'Uniform : 90%'를 지정하고 [Copy]를 눌러 축소 복사하고 [Object]-[Transform]-[Transform Again](**Ctrl**+**D**)을 선택하고 반복하여 축소 복사합니다.

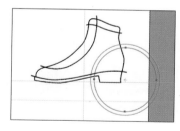 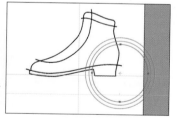

06 Ellipse Tool(◯)로 작업 도큐먼트를 클릭한 후 'Width : 25mm, Height : 23mm'를 입력하여 그리고 'Fill Color : None, Stroke Color : 임의 색상'을 지정하고 앞 부분과 겹치도록 배치합니다. [Select]-[All](**Ctrl**+**A**)로 모두 선택하고 Pathfinder 패널에서 'Divide(⬚)'를 클릭합니다.

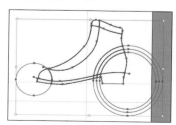 

07 Selection Tool(▶)로 분할된 오브젝트를 더블 클릭하여 Isolation Mode로 전환합니다. Shift를 누른 채 클릭하여 불필요한 오브젝트를 함께 선택하고 Delete를 눌러 삭제합니다.

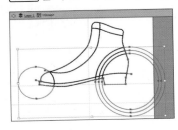 

08 Selection Tool(▶)로 굽 부분의 오브젝트를 모두 선택하고 Pathfinder 패널에서 'Unite(▣)'를 클릭한 후 'Fill Color : K100, Stroke Color : None'을 지정합니다. 상단 2개의 오브젝트를 선택하고 'Unite(▣)'를 클릭한 후 'Fill Color : M50Y30K10, Stroke Color : None'을 지정합니다.

 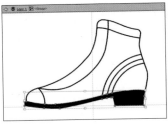 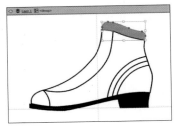

09 Selection Tool(▶)로 오브젝트를 순서대로 선택하고 'Fill Color : M30Y10, C20M30, C40M70Y60K30, Stroke Color : None'을 각각 지정합니다.

10 Selection Tool(▶)로 상단 오브젝트를 선택하고 Ctrl+C로 복사하고 Ctrl+F로 복사한 오브젝트 앞에 붙여 넣기를 합니다. Shift+Ctrl+]로 맨 앞으로 가져오기를 하고 'Fill Color : None, Stroke Color : K100'을 지정하고 Stroke 패널에서 'Weight : 1pt'를 지정합니다.

 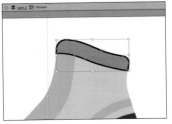

11 Selection Tool(▶)로 상단 오브젝트의 테두리를 더블 클릭하여 패스의 Isolation Mode로 전환합니다. Lasso Tool(🔾)로 드래그하여 삭제할 고정점을 선택하고 Delete 를 눌러 삭제한 후 Esc 를 눌러 정상 모드로 전환합니다.

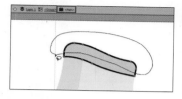 

12 Star Tool(⭐)로 작업 도큐먼트를 클릭한 후 'Radius 1 : 5mm, Radius 2 : 2.5mm, Points : 5'를 입력하여 그리고 'Fill Color : M50Y30K10, Stroke Color : None'을 지정합니다.

13 Scale Tool(🔲)을 더블 클릭하여 'Uniform : 55%'를 지정하고 [Copy]를 눌러 축소 복사합니다. Rotate Tool(🔄)을 더블 클릭하여 'Angle : 45°'를 지정하고 [OK]를 눌러 회전하여 배치한 후 'Fill Color : C40M70Y60K30, Stroke Color : None'을 지정합니다.

03 끈 모양 오브젝트 만들기

01 Ellipse Tool(⬤)로 작업 도큐먼트를 클릭한 후 'Width : 3mm, Height : 3mm'를 입력하여 그리고 'Fill Color : K100, Stroke Color : None'을 지정합니다. Selection Tool(▶)로 Alt 를 누르면서 드래그하여 하단에 복사하여 배치합니다.

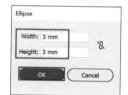 

02 Selection Tool(▶)로 Shift 를 누르면서 2개의 정원을 함께 선택하고 [Object]-[Blend]-[Make]를 적용하고 [Object]-[Blend]-[Blend Options]로 'Specified Steps : 4'를 적용합니다. Add Anchor Point Tool(✏️)로 블렌드 오브젝트를 연결하는 패스에 2번 클릭하여 고정점을 추가합니다.

03 Direct Selection Tool(△)로 2개의 고정점을 선택하고 스케이트화의 패스 모양에 따라 고정점을 각각 이동합니다. [Object]-[Blend]-[Expand]로 블렌드 오브젝트를 확장합니다.

04 Rounded Rectangle Tool(▢)로 작업 도큐먼트를 클릭한 후 'Width : 5.5mm, Height : 2mm, Corner Radius : 1mm'를 지정하여 그리고 'Fill Color : C10M80Y90, Stroke Color : None'을 지정합니다. Selection Tool(▶)로 Alt 를 누르면서 드래그하여 둥근 사각형을 복사하고 바운딩 박스의 모서리 밖을 드래그하여 회전한 후 각각 배치합니다.

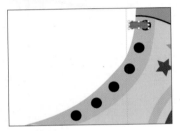 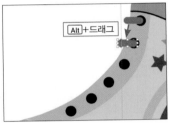 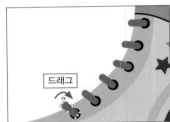

04 바퀴 오브젝트 만들기

01 Rounded Rectangle Tool(▢)로 작업 도큐먼트를 클릭한 후 'Width : 61mm, Height : 4.5mm, Corner Radius : 3mm'를 지정하여 그리고 'Fill Color : K40, Stroke Color : K100'을 지정한 후 Stroke 패널에서 'Weight : 1pt'를 지정합니다. Shift + Ctrl + [를 눌러 맨 뒤로 보내기를 합니다.

02 Rectangle Tool(▢)로 드래그하여 크기가 다른 2개의 사각형을 그리고 'Fill Color : 임의 색상, Stroke Color : 임의 색상'을 지정합니다. Direct Selection Tool(△)로 드래그하여 작은 사각형의 2개의 하단 고정점을 선택하고 Scale Tool(⬚)을 더블 클릭하여 'Uniform : 80%'를 지정하고 [OK]를 눌러 패스를 변형합니다.

 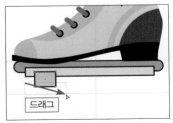 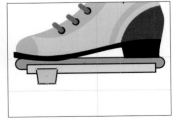

03 Selection Tool(▶)로 변형
된 오브젝트를 선택하고 Alt +
Shift 를 누르면서 오른쪽으로
드래그하여 복사합니다. Ctrl
+ D 를 눌러 반복하여 복사합
니다.

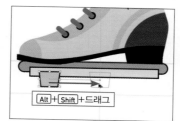 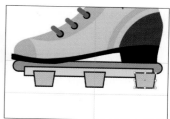

04 Selection Tool(▶)로 4개의 오브젝트를 함께 선택하고 Pathfinder 패널에서 'Unite(◨)'
를 클릭하여 합치고 'Fill Color : K100, Stroke Color : None'을 지정한 후 Shift + Ctrl +
[를 눌러 맨 뒤로 보내기를 합니다. [Effect]-[Stylize]-[Round Corners]를 선택하고
'Radius : 2mm'를 설정하고 [Object]-[Expand Appearance]를 선택하여 오브젝트의 속
성을 확장합니다.

 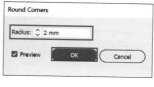 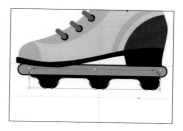

05 Ellipse Tool(◯)로 작업 도큐먼트를 클릭한 후 'Width : 15mm, Height : 15mm'를 입력
하여 그리고 'Fill Color : M50Y30K10, Stroke Color : K100'을 지정하고 Stroke 패널에
서 'Weight : 1pt'를 지정합니다. Scale Tool(◲)을 더블 클릭하여 'Uniform : 60%'를 지정
하고 [Copy]를 눌러 축소 복사하고 'Fill Color : C40M70Y60K30, Stroke Color : None'
을 지정합니다.

 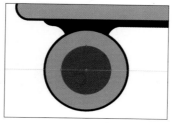

06 Polygon Tool(⬡)로 작업 도큐먼트를 클릭한 후 'Radius : 2mm, Sides : 6'을 지정하여 그
리고 'Fill Color : C0M0Y0K0, Stroke Color : None'을 지정합니다. Ellipse Tool(◯)로
Shift 를 누르면서 드래그하여 정원을 그리고 'Fill Color : K100, Stroke Color : None'을
지정합니다.

07 Selection Tool(▶)로 4개의 오브젝트를 함께 선택하고 Align 패널에서 'Horizontal Align Center(▣)'와 'Vertical Align Center(▣)'를 각각 클릭하여 가운데 정렬을 지정합니다.

 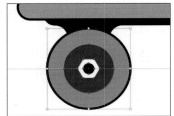

08 Selection Tool(▶)로 Alt+Shift를 누르면서 오른쪽으로 드래그하여 복사합니다. Ctrl+D를 눌러 반복하여 복사합니다. Ellipse Tool(◯)로 작업 도큐먼트를 클릭한 후 'Width : 75 mm, Height : 6mm'를 입력하여 그리고 'Fill Color : K40, Stroke Color : None'을 지정한 후 Shift+Ctrl+[를 눌러 맨 뒤로 보내기를 합니다.

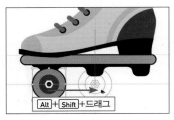 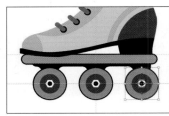 

05 저장하기

01 [View]-[Guides]-[Hide Guides](Ctrl+;)를 선택하여 안내선을 숨기고 [View]-[Fit Artboard in Window](Ctrl+0)를 선택하여 현재 창에 맞추기를 합니다.

02 [File]-[Save As]를 선택하고 '저장 위치 : 내 PC₩문서₩GTQ, 파일 형식 : Adobe Illustrator(*AI), 파일 이름 : 수험번호-성명-문제번호.ai'를 확인하고 [저장]을 클릭한 후 [Illustrator Options] 대화상자에서 'Version : Illustrator 2020'으로 설정하고 [OK]를 클릭합니다.

03 답안 저장이 완료가 되면 [File]-[Close](Ctrl+W)를 선택하여 파일을 닫고 수험 프로그램에서 [답안 전송]을 클릭하여 감독관 컴퓨터로 전송합니다.

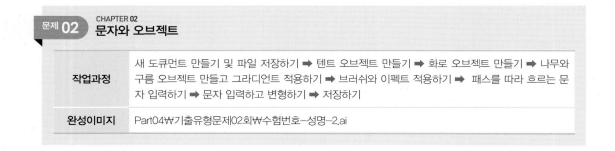

문제 02	CHAPTER 02 **문자와 오브젝트**	
작업과정	새 도큐먼트 만들기 및 파일 저장하기 ➡ 텐트 오브젝트 만들기 ➡ 화로 오브젝트 만들기 ➡ 나무와 구름 오브젝트 만들고 그라디언트 적용하기 ➡ 브러쉬와 이펙트 적용하기 ➡ 패스를 따라 흐르는 문자 입력하기 ➡ 문자 입력하고 변형하기 ➡ 저장하기	
완성이미지	Part04₩기출유형문제02회₩수험번호-성명-2.ai	

01 새 도큐먼트 만들기 및 파일 저장하기

01 [File]-[New]를 선택하고 'Width : 100mm, Height : 80mm, Units : Millimeters, Color Mode : CMYK'를 설정하여 새 도큐먼트를 만들고 [View]-[Rulers]-[Show Rulers] (Ctrl + R)를 선택하여 눈금자를 표시합니다.

02 작품의 규격 왼쪽 상단에 원점(0,0)을 확인하고 왼쪽과 상단 눈금자 위에서 마우스로 각각 드래그하여 제시된 출력형태와 레이아웃 구성이 동일하게 안내선을 표시합니다.

03 작업 도큐먼트를 저장하기 위해 [File]-[Save As]를 선택하고 '저장 위치 : 내 PC₩문서₩ GTQ, 파일 형식 : Adobe Illustrator(*AI), 파일 이름 : 수험번호-성명-문제번호'를 입력하고 [저장]을 클릭한 후 [Illustrator Options] 대화상자에서 'Version : Illustrator 2020'으로 설정하고 [OK]를 클릭합니다.

02 텐트 오브젝트 만들기

01 Pen Tool(✐)로 클릭하여 텐트 모양 하단에 2개의 닫힌 패스를 그린 후 'Fill Color : C70M40, C100M90Y10, Stroke Color : None'을 각각 지정합니다.

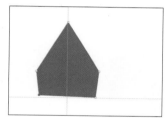 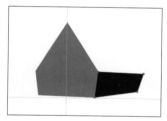

02 Pen Tool(✐)로 드래그하여 텐트 모양 오른쪽 상단에 닫힌 패스를 그리고 'Fill Color : C60M20, Stroke Color : None'을 지정합니다. 계속해서 왼쪽 상단에 닫힌 패스를 그리고 'Fill Color : C100M90Y10, Stroke Color : None'을 지정한 후 Shift + Ctrl + [를 눌러 맨 뒤로 보내기를 합니다.

합격생의 비법

Pen Tool(✐)로 앞서 드래그한 곡선 고정점에 마우스를 올리면 ✎로 바뀝니다. 이 때 클릭하면 한 쪽 핸들이 삭제되어 다음 고정점을 직선 또는 곡선 방향이 다른 곡선 패스로 연결하여 그릴 수 있습니다.

03 Pen Tool(✐)로 텐트 모양 중앙에 2개의 닫힌 패스를 그리고 'Fill Color : C70M90Y100, C10M20Y100, Stroke Color : None'을 각각 지정합니다.

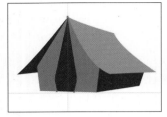 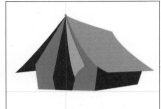

04 Selection Tool(▶)로 오브젝트를 선택하고 Reflect Tool(▷◁)로 세로 안내선에 클릭한 후 Alt 를 누르면서 왼쪽 방향으로 뒤집어 복사하여 배치합니다.

05 Direct Selection Tool(▷)로 뒤집어 복사한 오브젝트의 왼쪽 고정점을 클릭하여 선택하고 모서리 안쪽의 ◉를 안쪽으로 드래그하여 둥근 정도를 조절합니다.

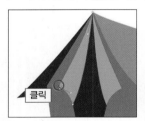  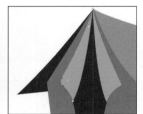

06 Pen Tool(✐)로 3개의 열린 패스를 그리고 'Fill Color : None, Stroke Color : M30Y100'을 지정한 후 Stroke 패널에서 'Weight : 1pt'를 지정합니다. Rounded Rectangle Tool(▢)로 드래그하여 둥근 사각형을 그리고 'Fill Color : K100, Stroke Color : None'을 지정한 후 Selection Tool(▶)로 Alt 를 누르면서 오른쪽으로 드래그하여 복사하여 배치합니다.

🔵03 화로 오브젝트 만들기

01 Ellipse Tool(◉)로 작업 도큐먼트를 클릭한 후 'Width : 19mm, Height : 21mm'를 입력하여 그리고 'Fill Color : 임의 색상, Stroke Color : 임의 색상'을 지정합니다.

02 Rectangle Tool(▢)로 드래그하여 타원의 상단과 겹치도록 임의 색상의 사각형을 그립니다. Selection Tool(▶)로 타원과 함께 선택하고 Pathfinder 패널에서 'Minus Front(◨)'를 클릭합니다.

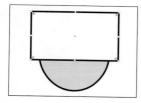

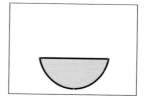

03 Selection Tool(▶)로 Alt 를 누르면서 왼쪽 상단으로 드래그하여 서로 겹치도록 복사합니다. Selection Tool(▶)로 2개의 오브젝트를 함께 선택하고 Pathfinder 패널에서 'Divide(◨)'를 클릭합니다.

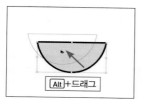

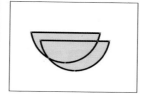

04 Selection Tool(▶)로 더블 클릭하여 Isolation Mode로 전환합니다. 왼쪽 상단의 오브젝트를 선택하고 Delete 를 눌러 삭제한 후 나머지 오브젝트를 각각 선택하고 'Fill Color : M100Y100, M80Y100K50, Stroke Color : None'을 지정한 후 Esc 를 눌러 정상 모드로 전환합니다.

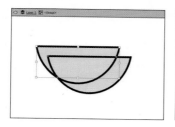
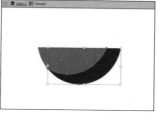

05 Rounded Rectangle Tool()로 드래그하여 상단에 둥근 사각형을 그리고 'Fill Color : M60Y100, Stroke Color : None'을 지정합니다. 계속해서 드래그하여 크기가 다른 둥근 사각형을 그리고 'Fill Color : M80Y80K60, Stroke Color : None'을 지정한 후 Shift + Ctrl + []를 눌러 맨 뒤로 보내기를 합니다. Selection Tool(▶)로 Alt를 누르면서 오른쪽으로 드래그하여 복사한 후 [Object]-[Transform]-[Transform Again](Ctrl + D)을 선택하고 반복하여 복사합니다.

 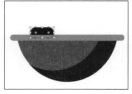 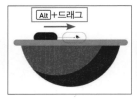 

06 Pen Tool(✐)로 열린 패스를 그리고 'Fill Color : None, Stroke Color : K10'을 지정하고 Stroke 패널에서 'Weight : 3pt, Profile : Width Profile 1'을 지정합니다. Selection Tool(▶)로 Alt를 누르면서 오른쪽으로 드래그하여 복사한 후 [Object]-[Transform]-[Transform Again](Ctrl + D)을 선택하고 반복하여 복사합니다.

  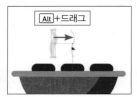 

07 Selection Tool(▶)로 가운데 패스를 선택하고 바운딩 박스의 가로 중앙점을 위쪽으로 드래그하여 길이를 확대한 후 Stroke 패널에서 'Weight : 4pt'를 지정합니다.

08 Selection Tool(▶)로 3개의 패스를 선택하고 [Object]-[Expand Appearance]를 선택하여 오브젝트의 모양을 확장한 후 Ctrl + G로 그룹을 설정합니다. 하단 3개의 둥근 사각형을 함께 선택하고 Ctrl + G로 그룹을 설정합니다. Selection Tool(▶)로 2개의 그룹과 둥근 사각형, 분리된 하단 오브젝트를 함께 선택하고 Align 패널에서 'Horizontal Align Center(≡)'를 클릭하여 가로 가운데 정렬을 지정합니다.

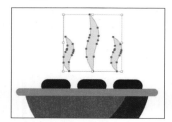  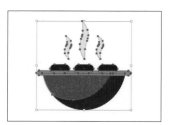

09 Rounded Rectangle Tool(▣)로 작업 도큐먼트를 클릭한 후 'Width : 1.6mm, Height : 12mm, Corner Radius : 1mm'를 입력하여 그리고 'Fill Color : C10K20, Stroke Color : None'을 지정합니다. Line Segment Tool(╱)로 Shift 를 누르면서 드래그하여 수평선을 그리고 'Fill Color : None, Stroke Color : 임의 색상'을 지정합니다.

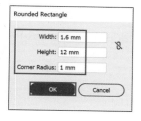
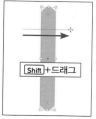
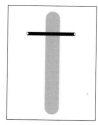

10 Selection Tool(▶)로 2개의 오브젝트를 선택하고 Pathfinder 패널에서 'Divide(▣)'를 클릭한 후 더블 클릭하여 Isolation Mode로 전환합니다. 상단의 오브젝트를 선택하고 'Fill Color : Y30K70, Stroke Color : None'을 지정한 후 Esc 를 눌러 정상 모드로 전환합니다.

11 Selection Tool(▶)로 오브젝트를 선택하고 Rotate Tool(↻)을 더블 클릭하여 'Angle : 15°'를 지정하고 [OK]를 눌러 회전하여 배치합니다.

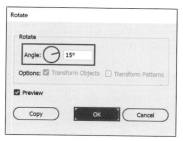

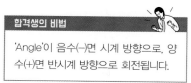

합격생의 비법

'Angle'이 음수(-)면 시계 방향으로, 양수(+)면 반시계 방향으로 회전됩니다.

12 Reflect Tool(◁▷)로 Alt 를 누르면서 오브젝트의 가로 중앙 부분을 클릭하여 'Axis : Vertical'을 지정하고 [Copy]를 눌러 복사합니다. Rounded Rectangle Tool(▣)로 드래그하여 중앙에 그리고 'Fill Color : C10K20, Stroke Color : None'을 지정합니다.

04 나무와 구름 오브젝트 만들고 그라디언트 적용하기

01 Polygon Tool(⬡)로 작업 도큐먼트를 클릭한 후 'Radius : 15mm, Sides : 3'을 지정하여 삼각형을 그리고 'Fill Color : 임의 색상, Stroke Color : 임의 색상'을 지정합니다. Scale Tool(⬚)을 더블 클릭하여 'Horizontal : 100%, Vertical : 70%'를 지정하고 [OK]를 지정합니다.

02 Direct Selection Tool(▷)로 드래그하여 하단 2개의 고정점을 선택하고 선택된 고정점 안쪽의 ◉를 안쪽으로 드래그하여 둥근 정도를 조절합니다.

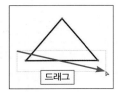 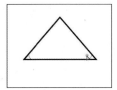 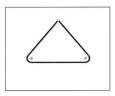

03 Selection Tool(▶)로 오브젝트를 선택한 후 Scale Tool(⬚)로 작업 도큐먼트의 상단에 **Alt**를 누르면서 클릭하여 'Uniform : 80%'를 지정하고 [Copy]를 눌러 축소 복사합니다. **Ctrl**+**D**를 2번 눌러 클릭 지점을 향해 반복하여 축소 복사합니다.

 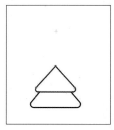  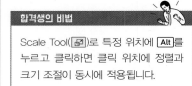

합격생의 비법

Scale Tool(⬚)로 특정 위치에 **Alt**를 누르고 클릭하면 클릭 위치에 정렬과 크기 조절이 동시에 적용됩니다.

04 Selection Tool(▶)로 4개의 오브젝트를 함께 선택하고 Align 패널에서 'Horizontal Align Center(▋)'와 'Vertical Distribute Top(▤)'을 클릭하여 정렬과 배분을 지정합니다. Pathfinder 패널에서 'Unite(▤)'를 클릭합니다.

05 Line Segment Tool(✏)로 **Shift**를 누르면서 드래그하여 수직선을 그리고 'Fill Color : None, Stroke Color : 임의 색상'을 지정합니다. Selection Tool(▶)로 2개의 오브젝트를 함께 선택하고 Align 패널에서 'Horizontal Align Center(▣)'를 지정한 후 Pathfinder 패널에서 'Divide(▣)'를 클릭합니다. Selection Tool(▶)로 분할된 오브젝트를 더블 클릭하여 Isolation Mode로 전환한 후 각각 선택하고 'Fill Color : C50M20Y60, C100M70Y100, Stroke Color : None'을 지정한 후 **Esc**를 눌러 정상 모드로 전환합니다.

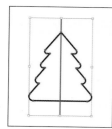   

06 Ellipse Tool(⬭)로 작업 도큐먼트에 드래그하여 크기가 다른 4개의 원을 서로 겹치도록 배치합니다. Selection Tool(▶)로 4개의 오브젝트를 함께 선택하고 Pathfinder 패널에서 'Unite(▣)'를 클릭하고 'Fill Color : C20, Stroke Color : None'을 지정합니다.

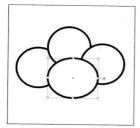  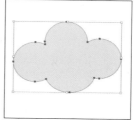

07 Scale Tool(▦)을 더블 클릭하여 'Uniform : 150%'를 지정하고 [Copy]를 눌러 확대 복사하여 배치합니다. Gradient 패널에서 'Type : Linear Gradient, Angle : 90°'를 적용하고 Gradient Slider의 왼쪽 'Color Stop'을 더블 클릭하여 C20을, 오른쪽 'Color Stop'을 더블 클릭하여 C50M20을 적용한 후, 'Stroke Color : None'을 지정합니다.

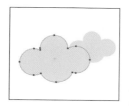 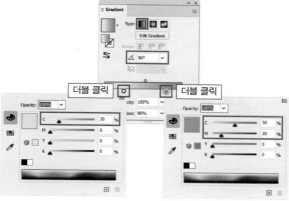 

🄝 브러쉬와 이펙트 적용하기

01 Line Segment Tool(☑)로 Shift 를 누르면서 텐트 모양 하단에 왼쪽에서 오른쪽으로 드래그하여 수평선을 그리고 'Fill Color : None, Stroke Color : M40Y70K90'을 지정하고 Stroke 패널에서 'Weight : 1pt'를 지정합니다.

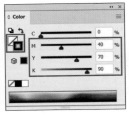

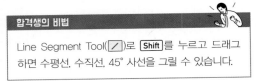
02 Brushes 패널 하단의 'Brush Libraries Menu'를 클릭하고 [Artistic]–[Artistic_Watercolor]을 선택하여 추가 브러쉬 패널을 불러온 후 'Watercolor Stroke 3'을 선택하여 적용합니다.

03 Selection Tool(▶)로 Shift 를 누르면서 나무 오브젝트와 함께 선택하고 Shift + Ctrl + [ ]를 눌러 맨 뒤로 보내기를 지정합니다.

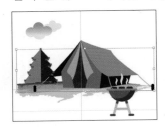

04 Line Segment Tool(☑)로 왼쪽 상단에서 오른쪽 하단으로 드래그하여 사선을 그리고 'Fill Color : None, Stroke Color : 임의 색상'을 지정하고 Stroke 패널에서 'Weight : 1pt'를 지정합니다. Brushes 패널 하단의 'Brush Libraries Menu'를 클릭하고 [Decorative]–[Decorative_Banners and Seals]를 선택하여 추가 브러쉬 패널을 불러온 후 'Banner 14'를 선택하여 적용합니다.

05 [Effect]–[Illustrator Effects]–[Stylize]–[Drop Shadow]를 선택하고 'Opacity : 75%, X Offset : 1mm, Y Offset : 1mm, Blur : 1mm'를 지정하여 그림자 효과를 적용합니다.

06 패스를 따라 흐르는 문자 입력하기

01 Pen Tool(✎)로 드래그하여 문자를 입력할 열린 곡선 패스를 브러쉬 위쪽에 그리고 'Fill Color : None, Stroke Color : 임의 색상'을 지정합니다.

02 Type on a Path Tool(✎)로 열린 곡선 패스의 왼쪽을 클릭한 후 Character 패널에서 'Set font family : Arial, Set font style : Regular, Set font size : 13pt'를 설정하고 'Fill Color : C30M60Y100, Stroke Color : None'을 지정합니다. Paragraph 패널에서 Align center(≡)을 설정하고 Let's enjoy nature를 입력합니다.

07 문자 입력하고 변형하기

01 Type Tool(T)로 도큐먼트를 클릭한 후 Character 패널에서 'Set font family : Arial, Set font style : Bold, Set font size : 25pt'를 설정하고 'Fill Color : C90M40Y100K40, Stroke Color : None'을 지정한 후 CAMPING을 입력합니다. [Type]−[Create Outlines](Shift+Ctrl+O)를 선택하여 문자를 윤곽선으로 변환합니다.

02 Line Segment Tool(/)로 Shift를 누르면서 드래그하여 수평선을 그리고 'Fill Color : None, Stroke Color : 임의 색상'을 지정하고 Stroke 패널에서 'Weight : 1pt'를 지정한 후 [Object]−[Path]−[Outline Stroke]를 선택하고 선을 면으로 확장합니다. Selection Tool(▶)로 문자 오브젝트와 함께 선택하고 Pathfinder 패널에서 'Trim(◨)'을 클릭합니다.

03 Selection Tool(▶)로 분할된 오브젝트를 더블 클릭하여 Isolation Mode로 전환합니다. 사각형 오브젝트를 선택하고 [Delete]를 눌러 삭제한 후 [Shift]를 누르면서 분리된 상단 오브젝트를 모두 선택하고 'Fill Color : M50Y100, Stroke Color : None'을 지정한 후 [Esc]를 눌러 정상 모드로 전환합니다.

08 저장하기

01 [View]-[Guides]-[Hide Guides]([Ctrl]+[;])를 선택하여 안내선을 숨기고 [View]-[Fit Artboard in Window]([Ctrl]+[0])를 선택하여 현재 창에 맞추기를 합니다.

02 [File]-[Save As]를 선택하고 '저장 위치 : 내 PC\문서\GTQ, 파일 형식 : Adobe Illustrator(*AI), 파일 이름 : 수험번호-성명-문제번호.ai'를 확인하고 [저장]을 클릭한 후 [Illustrator Options] 대화상자에서 'Version : Illustrator 2020'으로 설정하고 [OK]를 클릭합니다.

03 답안 저장이 완료가 되면 [File]-[Close]([Ctrl]+[W])를 선택하여 파일을 닫고 수험 프로그램에서 [답안 전송]을 클릭하여 감독관 컴퓨터로 전송합니다.

문제 03 CHAPTER 02
어플리케이션 디자인

작업과정	새 도큐먼트 만들기 및 파일 저장하기 ➡ 나뭇잎 오브젝트 만들기 ➡ 나침반 오브젝트 만들고 패턴 정의하기 ➡ 모자 오브젝트 만들고 그라디언트, 불규칙적인 점선 만들기 ➡ 문자 입력하기 ➡ 배낭 오브젝트 만들고 규칙적인 점선 만들기 ➡ 불투명도와 오브젝트 변형하기 ➡ 패턴 적용 및 변형하기 ➡ 정렬과 간격 일정하게 한 후 그룹 지정하기 ➡ 문자 입력하기 ➡ 저장하기
완성이미지	Part04\기출유형문제\02회\수험번호-성명-3.ai

---

01 새 도큐먼트 만들기 및 파일 저장하기

01 [File]-[New]를 선택하고 'Width : 120mm, Height : 80mm, Units : Millimeters, Color Mode : CMYK'를 설정하여 새 도큐먼트를 만들고 [View]-[Rulers]-[Show Rulers] ([Ctrl]+[R])를 선택하여 눈금자를 표시합니다.

02 작품의 규격 왼쪽 상단에 원점(0,0)을 확인하고 왼쪽과 상단 눈금자 위에서 마우스로 각각 드래그하여 제시된 출력형태와 레이아웃 구성이 동일하게 안내선을 표시합니다.

03 작업 도큐먼트를 저장하기 위해 [File]-[Save As]를 선택하고 '저장 위치 : 내 PC₩문서₩ GTQ, 파일 형식 : Adobe Illustrator(*AI), 파일 이름 : 수험번호-성명-문제번호'를 입력하고 [저장]을 클릭한 후 [Illustrator Options] 대화상자에서 'Version : Illustrator 2020'으로 설정하고 [OK]를 클릭합니다.

02 나뭇잎 오브젝트 만들기

01 Ellipse Tool(⬭)로 작업 도큐먼트를 클릭한 후 'Width : 9.5mm, Height : 16mm'를 입력하여 그리고 'Fill Color : 임의 색상, Stroke Color : 임의 색상'을 지정합니다.

02 Direct Selection Tool(▷)로 상단 고정점을 클릭하여 선택하고 [Object]-[Transform]-[Move]를 선택하고 'Horizontal : 0mm, Vertical : -5mm'를 입력하고 [OK]를 눌러 이동한 후 Scale Tool(⬚)을 더블 클릭하여 'Uniform : 20%'를 지정하고 [OK]를 눌러 패스를 축소합니다.

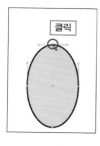

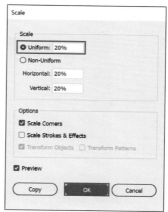
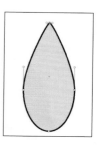

03 [Effect]-[Illustrator Effects]-[Distort & Transform]-[Zig Zag]를 선택하고 'Size : 0.27mm, Absolute : 체크, Ridges per segment : 5, Points : Smooth'를 지정하고 패스를 왜곡한 후 [Object]-[Expand Appearance]를 선택하여 오브젝트의 모양을 확장합니다.

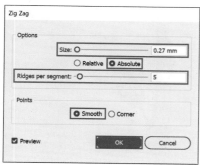
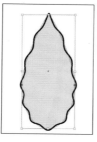
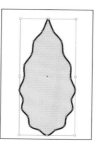

04 Line Segment Tool(✎)로 Shift를 누르면서 드래그하여 수직선을 그리고 'Fill Color : None, Stroke Color : 임의 색상'을 지정합니다. Selection Tool(▶)로 2개의 오브젝트를 함께 선택하고 Align 패널에서 'Horizontal Align Center(♣)'를 지정합니다.

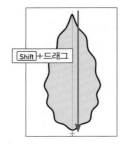 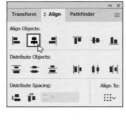 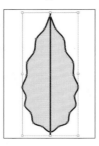

05 Pathfinder 패널에서 'Divide(🔲)'를 클릭한 후 Selection Tool(▶)로 분할된 오브젝트를 더블 클릭하여 Isolation Mode로 전환한 후 각각 선택하고 'Fill Color : C10M40Y80K40, C10M40Y80, Stroke Color : None'을 지정합니다.

06 Ellipse Tool(⬭)로 Shift를 누르면서 드래그하여 크기가 다른 3개의 정원을 겹치도록 그리고 'Fill Color : 임의 색상, Stroke Color : 임의 색상'을 지정합니다. Selection Tool(▶)로 왼쪽 오브젝트를 정원과 함께 선택하고 Pathfinder 패널에서 'Minus Front(🔲)'를 클릭합니다. 동일한 방법으로 오른쪽 오브젝트도 완료한 후 Esc를 눌러 정상 모드로 전환합니다.

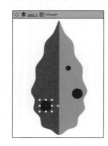  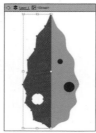 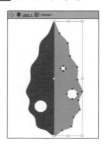

07 Pen Tool(✐)로 닫힌 패스를 그리고 'Fill Color : C10M40Y80K40, Stroke Color : None'을 지정하고 Ctrl+[를 눌러 뒤로 보내기를 합니다. Ctrl+A로 모두 선택하고 Scale Tool(🔲)을 더블 클릭하여 'Uniform : 65%'를 지정하고 [Copy]를 눌러 축소 복사합니다. Rotate Tool(🔄)을 더블 클릭하여 'Angle : -30°'를 지정하고 [OK]를 눌러 회전하여 배치합니다.

08 Rotate Tool()로 **Alt**를 누르면서 하단 고정점에 클릭하여 'Angle : 65°'를 지정하고 [Copy]를 눌러 회전하여 복사하고 배치합니다. **Ctrl**+**A**로 모두 선택하고 Rotate Tool(⟳)을 더블 클릭하여 'Angle : 30°'를 지정하고 [OK]를 눌러 회전합니다.

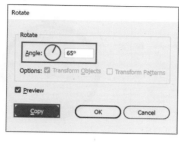

03 나침반 오브젝트 만들고 패턴 정의하기

01 Ellipse Tool(⬤)로 **Alt**를 누르면서 안내선의 교차 지점에 클릭하여 'Width : 18mm, Height : 18mm'를 입력하여 그리고 'Fill Color : K100, Stroke Color : None'을 지정합니다. Scale Tool(▦)을 더블 클릭하여 'Uniform : 90%'를 지정하고 [Copy]를 눌러 축소 복사한 후 'Fill Color : K20, Stroke Color : None'을 지정합니다.

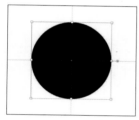
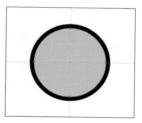

02 Scale Tool(▦)을 더블 클릭하여 'Uniform : 20%'를 지정하고 [Copy]를 눌러 축소 복사한 후 'Fill Color : C0M0Y0K0, Stroke Color : None'을 지정합니다. 계속해서 더블 클릭하여 'Uniform : 74%'를 지정하고 [Copy]를 눌러 축소 복사한 후 'Fill Color : K100, Stroke Color : None'을 지정합니다.

03 Ellipse Tool(⬤)로 **Alt**를 누르면서 수직의 안내선에 클릭하여 'Width : 3mm, Height : 3mm'를 입력하여 그리고 'Fill Color : K100, Stroke Color : None'을 지정합니다.

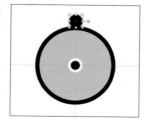

04 Rounded Rectangle Tool(▢)로 드래그하여 정원과 겹치도록 둥근 사각형을 그리고 'Fill Color : K100, Stroke Color : None'을 지정합니다. Selection Tool(▶)로 6개의 오브젝트를 함께 선택하고 Align 패널에서 'Horizontal Align Center(▥)'를 지정합니다.

  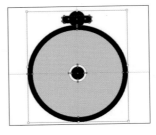

05 Line Segment Tool(╱)로 Shift를 누르면서 드래그하여 수직선을 그리고 'Fill Color : None, Stroke Color : K100'을 지정하고 Stroke 패널에서 'Weight : 1.5pt, Cap : Round Cap'을 지정합니다. [Object]-[Path]-[Outline Stroke]를 선택하고 선을 면으로 확장합니다.

06 Rotate Tool(⟳)로 Alt를 누르면서 안내선의 교차 지점에 클릭하여 'Angle : 30°'를 지정하고 [Copy]를 눌러 회전 복사한 후 Ctrl+D를 10번 눌러 반복하여 회전 복사합니다.

07 Star Tool(☆)로 안내선의 교차 지점에 클릭한 후 'Radius 1 : 6mm, Radius 2 : 1.5mm, Points : 4'를 입력하여 그리고 'Fill Color : C30M30Y40, Stroke Color : None'을 지정합니다. Ctrl+[를 여러 번 눌러 뒤로 보내기를 합니다.

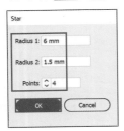 

08 Rotate Tool()을 더블 클릭하여 'Angle : 45°'를 지정하고 [Copy]를 눌러 회전 복사한 후 Scale Tool(⬚)을 더블 클릭하여 'Uniform : 65%'를 지정하고 [OK]를 눌러 축소하고 'Fill Color : C50M50Y60K20, Stroke Color : None'을 지정합니다. Ctrl+[[]를 눌러 뒤로 보내기를 합니다.

09 Rectangle Tool(▣)로 작업 도큐먼트를 클릭한 후 'Width : 25mm, Height : 25mm'를 지정하여 그리고 'Fill Color : C20M10Y80, Stroke Color : None을 지정합니다. Shift+Ctrl+[[]를 눌러 맨 뒤로 보내기를 합니다.

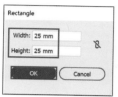

10 Selection Tool(▶)로 사각형을 제외한 나침반 오브젝트를 모두 선택하고 Ctrl+G로 그룹을 지정합니다. 사각형과 함께 선택하고 Align 패널에서 'Horizontal Align Center(⬚)'와 'Vertical Align Center(⬚)'를 클릭하여 가운데 정렬을 지정합니다.

11 [Object]-[Pattern]-[Make]를 선택하고 Pattern Options에서 'Name : 나침반'을 지정하고 패턴으로 등록합니다. Esc를 눌러 패턴의 편집 모드에서 정상 모드로 전환합니다.

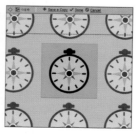

04 모자 오브젝트 만들고 그라디언트, 불규칙적인 점선 만들기

01 Rounded Rectangle Tool(▣)로 작업 도큐먼트에 클릭한 후 'Width : 21mm, Height : 25mm, Corner Radius : 7mm'를 입력하여 그리고 'Fill Color : 임의 색상, Stroke Color : 임의 색상'을 지정합니다. Ellipse Tool(◉)로 작업 도큐먼트를 클릭하여 'Width : 38mm, Height : 24mm'를 입력하여 그리고 'Fill Color : None, Stroke Color : 임의 색상'을 지정하고 겹치도록 배치합니다.

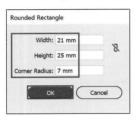  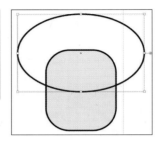

02 [Object]-[Transform]-[Move]를 선택하고 'Horizontal : 0mm, Vertical : 3mm'를 지정하고 [Copy]를 눌러 아래쪽으로 이동하여 복사합니다.

03 Selection Tool(▶)로 3개의 오브젝트를 선택하고 Pathfinder 패널에서 'Divide(▣)'를 클릭하고 분할된 오브젝트를 더블 클릭하여 Isolation Mode로 전환합니다. [Shift]를 누른 채 불필요한 오브젝트를 함께 선택하고 [Delete]를 눌러 삭제합니다. 하단 오브젝트를 선택하고 'Fill Color : C60M60Y70K50, Stroke Color : None'을 지정한 후 [Esc]를 눌러 정상 모드로 전환합니다.

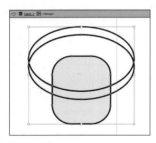 

04 Ellipse Tool(◉)로 작업 도큐먼트를 클릭한 후 'Width : 51mm, Height : 22mm'를 입력하여 그리고 'Fill Color : 임의 색상, Stroke Color : 임의 색상'을 지정하고 [Ctrl]+[[]를 눌러 뒤로 보내기를 합니다. Direct Selection Tool(▷)로 고정점과 곡선의 핸들을 각각 조절하여 패스를 변형합니다.

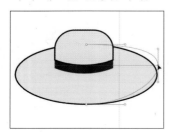  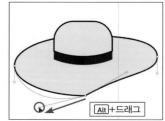

05 Selection Tool(▶)로 Alt 를 누르면서 변형된 오브젝트를 위쪽으로 드래그하여 복사합니다. 하단 오브젝트를 선택하고 'Fill Color : C30M60Y80K20, Stroke Color : None'을 지정합니다.

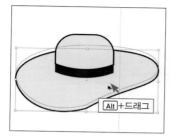 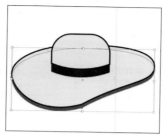

06 Selection Tool(▶)로 상단 모자챙 오브젝트를 선택하고 Gradient 패널에서 'Type : Linear Gradient, Angle : 0°'를 적용하고 Gradient Slider의 왼쪽 'Color Stop'을 더블 클릭하여 C10M20Y90을, 오른쪽 'Color Stop'을 더블 클릭하여 C30M50Y100을 적용한 후, 'Stroke Color : None'을 지정합니다. Direct Selection Tool(▷)로 상단 오브젝트를 선택하고 동일한 그라디언트를 적용하고 Gradient 패널에서 'Angle : −90°'를 적용합니다.

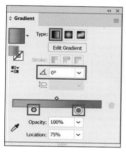  

합격생의 비법

도큐먼트의 오브젝트에 적용된 색상과 동일한 색상 빠르게 지정하기
오브젝트를 선택한 후 Eyedropper Tool(✐)로 이미 색상이 적용된 오브젝트를 클릭합니다.

07 Pen Tool(✎)로 드래그하여 모자 끈 모양의 열린 곡선 패스를 그린 후 'Fill Color : None, Stroke Color : K100'을 지정하고 Stroke 패널에서 'Weight : 4pt, Profile : Width Profile 2'를 지정합니다. [Object]-[Path]-[Outline Stroke]를 선택하고 선을 면으로 확장한 후 Shift + Ctrl + [ ] 를 눌러 맨 뒤로 보내기를 합니다.

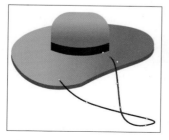  

08 Selection Tool(▶)로 그라디언트가 적용된 모자 챙 오브젝트를 선택하고 [Object]−[Path]−[Offset Path]를 선택하고 'Offset : −1mm'를 지정하고 [OK]를 클릭한 후 'Fill Color : None, Stroke Color : K100'을 지정합니다. Stroke 패널에서 'Weight : 1pt, Dashed Line : 체크, dash : 3pt, gap : 8pt, dash : 2pt'를 지정합니다.

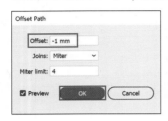  

09 Selection Tool(▶)로 도큐먼트 상단의 오른쪽 나뭇잎 오브젝트를 선택하고 Ctrl+C로 복사한 후 모자 상단 오브젝트를 더블 클릭하여 Isolation Mode로 전환한 후 Ctrl+V로 붙여넣기를 합니다. Pathfinder 패널에서 'Unite(🔲)'를 클릭하고 'Fill Color : C10M80Y90K30, Stroke Color : None'을 지정합니다.

 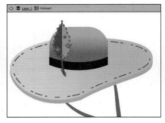 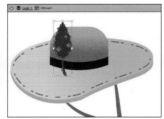

10 Rotate Tool(↻)을 더블 클릭하여 'Angle : 10°'를 지정하고 [OK]를 눌러 회전하고 배치합니다. 하단 오브젝트를 선택하고 Ctrl+]를 눌러 앞으로 가져오기를 하고 Esc를 눌러 정상 모드로 전환합니다.

05 문자 입력하기

01 Type Tool(T)로 작업 도큐먼트를 클릭한 후 Character 패널에서 'Set font family : Times New Roman, Set font style : Bold, Set font size : 6pt'를 설정하고 'Fill Color : C20M10Y80, Stroke Color : None'을 지정한 후 FOREST를 입력합니다.

 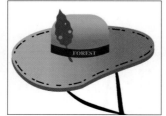

06 배낭 오브젝트 만들고 규칙적인 점선 만들기

01 Rectangle Tool(▣)로 작업 도큐먼트를 클릭한 후 'Width : 33mm, Height : 40mm'를 지정하여 그리고 'Fill Color : C80M40Y20, Stroke Color : None'을 지정합니다. Direct Selection Tool(▷)로 드래그하여 하단 2개의 고정점을 선택하고 Scale Tool(⬚)을 더블 클릭하여 'Uniform : 113%'를 지정하고 [OK]를 눌러 패스를 확대합니다.

02 Rounded Rectangle Tool(▣)로 작업 도큐먼트를 클릭한 후 'Width : 39mm, Height : 12.5mm, Corner Radius : 3mm'를 지정하여 그리고 'Fill Color : C80M50Y90K40, Stroke Color : None'을 지정하고 하단에 배치합니다. [Object]-[Transform]-[Move]를 선택하고 'Horizontal : 0mm, Vertical : -4.5mm'를 입력하고 [Copy]를 클릭하고 이동하여 복사한 후 'Fill Color : 임의 색상, Stroke Color : None'을 지정합니다.

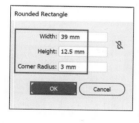 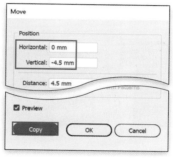 

03 Rounded Rectangle Tool(▣)로 작업 도큐먼트를 클릭한 후 'Width : 47mm, Height : 9.5mm, Corner Radius : 5mm'를 지정하여 그리고 'Fill Color : C10M50Y90, Stroke Color : 임의 색상'을 지정하고 상단에 배치합니다.

04 Selection Tool(▶)로 Alt를 누르면서 왼쪽 상단으로 드래그하여 복사하여 배치합니다. Selection Tool(▶)로 2개의 오브젝트를 함께 선택하고 Pathfinder 패널에서 'Divide(▣)'를 클릭한 후 더블 클릭하여 Isolation Mode로 전환합니다. 불필요한 오브젝트를 선택하고 Delete를 눌러 삭제합니다. 하단 오브젝트를 선택하고 'Fill Color : C10M50Y90K30'을 지정한 후 Ctrl + A로 모두 선택하고 'Stroke Color : None'을 지정한 후 Esc를 눌러 정상 모드로 전환합니다.

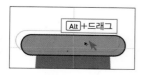  

05 Rectangle Tool(▣)로 작업 도큐먼트를 클릭한 후 'Width : 28mm, Height : 20mm'를 지정하여 그리고 'Fill Color : C80M50Y90K40, Stroke Color : None'을 지정합니다.

06 Add Anchor Point Tool(✎)로 사각형 하단 중앙의 선분을 클릭하여 고정점을 추가하고 [Object]-[Transform]-[Move]를 선택하고 'Horizontal : 0mm, Vertical : 4mm'를 지정하고 [OK]를 눌러 아래로 이동합니다. Direct Selection Tool(▷)로 Shift 를 누르면서 사각형 하단 2개의 고정점을 선택하고 Scale Tool(🔲)을 더블 클릭하여 'Uniform : 113%'를 지정하고 [OK]를 눌러 패스를 확대합니다.

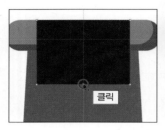 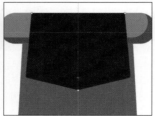

07 Direct Selection Tool(▷)로 선택된 2개의 고정점 안쪽의 ◉를 안쪽으로 드래그하여 둥근 정도를 조절합니다. Selection Tool(▶)로 오브젝트를 선택하고 Alt + Shift 를 누르면서 위쪽으로 드래그하여 복사한 후 'Fill Color : C90M70Y30K10, Stroke Color : None'을 지정합니다.

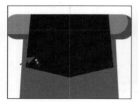  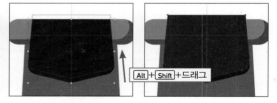

08 [Object]-[Path]-[Offset Path]를 선택하고 'Offset : -1mm'를 지정하고 [OK]를 클릭한 후 'Fill Color : None, Stroke Color : K50'을 지정하고 Stroke 패널에서 'Weight : 1pt, Dashed Line : 체크, dash : 3pt'를 지정합니다. Direct Selection Tool(▷)로 상단의 선분을 선택하고 Delete 를 눌러 삭제한 후 열린 점선 패스의 끝 고정점을 각각 선택하고 길이를 각각 조절합니다.

09 Rounded Rectangle Tool(⬛)로 드래그하여 둥근 사각형을 그리고 'Fill Color : None, Stroke Color : K100'을 지정하고 Stroke 패널에서 'Weight : 7pt'를 지정합니다. [Object]－[Path]－[Outline Stroke]를 선택하고 선을 면으로 확장한 후 Shift + Ctrl + [ ]를 눌러 맨 뒤로 보내기를 합니다.

10 Rectangle Tool(⬛)로 작업 도큐먼트를 클릭한 후 'Width : 2.5mm, Height : 25mm'를 입력하여 그리고 'Fill Color : C40M70Y90K50, Stroke Color : None'을 지정합니다. Direct Selection Tool(▷)로 사각형 하단 2개의 고정점을 선택한 후, 선택된 고정점 안쪽의 ◉를 안쪽으로 드래그하여 둥근 정도를 조절하고 왼쪽 하단으로 이동하여 패스를 변형합니다.

11 Rounded Rectangle Tool(⬛)로 작업 도큐먼트를 클릭한 후 'Width : 4.5mm, Height : 5.5mm, Corner Radius : 2mm'를 입력하여 둥근 사각형을 겹치도록 그리고 'Fill Color : None, Stroke Color : K20'을 지정하고 Stroke 패널에서 'Weight : 2pt'을 지정합니다. Line Segment Tool(╱)로 Shift 를 누르면서 드래그하여 수평선을 그리고 'Fill Color : None, Stroke Color : K20'을 지정하고 Stroke 패널에서 'Weight : 2pt'을 지정한 후 Shift + Ctrl + [ ]를 눌러 맨 뒤로 보내기를 합니다.

12 Selection Tool(▶)로 2개의 오브젝트를 함께 선택하고 Align 패널에서 'Horizontal Align Center(▣)'와 'Vertical Align Center(▦)'를 클릭하여 가운데 정렬을 지정한 후 [Object]-[Path]-[Outline Stroke]를 선택하고 선을 면으로 확장합니다.

13 Selection Tool(▶)로 3개의 오브젝트를 함께 선택하고 Ctrl+G를 눌러 그룹을 지정합니다. Rotate Tool(↻)을 더블 클릭하여 'Angle : −6°'를 지정하고 [OK]를 눌러 회전하여 배치합니다.

14 Pen Tool(✒)로 드래그하여 2개의 열린 곡선 패스를 그리고 'Fill Color : None, Stroke Color : C40M70Y80K20'을 지정하고 Stroke 패널에서 'Weight : 13pt'를 지정합니다. 계속해서 열린 곡선 패스를 하단에 그리고 'Fill Color : None, Stroke Color : K100'을 지정하고 Stroke 패널에서 'Weight : 6pt'를 지정합니다. Selection Tool(▶)로 2개의 열린 패스를 함께 선택하고 [Object]-[Path]-[Outline Stroke]를 선택하고 선을 면으로 확장한 후 Shift+Ctrl+[]를 눌러 맨 뒤로 보내기를 합니다.

15 Selection Tool(▶)로 그룹으로 지정된 오브젝트와 함께 선택하고 Reflect Tool(◀▶)로 Alt 를 누르면서 수직의 안내선에 클릭하여 'Axis : Vertical'을 지정하고 [Copy]를 눌러 복사한 후 배낭 끈은 Shift+Ctrl+[]를 눌러 맨 뒤로 보내기를 합니다.

07 불투명도와 오브젝트 변형하기

01 Rectangle Tool(▢)로 작업 도큐먼트를 클릭한 후 'Width : 23mm, Height : 15mm'를 입력하여 그리고 'Fill Color : C0M0Y0K0, Stroke Color : None'을 지정합니다. Direct Selection Tool(▷)로 Shift 를 누르면서 사각형 하단 2개의 고정점을 선택한 후 선택된 고정점 안쪽의 ◉를 안쪽으로 드래그하여 둥근 정도를 조절합니다.

02 [Object]–[Path]–[Offset Path]를 선택하고 'Offset : −1mm'를 지정하고 [OK]를 클릭한 후 'Fill Color : None, Stroke Color : K50'을 지정하고 Stroke 패널에서 'Weight : 1pt, Dashed Line : 체크, dash : 3pt'를 지정합니다. Selection Tool(▶)로 바깥쪽 오브젝트를 선택하고 Transparency 패널에서 'Opacity : 60%'를 지정합니다.

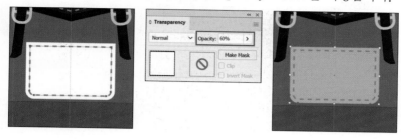

03 Selection Tool(▶)로 3개의 나뭇잎 오브젝트를 선택하고 [Ctrl]+[C]로 복사하고 [Ctrl]+[V]로 붙여 넣기를 합니다. Reflect Tool(▷◁)을 더블 클릭하여 'Axis : Vertical'을 지정하고 [OK]를 눌러 뒤집은 후 Scale Tool(⬚)을 더블 클릭하여 'Uniform : 75%'를 지정하고 [OK]를 눌러 축소합니다.

04 [Object]–[Path]–[Offset Path]를 선택하고 'Offset : 1mm'를 지정하고 [OK]를 눌러 오브젝트를 확장합니다. Pathfinder 패널에서 'Unite(■)'를 클릭하여 합치고 'Fill Color : C20M10Y80, Stroke Color : None'을 지정합니다. Selection Tool(▶)로 나뭇잎 오브젝트를 모두 선택하고 [Shift]+[Ctrl]+[G]를 2번 눌러 그룹을 해제합니다.

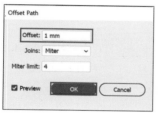

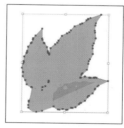

05 Selection Tool(▶)로 'Fill Color : C20M10Y80, Stroke Color : None'을 지정한 오브젝트를 선택하고 [Shift]+[Ctrl]+[[]를 눌러 맨 뒤로 보내기를 합니다. Selection Tool(▶)로 나뭇잎 오브젝트를 모두 선택하고 [Ctrl]+[G]를 눌러 그룹을 지정하고 불투명도가 적용된 오브젝트와 겹치도록 배치한 후 [Ctrl]+[[]를 여러 번 눌러 뒤로 보내기를 하고 배치합니다.

08 패턴 적용 및 변형하기

01 Selection Tool(▶)로 하단 오브젝트를 선택하고 Swatches 패널에 등록된 나침반 패턴을 클릭하여 면 색상에 적용합니다.

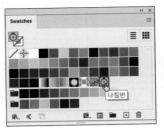 

02 Scale Tool(⬚)을 더블 클릭하고 'Uniform : 20%, Transform Objects : 체크 해제, Transform Patterns : 체크'를 지정하여 패턴의 크기만을 축소합니다. Rotate Tool(↻)을 더블 클릭하여 'Angle : 45°, Transform Objects : 체크 해제, Transform Patterns : 체크'를 지정하여 패턴을 회전합니다.

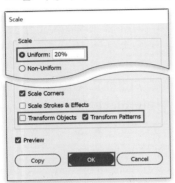 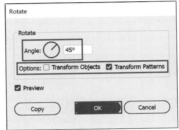 

03 Pen Tool(✎)로 드래그하여 닫힌 패스를 그리고 'Fill Color : C0M0Y0K0, Stroke Color : None'을 지정한 후 Transparency 패널에서 'Opacity : 60%'를 지정합니다.

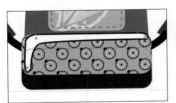 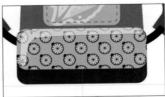

09 정렬과 간격 일정하게 한 후 그룹 지정하기

01 Ellipse Tool(◯)로 작업 도큐먼트를 클릭한 후 'Width : 18mm, Height : 12mm'를 입력하여 그리고 'Fill Color : C40K30, Stroke Color : None'을 지정합니다.

02 Selection Tool(▶)로 나뭇잎 모양의 왼쪽 오브젝트를 선택하고 Ctrl + C 로 복사하고 Ctrl + V 로 붙여 넣기를 한 후 Scale Tool(⬚)을 더블 클릭하고 'Uniform : 30%, Transform Objects : 체크, Transform Patterns : 체크 해제'를 지정하여 축소합니다. Rotate Tool(↻)을 더블 클릭하여 'Angle : -30°'를 지정하여 회전합니다.

03 Pathfinder 패널에서 'Unite(◼)'를 클릭한 후 'Fill Color : C90M70Y30K10, Stroke Color : None'을 지정합니다. Selection Tool(▶)로 Alt + Shift 를 누르면서 오른쪽으로 드래그하여 복사하고 Ctrl + D 를 눌러 반복 복사합니다. 3개의 나뭇잎 오브젝트를 선택하고 Ctrl + G 로 그룹을 지정합니다.

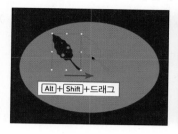 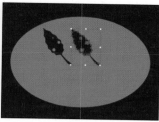 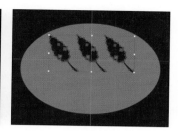

⑩ 문자 입력하기

01 Type Tool(T)로 작업 도큐먼트를 클릭한 후 Character 패널에서 'Set font family : Arial, Set font style : Bold, Set font size : 5pt'를 설정하고 Paragraph 패널에서 'Align center(≡)'를 지정하고 'Fill Color : C40M70Y90K50, Stroke Color : None'을 지정한 후 ADVENTURE TIME을 입력합니다.

⑪ 저장하기

01 [View]-[Guides]-[Hide Guides](Ctrl + ;)를 선택하여 안내선을 숨기고 [View]-[Fit Artboard in Window](Ctrl + 0)를 선택하여 현재 창에 맞추기를 합니다.

02 [File]-[Save As]를 선택하고 '저장 위치 : 내 PC₩문서₩GTQ, 파일 형식 : Adobe Illustrator(*AI), 파일 이름 : 수험번호-성명-문제번호.ai'를 확인하고 [저장]을 클릭한 후 [Illustrator Options] 대화상자에서 'Version : Illustrator 2020'으로 설정하고 [OK]를 클릭합니다.

03 답안 저장이 완료가 되면 [File]-[Exit](Ctrl + Q)를 선택하여 일러스트레이터 프로그램을 종료하고 수험 프로그램에서 [답안 전송]을 클릭하여 감독관 컴퓨터로 전송합니다.

기출 유형 문제 03회

동영상 무료

급수	문제유형	시험시간	수험번호	성명
2급	A	90분	G123456789	

수 험 자 유 의 사 항

- 수험자는 문제지를 받는 즉시 응시하고자 하는 과목 및 급수가 맞는지 확인한 후 수험번호와 성명을 작성합니다.
- 파일명은 본인의 "수험번호–성명–문제번호"로 공백 없이 정확히 입력하고 답안폴더(내 PC₩문서₩GTQ)에 ai 파일 포맷으로 저장해야 하며, 다른 파일 형식으로 저장하였을 경우 0점 처리됩니다. 답안문서 파일명이 "수험번호–성명–문제번호"와 일치하지 않거나, 답안 파일을 전송하지 않아 미제출로 처리될 경우 불합격 처리됩니다.
- 수험자 정보와 저장한 파일명, 저장 위치가 다를 경우 전송이 되지 않으므로, 주의하시기 바랍니다.
- 답안 작성 중에도 주기적으로 '저장'과 '답안 전송'을 이용하여 감독위원 PC로 답안을 전송하셔야 합니다. (※ 작업한 내용을 저장하지 않고 전송할 경우 이전의 저장내용이 전송되오니 이점 반드시 유념하시기 바랍니다.)
- 답안문서는 지정된 경로 외의 다른 보조기억장치에 저장하는 행위, 지정된 시험 시간 외에 작성된 파일을 활용한 행위, 기타 통신수단(이메일, 메신저, 네트워크 등)을 이용하여 타인에게 전달 또는 외부 반출하는 행위는 부정으로 간주되어 자격기본법 제32조에 의거 본 시험 및 국가공인 자격시험을 2년간 응시할 수 없습니다.
- 시험 중 부주의 또는 고의로 시스템을 파손한 경우와 〈수험자 유의사항〉에 기재된 방법대로 이행하지 않아 생기는 불이익은 수험자의 책임임을 알려 드립니다.
- 시험을 완료한 수험자는 최종적으로 저장한 답안파일이 전송되었는지 확인한 후 감독위원의 지시에 따라 문제지를 제출하고 퇴실합니다.

답 안 작 성 요 령

- 온라인 답안 작성 절차
  수험자 등록 ⇒ 시험 시작 ⇒ 답안파일 저장 ⇒ 답안 전송 ⇒ 시험 종료
- 배점은 총 100점으로 이루어지며, 점수는 각 문제별로 차등 배분됩니다.
- 각 문제는 제시된 조건에 맞게 답안을 작성하셔야 하며, 조건을 지키지 못했을 경우에는 0점 또는 감점 처리됩니다.
- 조건에서 주어진 단위는 'mm(밀리미터)'입니다. 눈금자는 작성하지 않으며, 그 외는 출력형태(레이아웃, 색상, 문자, 규격 등)와 같게 작업하십시오.
- 문제 조건에 서체의 지정이 없을 경우 한글은 굴림이나 돋움, 영문은 Arial로 작업하십시오. (단, 그 외 제시되지 않은 문자 속성을 기본값으로 작성하지 않은 경우는 감점 처리됩니다.)
- 문제 조건에 크기와 색상, 두께의 지정이 없을 경우 《출력형태》를 참고하여 작업해 주시기 바랍니다.
- Image Mode(이미지 모드)는 별도의 처리조건이 없을 경우에는 CMYK로 작업하십시오.
- 조건에서 제시한 기능을 임의로 합치거나 각 기능에 대한 속성을 해지할 경우 해당 요소는 0점 처리됩니다.

한 국 생 산 성 본 부

다음의 《조건》에 따라 아래의 《출력형태》와 같이 작업하시오.

조건

파일저장규칙	AI	파일명	문서\GTQ\수험번호-성명-1.ai
		크기	100 × 80mm

1. 작업 방법
① 도형, 변형 툴과 Pathfinder 기능을 활용하여 오브젝트를 작성한다.
② 그 외 《출력형태》 참조

출력형태

C10M50Y70,
C60M80Y80K50,
Y20K10,
K100,
C0M0Y0K0,
C10M60Y70K10,
M20Y30K10,
C10M50Y70K30,
M40Y50K20,
(선/획) M50Y80, 1pt,
K100, 1pt

다음의 《조건》에 따라 아래의 《출력형태》와 같이 작업하시오.

조건

파일저장규칙	AI	파일명	문서₩GTQ₩수험번호-성명-2.ai
		크기	100 × 80mm

1. 작업 방법

① 'HAPPY SAPARI' 문자에 Arial (Bold) 폰트를 적용한다.
② 'Welcome to the Jungle' 문자에 Type on a Path Tool을 활용한다.
③ Brush는 《출력형태》를 참고하여 작성한다.
④ Effect는 《출력형태》를 참고하여 작성한다.
⑤ 그 외 《출력형태》 참조

2. 문자 효과

① Welcome to the Jungle (Arial, Bold, 9pt, M70Y100)

출력형태

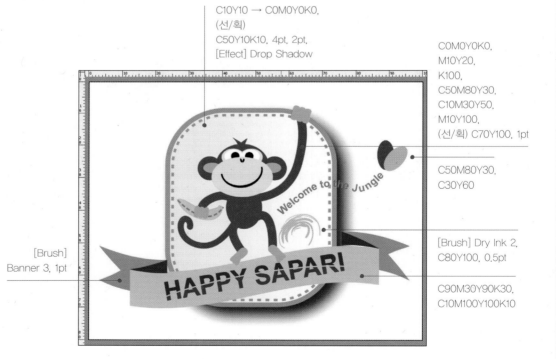

C10Y10 → C0M0Y0K0,
(선/획)
C50Y10K10, 4pt, 2pt,
[Effect] Drop Shadow

C0M0Y0K0,
M10Y20,
K100,
C50M80Y30,
C10M30Y50,
M10Y100,
(선/획) C70Y100, 1pt

C50M80Y30,
C30Y60

[Brush]
Banner 3, 1pt

[Brush] Dry Ink 2,
C80Y100, 0.5pt

C90M30Y90K30,
C10M100Y100K10

문제 3 : 어플리케이션 디자인 40점

다음의 《조건》에 따라 아래의 《출력형태》와 같이 작업하시오.

조건

파일저장규칙	AI	파일명	문서₩GTQ₩수험번호-성명-3.ai
		크기	120 × 80mm

1. 작업 방법

① 도형 툴로 오브젝트를 제작한 후 Pattern을 활용하여 작성한다. (패턴 등록 : 감자튀김)
② 컵 중앙의 도형에는 규칙적인 점선을, 포장 봉투에는 불규칙한 점선을 설정한다.
③ 포장 봉투에 Pattern을 적용한다.
④ 컵 중앙에 배치된 오브젝트는 정렬, 간격을 일정하게 한 후 Group 설정한다.
⑤ 그 외 《출력형태》 참조

2. 문자 효과

① TASTY! (Arial, Black, 10pt, K100)
② HOMEMADE (Arial, Black, 15pt, C20M100Y90K20)

출력형태

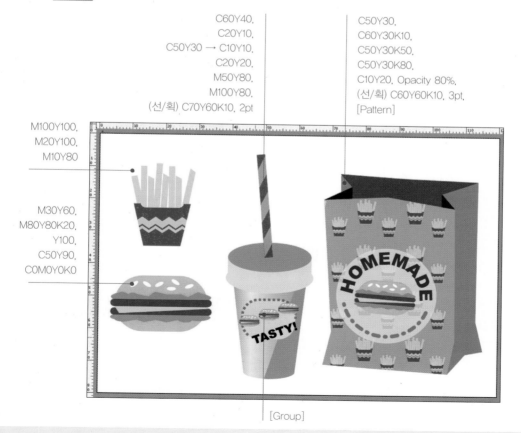

C60Y40,
C20Y10,
C50Y30 → C10Y10,
C20Y20,
M50Y80,
M100Y80,
(선/획) C70Y60K10, 2pt

C50Y30,
C60Y30K10,
C50Y30K50,
C50Y30K80,
C10Y20, Opacity 80%,
(선/획) C60Y60K10, 3pt,
[Pattern]

M100Y100,
M20Y100,
M10Y80

M30Y60,
M80Y80K20,
Y100,
C50Y90,
C0M0Y0K0

[Group]

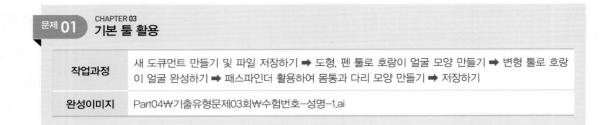

작업과정	새 도큐먼트 만들기 및 파일 저장하기 ➡ 도형, 펜 툴로 호랑이 얼굴 모양 만들기 ➡ 변형 툴로 호랑이 얼굴 완성하기 ➡ 패스파인더 활용하여 몸통과 다리 모양 만들기 ➡ 저장하기
완성이미지	Part04₩기출유형문제03회₩수험번호-성명-1.ai

01 새 도큐먼트 만들기 및 파일 저장하기

01 [File]-[New]를 선택하고 'Width : 100mm, Height : 80mm, Units : Millimeters, Color Mode : CMYK'를 설정하여 새 도큐먼트를 만들고 [View]-[Rulers]-[Show Rulers] (Ctrl+R)를 선택하여 눈금자를 표시합니다.

02 작품의 규격 왼쪽 상단에 원점(0,0)을 확인하고 왼쪽과 상단 눈금자 위에서 마우스로 각각 드래그하여 제시된 출력형태와 레이아웃 구성이 동일하게 안내선을 표시합니다.

03 작업 도큐먼트를 저장하기 위해 [File]-[Save As]를 선택하고 '저장 위치 : 내 PC₩문서₩ GTQ, 파일 형식 : Adobe Illustrator(*AI), 파일 이름 : 수험번호-성명-문제번호'를 입력하고 [저장]을 클릭한 후 [Illustrator Options] 대화상자에서 'Version : Illustrator 2020' 으로 설정하고 [OK]를 클릭합니다.

02 도형, 펜 툴로 호랑이 얼굴 모양 만들기

01 Pen Tool(✏)로 세로 안내선을 기준으로 호랑이 얼굴의 왼쪽 모양을 그리고 'Fill Color : C10M50Y70, Stroke Color : None'을 지정합니다.

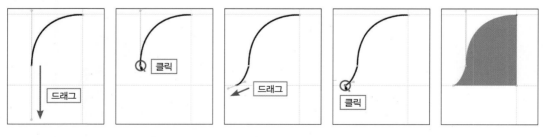

02 계속해서 Pen Tool(✏)로 열린 패스를 그리고 'Fill Color : None, Stroke Color : 임의 색상'을 지정합니다.

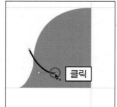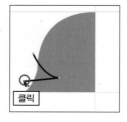

03 [Select]-[All]([Ctrl]+[A])로 모두 선택하고 Pathfinder 패널에서 'Divide(□)'를 클릭하여 면을 분할합니다. Selection Tool(▶)로 오브젝트를 더블 클릭한 후 Isolation Mode로 전환하여 선택하고 'Fill Color : C60M80Y80K50, Stroke Color : None'을 지정한 후 [Esc]를 눌러 정상 모드로 전환합니다.

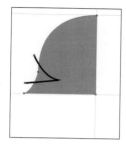  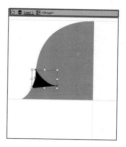

04 Pen Tool(✎)로 닫힌 패스를 그리고 'Fill Color : Y20K10, Stroke Color : None'을 지정합니다. 계속해서 Pen Tool(✎)로 눈썹 모양을 그리고 'Fill Color : K100, Stroke Color : None'을 지정합니다.

 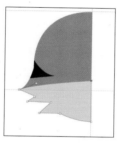  

05 Ellipse Tool(⬭)로 드래그하여 원을 그리고 'Fill Color : C0M0Y0K0, Stroke Color : K100'을 지정한 후 Stroke 패널에서 'Weight : 1pt'를 지정합니다. 계속해서 크기가 다른 3개의 원을 그리고 'Fill Color : K100, C0M0Y0K0, Stroke Color : None'을 각각 지정하여 눈 모양을 완성합니다.

06 Ellipse Tool(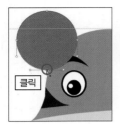)로 Shift를 누르면서 드래그하여 정원을 그리고 'Fill Color : C10M60Y70K10, Stroke Color : None'을 지정합니다. Direct Selection Tool(◢)로 Shift를 누르면서 하단과 오른쪽의 2개의 고정점을 선택한 후 Scale Tool(⊞)을 더블 클릭하여 'Uniform : 90%'를 지정합니다.

07 [Object]-[Path]-[Offset Path]를 선택한 후 'Offset : −3mm'를 지정하여 축소된 복사본을 만들고 'Fill Color : C60M80Y80K50, Stroke Color : M50Y80'을 지정합니다. Stroke 패널에서 'Weight : 1pt, Dashed Line : 체크, dash : 3pt'를 입력합니다.

08 Direct Selection Tool(◢)로 오른쪽 하단의 선분을 클릭하고 Delete를 눌러 삭제하여 열린 패스를 만듭니다. Selection Tool(▶)로 2개의 오브젝트를 선택하고 [Object]-[Arrange]-[Send to Back](Shift+Ctrl+[)으로 맨 뒤로 보내기를 합니다.

📀 변형 툴로 호랑이 얼굴 완성하기

01 [Select]–[All](**Ctrl**+**A**)로 모두 선택하고 Reflect Tool(🔳)로 **Alt**를 누르면서 세로 안내선을 클릭하여 'Axis : Vertical'을 지정하고 [Copy]를 눌러 복사합니다.

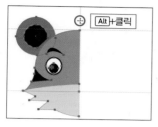

02 [View]–[Outline](**Ctrl**+**Y**)을 선택하고 윤곽선 보기를 하고 오른쪽 눈썹과 눈 모양 오브젝트를 드래그하여 모두 선택하고 왼쪽으로 이동하여 배치한 후 **Ctrl**+**Y**를 눌러 미리보기를 합니다.

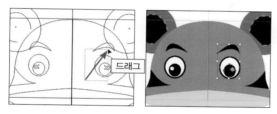

합격생의 비법

[View]–[Outline](**Ctrl**+**Y**)을 선택하고 윤곽선 보기를 하여 드래그하면 빠르게 여러 개의 오브젝트를 선택할 수 있습니다.

03 Polygon Tool(⬡)로 작업 도큐먼트를 클릭한 후 'Radius : 6mm, Sides : 3'을 입력하여 그리고 'Fill Color : C60M80Y80K50, Stroke Color : None'을 지정한 후, Selection Tool(▶)로 조절점의 상단 중간을 아래로 드래그하여 높이를 줄입니다.

04 Selection Tool(▶)로 **Alt**를 누르면서 아래로 드래그하여 삼각형을 복사합니다. [Object]–[Transform]–[Transform Again](**Ctrl**+**D**)을 선택하여 반복 복사합니다. Scale Tool(🔲)을 더블 클릭하여 'Uniform : 70%'를 지정하여 3번째 삼각형을 축소합니다.

05 Ellipse Tool()로 코의 위치에 드래그하여 타원을 그리고 'Fill Color : Y20K10, Stroke Color : None'을 지정합니다. Selection Tool(▶)로 Shift 를 누르면서 3개의 오브젝트를 동시에 선택하고 Pathfinder 패널에서 'Unite(▣)'를 클릭하여 합칩니다.

06 Group Selection Tool(▷)로 드래그하여 2개의 오브젝트를 함께 선택한 후 Pathfinder 패널에서 'Unite(▣)'를 클릭하여 합칩니다.

07 [View]-[Outline](Ctrl + Y)으로 윤곽선 보기를 하고 왼쪽 눈썹과 눈 모양 오브젝트를 드래그하여 모두 선택하고 [Object]-[Arrange]-[Bring to Front](Shift + Ctrl +])로 맨 앞으로 가져오기를 한 후 Ctrl + Y 를 눌러 미리보기를 합니다.

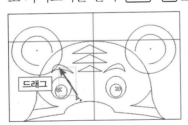
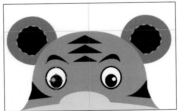

08 Ellipse Tool()로 드래그하여 임의 색상의 크기가 다른 2개의 타원을 겹치도록 그리고 Ctrl 과 Shift 를 동시에 누르면서 클릭하여 2개의 오브젝트를 선택한 후 Pathfinder 패널에서 'Unite(▣)'를 클릭하여 합칩니다.

09 Ellipse Tool(⬤)로 드래그하여 크기가 같은 2개의 타원을 겹쳐 그린 후 [Ctrl]과 [Shift]를 동시에 누르면서 클릭하여 3개의 오브젝트를 선택합니다. Pathfinder 패널에서 'Minus Front(⬚)'를 클릭하여 코 모양을 완성한 후 'Fill Color : K100, Stroke Color : None'을 지정합니다.

합격생의 비법

Ellipse Tool(⬤)로 드래그하여 타원을 그린 후, 작업 도큐먼트를 클릭하면 바로 전에 그린 타원의 크기가 대화상자에 입력되어 있어 [OK]를 눌러 연속해서 같은 크기의 타원을 그릴 수 있습니다.

10 Line Segment Tool(╱)로 [Shift]를 누르면서 드래그하여 코 하단에 수직선을 그린 후 'Fill Color : None, Stroke Color : K100'을 지정하고 Stroke 패널에서 'Weight : 1pt'를 지정합니다.

11 Ellipse Tool(⬤)로 드래그하여 타원을 그리고 'Fill Color : None, Stroke Color : K100'을 지정하고 Stroke 패널에서 'Weight : 1pt'를 지정합니다. Direct Selection Tool(▷)로 상단의 고정점을 클릭하여 선택하고 [Delete]를 눌러 삭제합니다.

04 패스파인더 활용하여 몸통과 다리 모양 만들기

01 Rounded Rectangle Tool(▢)로 키보드의 →를 누르면서 드래그하여 둥근 사각형을 그리고 'Fill Color : C10M50Y70, Stroke Color : K100'을 지정한 후 Stroke 패널에서 'Weight : 1pt'를 적용합니다. 계속해서 Pen Tool(✒)로 드래그하여 다리 모양을 그립니다.

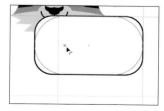 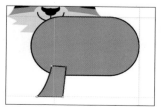

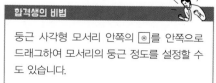

합격생의 비법

둥근 사각형 모서리 안쪽의 ◉를 안쪽으로 드래그하여 모서리의 둥근 정도를 설정할 수도 있습니다.

02 Ellipse Tool(⬤)로 드래그하여 타원을 그리고 'Fill Color : M20Y30K10, Stroke Color : K100'을 지정한 후 Stroke 패널에서 'Weight : 1pt'를 적용합니다. Selection Tool(▶)로 Alt 를 누르면서 드래그하여 복사한 후 [Object]-[Transform]-[Transform Again](Ctrl + D)으로 간격을 일정하게 유지하며 반복 복사합니다.

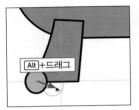 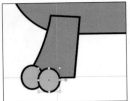 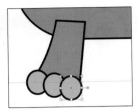

합격생의 비법

3개 이상의 오브젝트에 균등 간격 배분하기

Selection Tool(▶)로 첫 번째 타원과 세 번째 타원을 다리 모양 끝에 각각 배치한 후 3개의 타원을 동시에 선택하고 Align 패널에서 Horizontal Distribute Center(🔳)를 클릭하여 균등 간격으로 배분할 수도 있습니다.

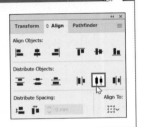

03 Selection Tool(▶)로 4개의 오브젝트를 함께 선택하고 Alt 를 누르면서 오른쪽으로 드래그하여 복사합니다. Selection Tool(▶)로 다리 모양을 모두 선택하고 Alt 를 누르면서 왼쪽 상단으로 드래그하여 복사한 후 [Object]-[Arrange]-[Send to Back](Shift + Ctrl + [ ])으로 맨 뒤로 보내기를 합니다.

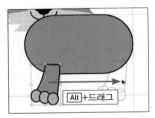  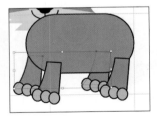

04 Selection Tool(▶)로 2개의 다리 모양을 함께 선택하고 'Fill Color : C10M50Y70K30'을 지정한 후 뒤쪽의 6개의 타원을 함께 선택하여 'Fill Color : M40Y50K20'을 지정합니다. Selection Tool(▶)로 둥근 사각형과 앞쪽 2개의 다리 모양을 함께 선택하고 Pathfinder 패널에서 'Unite(◼)'를 클릭하여 합칩니다.

 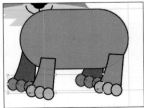 

05 Pen Tool(✐)로 열린 패스를 그리고 'Fill Color : None, Stroke Color : 임의 색상'을 지정합니다. Selection Tool(▶)로 열린 패스를 선택하고 Alt 를 누르면서 오른쪽으로 드래그하여 복사한 후 Ctrl + D 를 눌러 간격을 일정하게 유지하며 반복 복사합니다.

 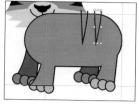 

06 Selection Tool(▶)로 가운데 열린 패스를 선택하고 조절점의 하단 중앙을 아래쪽으로 드래그하여 높이를 조절합니다.

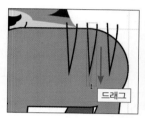 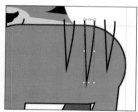

합격생의 비법

Selection Tool(▶)로 오브젝트를 선택하면 오브젝트의 외곽에 여덟 개의 조절점이 표시되어 크기와 회전을 조절할 수 있습니다. 조절점이 표시되지 않을 때는 [View]-[Show Bounding Box](Shift + Ctrl + B)를 선택합니다.

07 Selection Tool(▶)로 몸통 오브젝트와 3개의 열린 패스를 함께 선택하고 Pathfinder 패널에서 'Divide(▣)'를 클릭하여 면을 분할합니다.

합격생의 비법

'Divide'를 할 때는 열린 패스를 오브젝트 영역 밖으로 넉넉하게 그려야 면 분할이 확실하게 됩니다.

08 Selection Tool(▶)로 분리된 오브젝트를 더블 클릭하여 Isolation Mode로 전환하고 3개의 오브젝트를 선택하고 'Fill Color : C60M80Y80K50'을 지정한 후 Esc 를 눌러 정상 모드로 전환합니다.

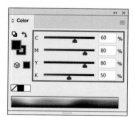  

09 Selection Tool(▶)로 앞쪽 6개의 타원을 제외한 몸통과 다리 모양을 함께 선택하고 [Object]−[Arrange]−[Send to Back]([Shift]+[Ctrl]+[[])으로 맨 뒤로 보내기를 합니다.

10 Pen Tool(✎)로 곡선 패스로 꼬리 모양을 그리고 Stroke 패널에서 'Weight : 10pt, Cap : Round Cap'을 설정합니다. [Object]−[Path]−[Outline Stroke]로 선을 면으로 확장한 후 'Fill Color : C10M50Y70K30, Stroke Color : K100'을 지정하고 Stroke 패널에서 'Weight : 1pt'를 적용합니다.

11 [Object]−[Arrange]−[Send to Back]([Shift]+[Ctrl]+[[])으로 맨 뒤로 보내기를 한 후 Knife (✎)로 드래그하여 꼬리 끝 부분을 분할하고 'Fill Color : C60M80Y80K50'을 지정합니다.

 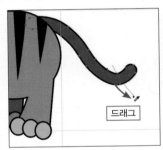 

05 저장하기

01 [View]−[Guides]−[Hide Guides]([Ctrl]+[;])를 선택하여 안내선을 숨기고 [View]−[Fit Artboard in Window]([Ctrl]+[0])를 선택하여 현재 창에 맞추기를 합니다.

02 [File]−[Save As]를 선택하고 '저장 위치 : 내 PC₩문서₩GTQ, 파일 형식 : Adobe Illustrator(*AI), 파일 이름 : 수험번호−성명−문제번호.ai'를 확인하고 [저장]을 클릭한 후 [Illustrator Options] 대화상자에서 'Version : Illustrator 2020'으로 설정하고 [OK]를 클릭합니다.

03 답안 저장이 완료가 되면 [File]−[Close]([Ctrl]+[W])를 선택하여 파일을 닫고 수험 프로그램에서 [답안 전송]을 클릭하여 감독관 컴퓨터로 전송합니다.

작업과정	새 도큐먼트 만들기 및 파일 저장하기 ➡ 그라디언트와 점선 적용하여 오브젝트 만들기 ➡ 리본 모양 배너 브러쉬 적용하기 ➡ 원숭이 캐릭터 만들기 ➡ 브러쉬 적용과 곡선을 따라 흐르는 문자 입력하기 ➡ 문자 오브젝트 만들기 ➡ 저장하기
완성이미지	Part04₩기출유형문제03회₩수험번호−성명−2.ai

01 새 도큐먼트 만들기 및 파일 저장하기

01 [File]−[New]를 선택하고 'Width : 100mm, Height : 80mm, Units : Millimeters, Color Mode : CMYK'를 설정하여 새 도큐먼트를 만들고 [View]−[Rulers]−[Show Rulers] (Ctrl+R)를 선택하여 눈금자를 표시합니다.

02 작품의 규격 왼쪽 상단에 원점(0,0)을 확인하고 왼쪽과 상단 눈금자 위에서 마우스로 각각 드래그하여 제시된 출력형태와 레이아웃 구성이 동일하게 안내선을 표시합니다.

03 작업 도큐먼트를 저장하기 위해 [File]−[Save As]를 선택하고 '저장 위치 : 내 PC₩문서₩ GTQ, 파일 형식 : Adobe Illustrator(*AI), 파일 이름 : 수험번호−성명−문제번호'를 입력하고 [저장]을 클릭한 후 [Illustrator Options] 대화상자에서 'Version : Illustrator 2020' 으로 설정하고 [OK]를 클릭합니다.

02 그라디언트와 점선 적용하여 오브젝트 만들기

01 Rounded Rectangle Tool(▣)로 작업 도큐먼트를 클릭한 후 'Width : 50mm, Height : 60mm, Corner Radius : 17mm'를 입력하여 그리고 'Fill Color : 임의 색상, Stroke Color : C50Y10K10'을 지정한 후 Stroke 패널에서 'Weight : 4pt'를 적용합니다.

02 Gradient 패널에서 Fill을 클릭하고 'Type : Linear Gradient, Angle : 0°'를 적용하고 Gradient Slider의 왼쪽 'Color Stop'을 더블 클릭하여 C10Y10을 적용하고 오른쪽 'Color Stop'을 더블 클릭하여 C0M0Y0K0을 적용합니다.

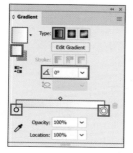
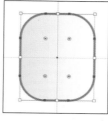

03 [Object]-[Path]-[Offset Path]를 선택한 후 'Offset : -1.5mm'를 지정하여 축소된 복사본을 만든 후 Stroke 패널에서 'Weight : 2pt, Dashed Line : 체크, dash : 3pt, gap : 4pt'를 입력하여 점선을 그려 배치합니다.

  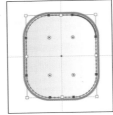

04 Selection Tool(▶)로 바깥쪽 둥근 사각형을 선택한 후 [Effect]-[Illustrator Effects]-[Stylize]-[Drop Shadow]를 선택하고 'Opacity : 75%, X Offset : 2.47mm, Y Offset : 2.47mm, Blur : 1.76mm'를 지정하여 그림자 효과를 적용한 후 도큐먼트의 빈 곳을 클릭하여 선택을 해제합니다.

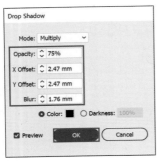 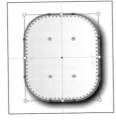

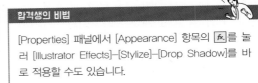

합격생의 비법

[Properties] 패널에서 [Appearance] 항목의 fx 를 눌러 [Illustrator Effects]-[Stylize]-[Drop Shadow]를 바로 적용할 수도 있습니다.

03 리본 모양 배너 브러쉬 적용하기

01 Brushes 패널 하단의 'Brush Libraries Menu'를 클릭하고 [Decorative]-[Decorative_Banners and Seals]를 선택하여 추가 브러쉬 패널을 불러온 후 'Banner 3'을 선택합니다.

02 Line Segment Tool(/)로 작업 도큐먼트에 클릭한 후 'Length : 93mm, Angle : 0°'를 지정하여 수평선을 그리고 Brushes 패널에서 'Banner 3' 브러쉬를 클릭한 후 'Fill Color : None, Stroke Color : 임의 색상'을 지정하고 Stroke 패널에서 'Weight : 1pt'를 지정합니다.

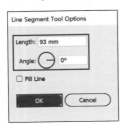 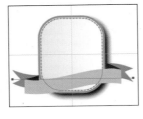

04 원숭이 캐릭터 만들기

01 Ellipse Tool(⬭)로 작업 도큐먼트를 클릭한 후 'Width : 16mm, Height : 14mm'를 입력하여 그리고 'Fill Color : C50M80Y30, Stroke Color : None'을 지정합니다. 왼쪽에도 동일한 색상의 작은 타원을 그리고 배치합니다.

02 계속해서 드래그하여 크기가 다른 4개의 원을 그리고 'Fill Color : C10M30Y50, M10Y20, C0M0Y0K0, K100, Stroke Color : None'을 각각 지정하여 귀와 눈 모양을 만듭니다.

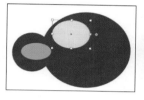 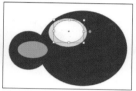 

03 Ellipse Tool(⬭)로 2개의 타원을 그리고 'Fill Color : M10Y20, K100, Stroke Color : None'을 각각 지정한 후 Selection Tool(▶)로 검정색 타원을 선택하고 조절점의 밖을 드래그하여 회전합니다.

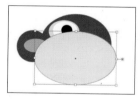 

04 Selection Tool(▶)로 대칭 복사할 6개의 오브젝트를 함께 선택한 후 Reflect Tool(⬙)로 Alt를 누르고 큰 타원의 가로 중앙을 클릭하여 'Axis : Vertical'을 지정하고 [Copy]를 눌러 복사합니다.

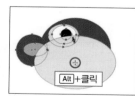  

05 Selection Tool(▶)로 Shift를 누르면서 복사된 코 부분의 검정색 오브젝트를 클릭하여 선택을 해제하고 Ctrl+[를 2번 눌러 뒤로 보내기를 합니다. 오른쪽 눈 부분의 큰 타원을 다시 선택하고 Ctrl+[를 여러 번 눌러 뒤로 보내기를 합니다.

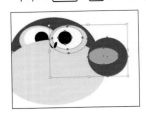  

06 Ellipse Tool(⬤)로 드래그하여 타원을 그리고 'Fill Color : None, Stroke Color : K100'을 지정한 후 Stroke 패널에서 'Weight : 1pt, Cap : Round Cap'을 지정합니다. Direct Selection Tool(▷)로 상단의 고정점을 클릭하고 Delete를 눌러 삭제하고 열린 패스를 만듭니다.

07 [Object]-[Path]-[Outline Stroke]를 선택하여 선을 면으로 확장한 후 [View]-[Outline](Ctrl+Y)을 선택하고 윤곽선 보기를 합니다. Direct Selection Tool(▷)로 하단 중앙의 고정점을 클릭하여 선택하고 키보드의 화살표 ↓를 눌러 아래쪽으로 이동하고 입 모양을 만든 후 Ctrl+Y를 눌러 미리보기로 전환합니다.

 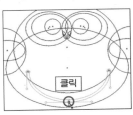 

08 Selection Tool(▶)로 입 모양을 선택하고 Rotate Tool(↻)을 더블 클릭하여 'Angle : 10°'를 지정하여 회전하고 배치합니다. Pen Tool(✎)로 머리털 모양을 그리고 'Fill Color : C50M80Y30, Stroke Color : None'을 지정합니다. Ellipse Tool(⬤)로 드래그하여 동일한 색상의 타원을 그리고 Shift+Ctrl+[를 눌러 맨 뒤로 보내기를 합니다.

09 Pen Tool()로 팔과 다리 모양을 열린 패스로 각각 그리고 'Fill Color : None, Stroke Color : C50M80Y30'을 지정하고 Stroke 패널에서 'Weight : 7pt'를 지정합니다.

10 계속해서 Pen Tool(✏)로 꼬리 모양을 동일한 색상의 열린 패스로 그리고 Stroke 패널에서 'Weight : 5pt, Cap : Round Cap'을 지정하여 패스의 끝 모양을 둥글게 지정합니다. Se-lection Tool(▶)로 5개의 열린 패스를 함께 선택하고 [Object]−[Path]−[Outline Stroke]를 선택하여 선을 면으로 확장한 후 Shift+Ctrl+[[]를 눌러 맨 뒤로 보내기를 합니다.

11 Rounded Rectangle Tool(▢)로 작업 도큐먼트를 클릭한 후 'Width : 1.5mm, Height : 3.5mm, Corner Radius : 1mm'를 입력하여 그리고 'Fill Color : C10M30Y50, Stroke Color : None'을 지정합니다. Selection Tool(▶)로 Alt를 누르면서 오른쪽으로 드래그하여 복사하고 Ctrl+D를 눌러 반복하여 복사한 후 3개의 둥근 사각형을 함께 선택하고 Ctrl+G를 눌러 그룹으로 설정합니다.

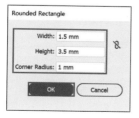

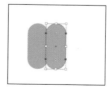
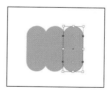

12 Scale Tool()을 더블 클릭하여 'Uniform : 130%'를 지정하고 [Copy]를 눌러 복사한 후 Selection Tool(▶)로 조절점 밖을 드래그하여 회전하고 각각의 위치에 배치합니다.

13 Rounded Rectangle Tool(□)로 드래그하여 손과 동일한 색상으로 크기가 다른 2개의 둥근 사각형을 그리고 Selection Tool(▶)로 Alt 를 누르면서 아래쪽으로 드래그하여 복사한 후 Ctrl + D 를 눌러 반복하여 복사합니다. 조절점 밖을 드래그하여 회전하고 Ctrl + G 를 눌러 그룹으로 설정합니다.

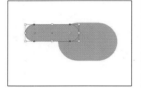

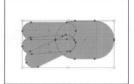

14 Selection Tool(▶)로 조절점 밖을 드래그하여 회전하여 배치하고 Reflect Tool(◁▷)을 더블 클릭하여 'Axis : Vertical'을 지정하고 [Copy]를 눌러 복사한 후 이동하여 배치합니다.

15 Pen Tool(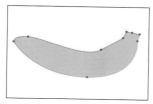)로 바나나 모양을 그리고 'Fill Color : M10Y100, Stroke Color : None'을 지정합니다. 계속해서 열린 패스를 겹치도록 그리고 'Fill Color : None, Stroke Color : C70Y100'을 지정한 후 Stroke 패널에서 'Weight : 1pt, Dashed Line : 체크, dash : 3pt, gap : 2pt'를 입력하여 점선을 설정합니다.

16 Selection Tool()로 바나나 모양과 점선을 함께 선택하고 Ctrl+G를 눌러 그룹으로 설정한 후 조절점 밖을 드래그하여 회전합니다. 손 모양을 선택하고 Shift+Ctrl+]를 눌러 맨 앞으로 가져오기를 하고 도큐먼트의 빈 곳을 클릭하여 선택을 해제합니다.

05 브러쉬 적용과 곡선을 따라 흐르는 문자 입력하기

01 Brushes 패널 하단의 'Brush Libraries Menu'를 클릭하고 [Artistic]-[Artistic_Ink]를 선택하여 추가 브러쉬 패널을 불러온 후 'Dry Ink 2'를 선택합니다.

02 Paintbrush Tool()로 'Fill Color : None, Stroke Color : C80Y100'을 지정하고 Stroke 패널에서 'Weight : 0.5pt'를 지정하여 왼쪽에서 오른쪽으로 드래그하여 칠합니다.

03 Pen Tool(✏️)로 드래그하여 문자를 입력할 열린 곡선 패스를 그리고 'Fill Color : None, Stroke Color : 임의 색상'을 지정합니다. Type on a Path Tool(↙)로 열린 패스의 왼쪽을 클릭한 후 Character 패널에서 'Set font family : Arial, Set font style : Bold, Set font size : 9pt'를 설정하고 'Fill Color : M70Y100, Stroke Color : None'을 지정한 후 Welcome to the Jungle을 입력합니다.

04 Ellipse Tool(⬭)로 작업 도큐먼트에 드래그하여 타원을 그리고 'Fill Color : C50M80Y30, Stroke Color : None'을 지정합니다. Rotate Tool(↻)로 타원 하단의 고정점을 클릭하여 회전축을 지정한 후 Alt를 누르면서 시계 방향으로 드래그하여 회전하여 복사하고 'Fill Color : C30Y60, Stroke Color : None'을 지정합니다.

06 문자 오브젝트 만들기

01 Type Tool(T)로 작업 도큐먼트를 클릭한 후 Character 패널에서 'Set font family : Arial, Set font style : Bold, Set font size : 21pt'를 설정하고 'Fill Color : C10M100Y100K10, Stroke Color : None'을 지정하고 HAPPY SAPARI를 입력합니다. Selection Tool(▶)로 문자를 선택한 후 [Type]-[Create Outlines](Shift+Ctrl+O)를 선택하고 문자를 윤곽선으로 변환합니다.

HAPPY SAPARI

HAPPY SAPARI

02 Ellipse Tool(⬭)로 드래그하여 문자와 겹치도록 타원을 그리고 'Fill Color : None, Stroke Color : 임의 색상'을 지정한 후 Selection Tool(▶)로 문자 오브젝트와 함께 선택하고 Align 패널에서 'Horizontal Align Center(⬍)'를 클릭하여 가로 가운데 정렬을 지정합니다.

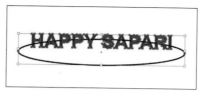

03 Direct Selection Tool(▷)로 타원 하단의 고정점을 클릭하여 Delete 를 눌러 삭제하고 열린 패스를 만듭니다. Selection Tool(▶)로 문자와 열린 패스를 함께 선택하고 Pathfinder 패널에서 'Divide(⬚)'를 클릭하여 면을 분할합니다.

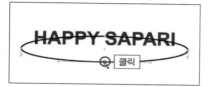

04 Selection Tool(▶)로 문자 오브젝트를 더블 클릭하여 Isolation Mode로 전환하고 분리된 문자 오브젝트의 상단 경계선을 드래그하여 선택한 후 키보드의 화살표 ⬆를 눌러 위로 이동하고 'Fill Color : C90M30Y90K30, Stroke Color : None'을 지정합니다.

05 Esc 를 눌러 정상 모드로 전환하고 Selection Tool(▶)로 문자 오브젝트를 선택하고 Rotate Tool(↻)을 더블 클릭한 후 'Angle : 10°'를 지정하여 회전하고 리본 모양 브러쉬와 겹치도록 배치합니다.

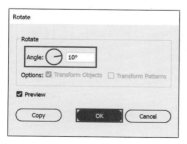

07 저장하기

01 [View]-[Guides]-[Hide Guides](Ctrl + ;)를 선택하여 안내선을 숨기고 [View]-[Fit Artboard in Window](Ctrl + 0)를 선택하여 현재 창에 맞추기를 합니다.

02 [File]-[Save As]를 선택하고 '저장 위치 : 내 PC₩문서₩GTQ, 파일 형식 : Adobe Illustrator(*AI), 파일 이름 : 수험번호-성명-문제번호.ai'를 확인하고 [저장]을 클릭한 후 [Illustrator Options] 대화상자에서 'Version : Illustrator 2020'으로 설정하고 [OK]를 클릭합니다.

03 답안 저장이 완료가 되면 [File]-[Close](Ctrl + W)를 선택하여 파일을 닫고 수험 프로그램에서 [답안 전송]을 클릭하여 감독관 컴퓨터로 전송합니다.

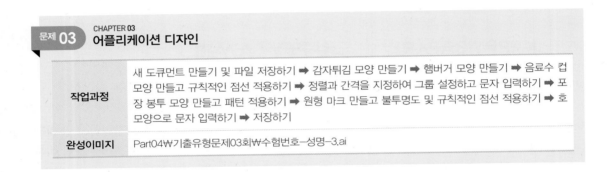

문제 03	CHAPTER 03 어플리케이션 디자인
작업과정	새 도큐먼트 만들기 및 파일 저장하기 ➡ 감자튀김 모양 만들기 ➡ 햄버거 모양 만들기 ➡ 음료수 컵 모양 만들고 규칙적인 점선 적용하기 ➡ 정렬과 간격을 지정하여 그룹 설정하고 문자 입력하기 ➡ 포장 봉투 모양 만들고 패턴 적용하기 ➡ 원형 마크 만들고 불투명도 및 규칙적인 점선 적용하기 ➡ 호 모양으로 문자 입력하기 ➡ 저장하기
완성이미지	Part04₩기출유형문제03회₩수험번호-성명-3.ai

01 새 도큐먼트 만들기 및 파일 저장하기

01 [File]-[New]를 선택하고 'Width : 120mm, Height : 80mm, Units : Millimeters, Color Mode : CMYK'를 설정하여 새 도큐먼트를 만들고 [View]-[Rulers]-[Show Rulers] (Ctrl + R)를 선택하여 눈금자를 표시합니다.

02 작품의 규격 왼쪽 상단에 원점(0,0)을 확인하고 왼쪽과 상단 눈금자 위에서 마우스로 각각 드래그하여 제시된 출력형태와 레이아웃 구성이 동일하게 안내선을 표시합니다.

03 작업 도큐먼트를 저장하기 위해 [File]-[Save As]를 선택하고 '저장 위치 : 내 PC₩문서₩ GTQ, 파일 형식 : Adobe Illustrator(*AI), 파일 이름 : 수험번호-성명-문제번호'를 입력하고 [저장]을 클릭한 후 [Illustrator Options] 대화상자에서 'Version : Illustrator 2020' 으로 설정하고 [OK]를 클릭합니다.

02 감자튀김 모양 만들기

01 Rectangle Tool(□)로 작업 도큐먼트를 클릭한 후 'Width : 17mm, Height : 13mm'를 입력하여 그리고 'Fill Color : M100Y100, Stroke Color : None'을 지정합니다. Rounded Rectangle Tool(▢)로 작업 도큐먼트를 클릭한 후 'Width : 13mm, Height : 3mm, Corner Radius : 2mm'를 입력하여 그리고 'Fill Color : 임의 색상, Stroke Color : 임의 색상'을 지정합니다.

 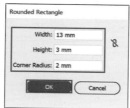 

02 Ctrl + A 를 눌러 모두 선택하고 Align 패널에서 'Horizontal Align Center(▤)'를 클릭하여 가로 가운데 정렬을 지정한 후 Pathfinder 패널에서 'Minus Front(▣)'를 클릭합니다.

03 Direct Selection Tool(▷)로 하단 2개의 고정점을 드래그하여 선택한 후 Scale Tool(▣)을 더블 클릭하고 'Uniform : 65%'를 지정하여 축소합니다.

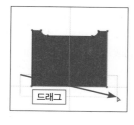 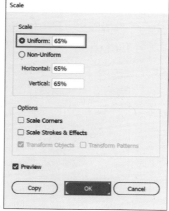 

04 Line Segment Tool(╱)로 작업 도큐먼트에 클릭한 후 'Length : 20mm, Angle : 0°'를 지정하여 수평선을 그리고 'Fill Color : None, Stroke Color : M20Y100'을 지정한 후 Stroke 패널에서 'Weight : 5pt'를 지정합니다.

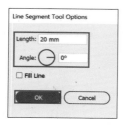 

05 [Effect]-[Illustrator Effects]-[Distort & Transform]-[Zig Zag]를 선택하고 'Size : 0.7mm, Ridges per segment : 9, Points : Corner'를 지정합니다. Selection Tool(▶)로 **Alt**를 누르면서 아래로 드래그하여 복사하고 Stroke 패널에서 'Weight : 2pt'를 지정합니다.

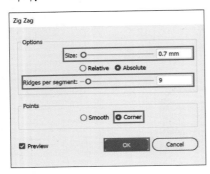

합격생의 비법

반드시 Preview를 체크하여 제시된 출력형태와 비교하여 조정합니다.

06 Selection Tool(▶)로 2개의 선을 함께 선택하고 [Object]-[Path]-[Outline Stroke]를 선택하여 선을 면으로 확장합니다.

07 **Ctrl**+**A**를 눌러 모두 선택하고 Pathfinder 패널에서 'Divide(▣)'를 클릭하여 면을 분할합니다. Selection Tool(▶)로 더블 클릭하여 Isolation Mode로 전환하고 불필요한 4개의 오브젝트를 선택하고 **Delete**를 눌러 삭제한 후 **Esc**를 눌러 정상 모드로 전환합니다.

08 Rectangle Tool(▣)로 드래그하여 직사각형을 그리고 'Fill Color : M10Y80, Stroke Color : None'을 지정합니다. 계속해서 작업 도큐먼트를 클릭하고 대화상자의 [OK]를 눌러 동일한 크기의 직사각형을 추가하여 그리고 Direct Selection Tool(▷)로 상단 오른쪽 고정점을 선택하고 아래로 이동하여 패스를 변형합니다.

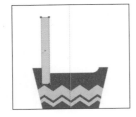

클릭
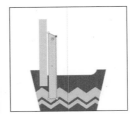

09 Selection Tool(▶)로 2개의 오브젝트를 선택하고 [Shift]+[Ctrl]+[[ ]를 눌러 맨 뒤로 보내기를 합니다. [Alt]를 누르면서 드래그하여 여러 개를 복사하고, 조절점 밖을 각각 드래그하여 회전한 후 배치합니다.

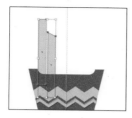 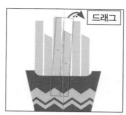 

03 햄버거 모양 만들기

01 Rounded Rectangle Tool(▢)로 작업 도큐먼트를 클릭한 후 'Width : 28mm, Height : 17mm, Corner Radius : 10mm'를 입력하여 그리고 'Fill Color : M30Y60, Stroke Color : None'을 지정합니다.

02 Rounded Rectangle Tool(▢)로 드래그하여 둥근 사각형을 그리고 'Fill Color : M80Y80K20, Stroke Color : None'을 지정합니다. Selection Tool(▶)로 [Alt]를 누르면서 아래쪽으로 드래그하여 복사하여 배치합니다.

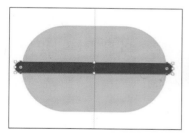 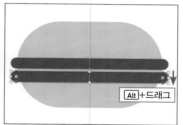

03 Pen Tool(✎)로 클릭하여 오브젝트를 그리고 'Fill Color : Y100, Stroke Color : None'을 지정합니다. Selection Tool(▶)로 상단 둥근 사각형을 선택하고 [Shift]+[Ctrl]+[ ]]를 눌러 맨 앞으로 가져오기를 합니다.

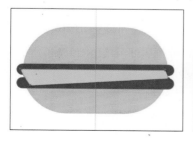 

04 Pen Tool(✏️)로 2개의 오브젝트를 각각 그리고 'Fill Color : C50Y90, Stroke Color : None'을 지정합니다. Ellipse Tool(⬭)로 드래그하여 타원을 그리고 'Fill Color : C0M0Y0K0, Stroke Color : None'을 지정합니다. Selection Tool(▶)로 Alt 를 누르면서 드래그하여 타원을 5개 복사하여 배치하고 조절점 밖을 드래그하여 각각 회전합니다.

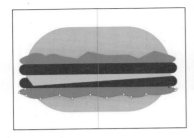 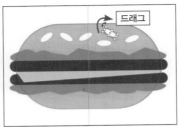

05 Selection Tool(▶)로 드래그하여 햄버거 모양을 모두 선택하고 Ctrl + G 를 눌러 그룹으로 설정합니다.

04 음료수 컵 모양 만들고 규칙적인 점선 적용하기

01 Ellipse Tool(⬭)로 작업 도큐먼트를 클릭한 후 'Width : 25mm, Height : 9mm'를 입력하여 그리고 'Fill Color : C60Y40, Stroke Color : None'을 지정합니다.

02 Selection Tool(▶)로 Alt + Shift 를 누르면서 드래그하여 타원을 아래쪽으로 복사하여 배치하고 Scale Tool(⬚)을 더블 클릭하여 'Uniform : 105%'를 지정하여 확대하고 'Fill Color : C20Y10'을 지정합니다.

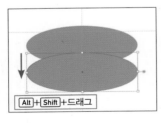 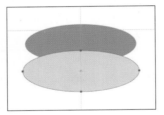

03 Rectangle Tool(▢)로 작업 도큐먼트를 클릭한 후 'Width : 25mm, Height : 7mm'를 입력하여 그리고 'Fill Color : C20Y10, Stroke Color : None'을 지정하고 배치합니다. Selection Tool(▶)로 하단 타원과 함께 선택하고 Pathfinder 패널에서 'Unite(◻)'를 클릭하여 합친 후 Ctrl + [를 눌러 뒤로 보내기를 합니다.

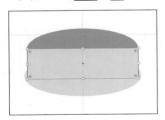 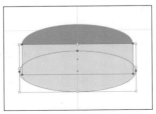 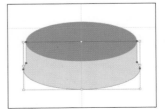

04 Rectangle Tool()로 드래그하여 그리고 'Fill Color : C60Y40, Stroke Color : None' 을 지정합니다. Direct Selection Tool(▷)로 사각형 하단 2개의 고정점을 드래그하여 선택한 후 Scale Tool(⊞)을 더블 클릭하고 'Uniform : 70%'를 지정하여 크기를 축소합니다.

05 Ellipse Tool(⬭)로 Alt 를 누르면서 컵 모양 하단 중앙에서부터 드래그하여 타원을 그리고 Selection Tool(▶)로 컵 모양 하단과 함께 선택하고 Pathfinder 패널에서 'Unite(▣)'를 클릭하여 합칩니다.

06 Line Segment Tool(╱)로 드래그하여 컵 모양 하단과 겹치도록 사선을 그리고 Selection Tool(▶)로 컵 모양 하단과 함께 선택하고 Pathfinder 패널에서 'Divide(▣)'를 클릭하여 면을 분할합니다.

합격생의 비법

'Divide'를 할 때는 면을 분할할 선은 오브젝트 영역 밖으로 넉넉하게 그려야 면 분할이 확실하게 됩니다.

07 Selection Tool(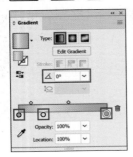)로 더블 클릭하여 Isolation Mode로 전환한 후 왼쪽 오브젝트를 선택하고 Gradient 패널에서 'Type : Linear Gradient, Angle : 0°'를 적용하고 Gradient Slider의 왼쪽 'Color Stop'을 더블 클릭하여 C50Y30을, Gradient Slider의 가운데 빈 공간을 클릭하여 'Color Stop'을 추가한 후 더블 클릭하여 C10Y10을, 오른쪽 'Color Stop'을 더블 클릭하여 C50Y30을 적용합니다. [Esc]를 눌러 정상 모드로 전환한 후 컵 모양 하단을 선택하고 [Shift]+[Ctrl]+[[]를 눌러 맨 뒤로 보내기를 합니다.

08 Rounded Rectangle Tool()로 작업 도큐먼트를 클릭한 후 'Width : 16mm, Height : 12mm, Corner Radius : 5mm'를 입력하여 그리고 'Fill Color : C20Y20, Stroke Color : None'을 지정합니다.

09 [Ctrl]+[C]로 복사를 하고 [Object]-[Lock]-[Selection]([Ctrl]+[2])을 선택하여 오브젝트를 잠그고 [Edit]-[Paste in Front]([Ctrl]+[F])로 복사한 오브젝트 앞에 붙여 넣기를 합니다. 'Fill : None, Stroke Color : C70Y60K10'을 지정하고 Stroke 패널에서 'Weight : 2pt, Dashed Line : 체크, dash : 2pt'를 입력하여 규칙적인 점선을 그려 배치합니다.

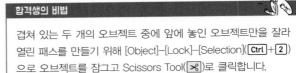

합격생의 비법

겹쳐 있는 두 개의 오브젝트 중에 앞에 놓인 오브젝트만을 잘라 열린 패스를 만들기 위해 [Object]-[Lock]-[Selection]([Ctrl]+[2])으로 오브젝트를 잠그고 Scissors Tool(✂)로 클릭합니다.

10 Scissors Tool(✂)로 점선이 적용된 오브젝트의 선분 위를 2번 클릭하여 자르고 [Delete]를 2번 눌러 잘린 패스를 삭제합니다. [Object]-[Unlock All]([Alt]+[Ctrl]+[2])을 선택하여 오브젝트의 잠금을 해제합니다.

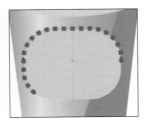

11 Rectangle Tool(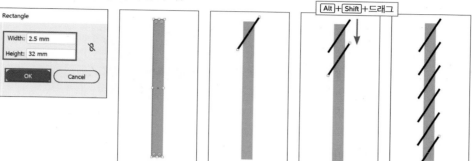)로 작업 도큐먼트를 클릭한 후 'Width : 2.5mm, Height : 32mm'를 입력하여 그리고 'Fill Color : M50Y80, Stroke Color : None'을 지정합니다. Line Segment Tool(✏)로 드래그하여 직사각형과 겹치도록 사선을 그리고 Selection Tool(▶)로 [Alt]+[Shift]를 누르면서 아래쪽으로 드래그하여 복사하고 [Ctrl]+[D]를 4번 눌러 간격을 일정하게 유지하며 반복 복사합니다.

12 Selection Tool(▶)로 직사각형과 6개의 사선을 함께 선택하고 Pathfinder 패널에서 'Divide(🔲)'를 클릭하여 면을 분할합니다. Selection Tool(▶)로 더블 클릭한 후 Isolation Mode로 전환하고 [Shift]를 누르면서 4의 오브젝트를 동시에 선택하고 'Fill Color : M100Y80, Stroke Color : None'을 지정하고 [Esc]를 눌러 정상 모드로 전환합니다. Selection Tool(▶)로 완성된 빨대 모양을 선택하고 Rotate Tool(🔄)을 더블 클릭하여 'Angle : 5°'를 지정하여 회전합니다.

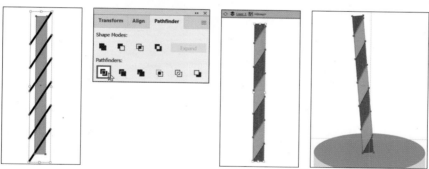

⑤ 정렬과 간격을 지정하여 그룹 설정하고 문자 입력하기

01 Selection Tool(▶)로 햄버거 오브젝트를 선택하여 [Ctrl]+[C]로 복사하고 [Ctrl]+[V]로 붙여 넣기를 합니다. Scale Tool(📐)을 더블 클릭하여 'Uniform : 20%'를 지정하고 컵 모양 위에 배치합니다.

02 Selection Tool(▶)로 [Alt]를 누르면서 오른쪽 상단으로 드래그하여 복사하고 [Ctrl]+[D]를 눌러 간격을 일정하게 유지하며 반복 복사합니다. 3개의 햄버거 오브젝트를 함께 선택하고 [Ctrl]+[G]로 그룹을 설정합니다.

03 Type Tool(T)로 작업 도큐먼트를 클릭한 후 Character 패널에서 'Set font family : Arial, Set font style : Black, Set font size : 10pt'를 설정하고 'Fill Color : K100, Stroke Color : None'을 지정한 후 TASTY!를 입력합니다. Selection Tool(▶)로 조절점의 밖을 드래그하여 회전하고 배치합니다.

06 포장 봉투 모양 만들고 패턴 적용하기

01 Pen Tool(✏)로 클릭하여 포장 봉투의 앞모양을 그리고 'Fill Color : C50Y30, Stroke Color : None'을 지정한 후 뒷모양을 그리고 'Fill Color : C60Y30K10, Stroke Color : None'을 지정하고 Ctrl+[]를 눌러 뒤로 보내기를 합니다.

02 Pen Tool(✏)로 포장 봉투의 상단 모양을 그리고 'Fill Color : C50Y30K50, Stroke Color : None'을 지정합니다. 계속해서 클릭하여 양쪽 2개의 접히는 모양을 그리고 'Fill Color : C50Y30K80, Stroke Color : None'을 지정합니다. Selection Tool(▶)로 앞모양을 선택하고 Shift+Ctrl+[]를 눌러 맨 앞으로 가져오기를 합니다.

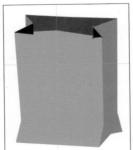

03 Selection Tool(▶)로 감자튀김 오브젝트를 선택한 후 [Ctrl]+[C]로 복사하고 [Ctrl]+[V]로 붙여 넣기를 합니다. Scale Tool(⬚)을 더블 클릭하여 'Uniform : 80%'를 지정한 후 [Copy]를 클릭하여 축소 복사합니다.

04 Rectangle Tool(▢)로 작업 도큐먼트를 클릭한 후 'Width : 50mm, Height : 47mm'를 입력하여 그리고 'Fill Color : None, Stroke Color : None'을 지정한 후 2개의 감자튀김 오브젝트와 겹치도록 사각형을 배치합니다.

합격생의 비법

색상이 없는 투명한 사각형을 겹치도록 그리고 패턴으로 함께 등록하면 반복되는 패턴 사이의 간격을 조정할 수 있습니다.

05 Selection Tool(▶)로 감자튀김 오브젝트와 사각형을 함께 선택하고 [Object]-[Pattern]-[Make]를 선택하고 Pattern Options에서 'Name : 감자튀김'을 지정하고 패턴으로 등록합니다. [Esc]를 눌러 패턴의 편집 모드에서 정상 모드로 전환하고 [Delete]를 눌러 삭제합니다.

06 Selection Tool(▶)로 포장 봉투의 앞모양을 선택한 후 [Ctrl]+[C]로 복사하고 [Ctrl]+[F]로 복사한 오브젝트 앞에 붙여 넣기를 합니다. Swatches 패널에서 등록된 감자튀김 패턴을 클릭하여 면 색상에 적용합니다.

합격생의 비법

패턴으로 등록한 오브젝트의 위치에 따라 적용된 패턴의 위치는 다를 수 있습니다. [Object]-[Transform]-[Move]를 선택하고 [Move] 대화상자에서 'Transform Objects : 체크 해제, Transform Patterns : 체크, Preview : 체크'를 지정하고 Horizontal과 Vertical을 조절하여 맞춰 줍니다.

07 Scale Tool(⬚)을 더블 클릭하고 'Uniform : 30%, Transform Objects : 체크 해제, Transform Patterns : 체크'를 지정하여 패턴의 크기를 축소합니다.

합격생의 비법

적용된 패턴의 크기만을 조절할 때는 반드시 'Transform Objects : 체크 해제, Transform Patterns : 체크'를 지정해야 합니다.

07 원형 마크 만들고 불투명도 및 규칙적인 점선 적용하기

01 Ellipse Tool(⬤)로 작업 도큐먼트를 클릭한 후 'Width : 30mm, Height : 29mm'를 입력하여 그리고 'Fill Color : C10Y20, Stroke Color : None'을 지정한 후 Transparency 패널에서 'Opacity : 80%'를 설정하여 불투명도를 조절합니다.

02 [Object]-[Path]-[Offset Path]를 선택한 후 'Offset : -2mm'를 지정하여 축소된 복사본을 만들고 'Fill Color : None, Stroke Color : C60Y60K10'을 지정합니다. Stroke 패널에서 'Weight : 3pt, Cap : Round Cap, Dashed Line : 체크, dash : 5pt, gap : 5pt, dash : 1pt, gap : 5pt'를 입력하여 끝 모양이 둥근 불규칙적인 점선을 그려 배치합니다.

03 Scissors Tool(✂)로 불규칙적인 점선이 적용된 오브젝트의 선분 위를 2번 클릭하여 패스를 자릅니다. Selection Tool(▶)로 잘린 패스의 상단을 선택한 후 Delete 를 눌러 삭제하고 열린 패스를 완성합니다. Transparency 패널에서 'Opacity : 100%'를 설정합니다.

 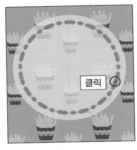  

04 Selection Tool(▶)로 햄버거 오브젝트를 선택하여 Ctrl + C 로 복사하고 Ctrl + V 로 붙여 넣기를 한 후 Scale Tool(📐)을 더블 클릭하여 'Uniform : 60%, Transform Objects : 체크, Transform Patterns : 체크 해제'를 지정하고 배치합니다.

08 호 모양으로 문자 입력하기

01 Selection Tool(▶)로 포장 봉투 중앙의 원을 선택하고 [Object]-[Path]-[Offset Path]를 선택한 후 'Offset : -5mm'를 지정하여 축소된 복사본을 만듭니다.

02 Scissors Tool(✂)로 축소 복사한 원의 선분 위를 2번 클릭하여 패스를 자르고 Delete 를 2번 눌러 잘린 패스를 삭제하고 상단 패스만을 남깁니다.

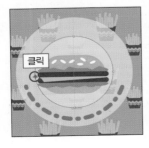  

03 Type on a Path Tool(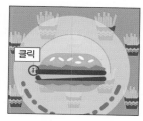)로 상단 곡선 패스의 왼쪽 끝점을 클릭하고 Character 패널에서 'Set font family : Arial, Set font style : Black, Set font size : 15pt'를 설정하고 Paragraph 패널에서 'Align center(≡)'를 지정하고 'Fill Color : C20M100Y90K20, Stroke Color : None'을 지정하여 HOMEMADE를 입력합니다.

04 Selection Tool(▶)로 봉투 중앙의 4개의 오브젝트를 함께 선택하고 조절점 밖을 시계 방향으로 드래그하여 회전하고 배치합니다.

09 저장하기

01 [View]-[Guides]-[Hide Guides]([Ctrl]+[;])를 선택하여 안내선을 숨기고 [View]-[Fit Artboard in Window]([Ctrl]+[0])를 선택하여 현재 창에 맞추기를 합니다.

02 [File]-[Save As]를 선택하고 '저장 위치 : 내 PC₩문서₩GTQ, 파일 형식 : Adobe Illustrator(*AI), 파일 이름 : 수험번호-성명-문제번호.ai'를 확인하고 [저장]을 클릭한 후 [Illustrator Options] 대화상자에서 'Version : Illustrator 2020'으로 설정하고 [OK]를 클릭합니다.

03 답안 저장이 완료가 되면 [File]-[Exit]([Ctrl]+[Q])를 선택하여 일러스트레이터 프로그램을 종료하고 수험 프로그램에서 [답안 전송]을 클릭하여 감독관 컴퓨터로 전송합니다.

기출 유형 문제 04회

급수	문제유형	시험시간	수험번호	성명
2급	A	90분	G123456789	

수 험 자 유 의 사 항

- 수험자는 문제지를 받는 즉시 응시하고자 하는 과목 및 급수가 맞는지 확인한 후 수험번호와 성명을 작성합니다.
- 파일명은 본인의 "수험번호–성명–문제번호"로 공백 없이 정확히 입력하고 답안폴더(내 PC₩문서₩GTQ)에 ai 파일 포맷으로 저장해야 하며, 다른 파일 형식으로 저장하였을 경우 0점 처리됩니다. 답안문서 파일명이 "수험번호–성명–문제번호"와 일치하지 않거나, 답안 파일을 전송하지 않아 미제출로 처리될 경우 불합격 처리됩니다.
- 수험자 정보와 저장한 파일명, 저장 위치가 다를 경우 전송이 되지 않으므로, 주의하시기 바랍니다.
- 답안 작성 중에도 주기적으로 '저장'과 '답안 전송'을 이용하여 감독위원 PC로 답안을 전송하셔야 합니다. (※ 작업한 내용을 저장하지 않고 전송할 경우 이전의 저장내용이 전송되오니 이점 반드시 유념하시기 바랍니다.)
- 답안문서는 지정된 경로 외의 다른 보조기억장치에 저장하는 행위, 지정된 시험 시간 외에 작성된 파일을 활용한 행위, 기타 통신수단(이메일, 메신저, 네트워크 등)을 이용하여 타인에게 전달 또는 외부 반출하는 행위는 부정으로 간주되어 자격기본법 제32조에 의거 본 시험 및 국가공인 자격시험을 2년간 응시할 수 없습니다.
- 시험 중 부주의 또는 고의로 시스템을 파손한 경우와 〈수험자 유의사항〉에 기재된 방법대로 이행하지 않아 생기는 불이익은 수험자의 책임임을 알려 드립니다.
- 시험을 완료한 수험자는 최종적으로 저장한 답안파일이 전송되었는지 확인한 후 감독위원의 지시에 따라 문제지를 제출하고 퇴실합니다.

답 안 작 성 요 령

- 온라인 답안 작성 절차
  수험자 등록 ⇒ 시험 시작 ⇒ 답안파일 저장 ⇒ 답안 전송 ⇒ 시험 종료
- 배점은 총 100점으로 이루어지며, 점수는 각 문제별로 차등 배분됩니다.
- 각 문제는 제시된 조건에 맞게 답안을 작성하셔야 하며, 조건을 지키지 못했을 경우에는 0점 또는 감점 처리됩니다.
- 조건에서 주어진 단위는 'mm(밀리미터)'입니다. 눈금자는 작성하지 않으며, 그 외는 출력형태(레이아웃, 색상, 문자, 규격 등)와 같게 작업하십시오.
- 문제 조건에 서체의 지정이 없을 경우 한글은 굴림이나 돋움, 영문은 Arial로 작업하십시오. (단, 그 외 제시되지 않은 문자 속성을 기본값으로 작성하지 않은 경우는 감점 처리됩니다.)
- 문제 조건에 크기와 색상, 두께의 지정이 없을 경우 《출력형태》를 참고하여 작업해 주시기 바랍니다.
- Image Mode(이미지 모드)는 별도의 처리조건이 없을 경우에는 CMYK로 작업하십시오.
- 조건에서 제시한 기능을 임의로 합치거나 각 기능에 대한 속성을 해지할 경우 해당 요소는 0점 처리됩니다.

한 국 생 산 성 본 부

다음의 《조건》에 따라 아래의 《출력형태》와 같이 작업하시오.

조건

파일저장규칙	AI	파일명	문서₩GTQ₩수험번호−성명−1.ai
		크기	100 × 80mm

1. 작업 방법

① 도형, 변형 툴과 Pathfinder 기능을 활용하여 오브젝트를 작성한다.
② 그 외 《출력형태》 참조

출력형태

C20M20Y10,
C10Y10K10,
C50M100K30,
M70Y60K20,
C70M70Y60K20,
M50Y90,
M30Y80,
M10Y50,
C40,
C50M30,
(선/획) C0M0Y0K0, 1pt,
K60, 2pt

다음의 《조건》에 따라 아래의 《출력형태》와 같이 작업하시오.

조건

파일저장규칙	AI	파일명	문서₩GTQ₩수험번호-성명-2.ai
		크기	100 × 80mm

1. 작업 방법
① '15% COUPON' 문자에 Arial (Bold) 폰트를 적용한다.
② 'Flower Festival' 문자에 Type on a Path Tool을 활용한다
③ Brush는 《출력형태》를 참고하여 작성한다.
④ Effect는 《출력형태》를 참고하여 작성한다.
⑤ 그 외 《출력형태》 참조

2. 문자 효과
① Flower Festival (Times New Roman, Bold, 20pt, M70Y70)

출력형태

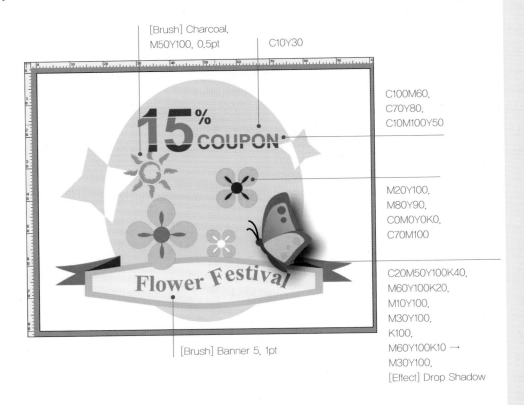

[Brush] Charcoal, M50Y100, 0.5pt   C10Y30

C100M60, C70Y80, C10M100Y50

M20Y100, M80Y90, C0M0Y0K0, C70M100

C20M50Y100K40, M60Y100K20, M10Y100, M30Y100, K100, M60Y100K10 → M30Y100, [Effect] Drop Shadow

[Brush] Banner 5, 1pt

다음의 《조건》에 따라 아래의 《출력형태》와 같이 작업하시오.

조건

파일저장규칙	AI	파일명	문서₩GTQ₩수험번호-성명-3.ai
		크기	120 × 80mm

1. 작업 방법

① 도형 툴로 오브젝트를 제작한 후 Pattern을 활용하여 작성한다. (패턴 등록 : 튤립)
② 할인 광고 태그에는 불규칙적인 점선을, 파우더 용기에는 규칙적인 점선을 설정한다.
③ 파우더 용기에 Pattern을 적용한다.
④ 꽃 오브젝트는 정렬, 간격을 일정하게 한 후 Group 설정한다.
⑤ 그 외 《출력형태》 참조

2. 문자 효과

① BODY POWDER (Arial, Regular, 11pt, C10M90Y70)
② UP TO 30% OFF (Times New Roman, Bold, 16pt, C0M0Y0K0)

출력형태

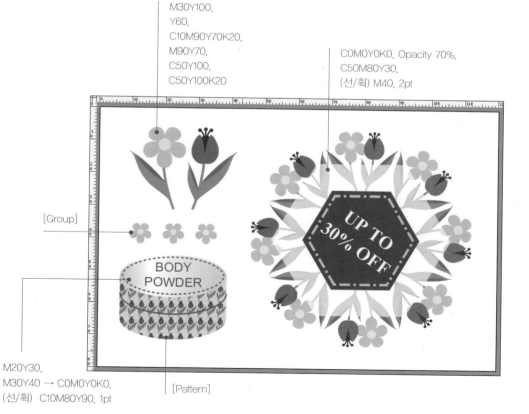

기출 유형 문제 04회 CHAPTER 04　2-265

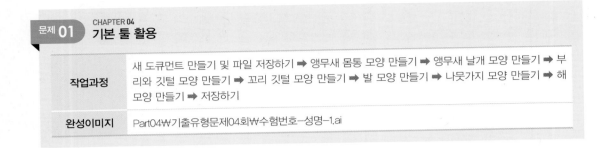

작업과정	새 도큐먼트 만들기 및 파일 저장하기 ➡ 앵무새 몸통 모양 만들기 ➡ 앵무새 날개 모양 만들기 ➡ 부리와 깃털 모양 만들기 ➡ 꼬리 깃털 모양 만들기 ➡ 발 모양 만들기 ➡ 나뭇가지 모양 만들기 ➡ 해 모양 만들기 ➡ 저장하기
완성이미지	Part04₩기출유형문제₩04회₩수험번호-성명-1.ai

01 새 도큐먼트 만들기 및 파일 저장하기

01 [File]-[New]를 선택하고 'Width : 100mm, Height : 80mm, Units : Millimeters, Color Mode : CMYK'를 설정하여 새 도큐먼트를 만들고 [View]-[Rulers]-[Show Rulers] (Ctrl + R)를 선택하여 눈금자를 표시합니다.

02 작품의 규격 왼쪽 상단에 원점(0,0)을 확인하고 왼쪽과 상단 눈금자 위에서 마우스로 각각 드래그하여 제시된 출력형태와 레이아웃 구성이 동일하게 안내선을 표시합니다.

03 작업 도큐먼트를 저장하기 위해 [File]-[Save As]를 선택하고 '저장 위치 : 내 PC₩문서₩ GTQ, 파일 형식 : Adobe Illustrator(*AI), 파일 이름 : 수험번호-성명-문제번호'를 입력하고 [저장]을 클릭한 후 [Illustrator Options] 대화상자에서 'Version : Illustrator 2020' 으로 설정하고 [OK]를 클릭합니다.

02 앵무새 몸통 모양 만들기

01 Ellipse Tool(◉)로 작업 도큐먼트를 클릭한 후 'Width : 38mm, Height : 38mm'를 입력하여 그리고 'Fill Color : None, Stroke Color : 임의 색상'을 지정합니다.

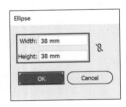
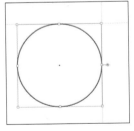

02 Tool 패널의 Selection Tool(▶)을 더블 클릭하여 [Move] 대화상자에서 'Width : 19mm, Height : 0mm'를 지정하고 [Copy]를 클릭한 후 오른쪽으로 이동하여 반지름이 겹치도록 복사합니다.

03 Rectangle Tool(▣)로 작업 도큐먼트를 클릭한 후 'Width : 18.9mm, Height : 43mm'를 입력하여 그리고 'Fill Color : None, Stroke Color : 임의 색상'을 지정하고 서로 중앙이 겹치도록 배치합니다. Ctrl+A를 눌러 모두 선택하고 Pathfinder 패널에서 'Divide(▣)'를 클릭하여 면을 분할합니다.

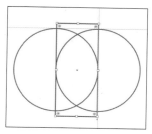  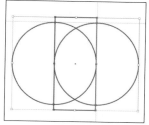

04 Selection Tool(▶)로 더블 클릭하여 Isolation Mode로 전환하고 불필요한 6개의 오브젝트를 Shift를 누르면서 클릭하여 선택한 후 Delete를 눌러 삭제합니다. Ctrl+A를 눌러 3개의 오브젝트를 모두 선택하고 Pathfinder 패널에서 'Unite(▣)'를 클릭하여 합친 후 'Fill Color : C20M20Y10, Stroke Color : None'을 지정합니다. Esc를 눌러 정상 모드로 전환합니다.

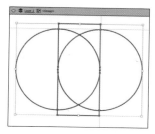 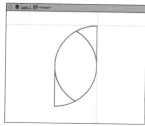 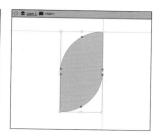

③ 앵무새 날개 모양 만들기

01 Ellipse Tool(⬤)로 작업 도큐먼트를 클릭한 후 'Width : 20mm, Height : 20mm'를 입력하여 그리고 'Fill Color : C10Y10K10, Stroke Color : None'을 지정합니다. Direct Selection Tool(▷)로 하단의 고정점을 선택하고 아래로 드래그하여 패스를 변형한 후, Anchor Point Tool(⋀)로 고정점을 클릭하여 핸들을 없애고 뾰쪽하게 만듭니다.

02 Ellipse Tool()로 작업 도큐먼트를 클릭한 후 'Width : 5.5mm, Height : 5.5mm'를 입력하여 그리고 'Fill Color : 임의 색상, Stroke Color : None'을 지정합니다. Selection Tool(▶)로 Alt 를 누르면서 오른쪽으로 드래그하여 복사하고 Ctrl + D 를 2번 눌러 간격을 일정하게 유지하며 반복 복사합니다.

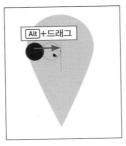

03 Selection Tool(▶)로 5개의 오브젝트를 선택하고 Pathfinder 패널에서 'Divide(■)'를 클릭하여 면을 분할합니다. 오브젝트를 더블 클릭하여 Isolation Mode로 전환하고 왼쪽과 오른쪽에 불필요한 오브젝트를 클릭하여 선택한 후 Delete 를 눌러 삭제합니다.

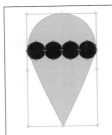
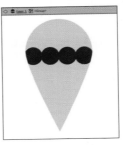

04 Selection Tool(▶)로 상단 오브젝트를 선택하고 'Unite(■)'를 클릭하여 합친 후 'Fill Color : C50M100K30, Stroke Color : None'을 지정하고 Esc 를 눌러 정상 모드로 전환합니다. Selection Tool(▶)로 날개 모양을 선택하고 Rotate Tool(↻)을 더블 클릭한 후 'Angle : −30°'를 지정하여 회전한 후 Selection Tool(▶)로 그림과 같이 배치합니다.

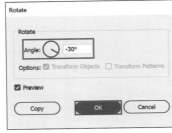

04 부리와 깃털 모양 만들기

01 Rounded Rectangle Tool(▢)로 작업 도큐먼트를 클릭한 후 'Width : 10mm, Height : 8mm, Corner Radius : 4mm'를 입력하여 그리고 'Fill Color : None, Stroke Color : 임의 색상'을 지정합니다.

02 Rectangle Tool(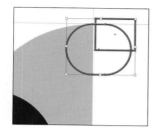)로 드래그하여 서로 겹치도록 사각형을 그리고 Selection Tool(▶)로 2개의 오브젝트를 선택한 후 Pathfinder 패널에서 'Intersect(▣)'를 클릭하여 겹친 부분만을 남기고 'Fill Color : M70Y60K20, Stroke Color : None'을 지정합니다.

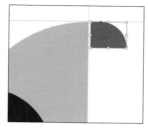

03 Reflect Tool(◀▶)로 **Alt**를 누르고 오브젝트의 하단을 클릭하여 'Axis : Horizontal'을 지정하고 [Copy]를 눌러 복사합니다. Scale Tool(▦)로 **Alt**를 누르고 오브젝트의 왼쪽 상단 고정점을 클릭하여 'Uniform : 70%'를 지정하여 크기를 축소합니다.

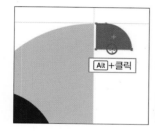
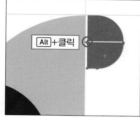
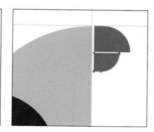

04 Ellipse Tool(⬤)로 **Shift**를 누르면서 드래그하여 정원을 그리고 'Fill Color : C70M70Y60K20, Stroke Color : C0M0Y0K0'을 지정한 후 Stroke 패널에서 'Weight : 1pt'를 지정하여 눈을 그립니다.

05 Rounded Rectangle Tool(▣)로 둥근 사각형을 그리고 Ellipse Tool(⬤)로 타원을 서로 겹치도록 그린 후 Selection Tool(▶)로 타원의 조절점 밖을 드래그하여 회전하여 배치합니다.

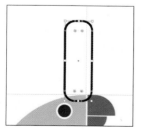
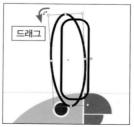

06 Selection Tool(▶)로 타원과 둥근 사각형을 선택하고 Pathfinder 패널에서 'Intersect(⬕)'를 클릭하여 'Fill Color : M70Y60K20, Stroke Color : None'을 지정한 후 Shift + Ctrl + [ ]를 눌러 맨 뒤로 보내기를 합니다. Rotate Tool(↻)로 Alt 를 누르면서 하단을 클릭하여 'Angle : 20°'를 지정하여 [Copy]를 클릭하고 회전 복사합니다.

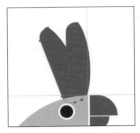

07 Ctrl + D 를 4번 눌러 반복하여 복사합니다. Selection Tool(▶)로 순서대로 선택하고 'Fill Color : M50Y90, M30Y80, M10Y50, C40, C50M30, Stroke Color : None'을 각각 지정하여 머리 깃털을 완성합니다.

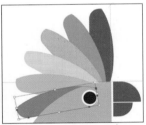

05 꼬리 깃털 모양 만들기

01 Rounded Rectangle Tool(▢)로 작업 도큐먼트를 클릭한 후 'Width : 10mm, Height : 25mm, Corner Radius : 2mm'를 입력하여 그리고 Direct Selection Tool(▷)로 상단 4개의 고정점을 드래그하여 선택하고 Scale Tool(▣)로 안쪽으로 드래그하여 패스를 축소한 후 'Fill Color : C50M30, Stroke Color : None'을 지정합니다.

02 Ellipse Tool(⬭)로 작업 도큐먼트에 드래그하여 타원을 그리고 'Fill Color : C50M100K30, Stroke Color : None'을 지정합니다. Direct Selection Tool(▷)로 상단의 고정점을 클릭하여 선택하고 위로 이동한 후 Anchor Point Tool(ᐯ)로 클릭하여 핸들을 삭제합니다.

03 Selection Tool(▶)로 Alt를 누르면서 왼쪽으로 드래그하여 복사하고 조절점 밖을 드래그하여 회전합니다. Reflect Tool(◁▷)로 Alt를 누르고 가운데 오브젝트의 중심점을 클릭하여 'Axis : Vertical'을 지정하고 [Copy]를 눌러 복사합니다. Selection Tool(▶)로 2개의 오브젝트를 각각 선택하고 'Fill Color : M70Y60K20, M30Y80, Stroke Color : None'을 지정합니다.

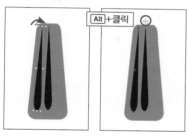

04 Selection Tool(▶)로 4개의 오브젝트를 선택하고 조절점 밖을 시계 방향으로 회전하여 배치합니다. Ctrl+[를 여러 번 눌러 날개 모양 뒤로 보내기를 합니다.

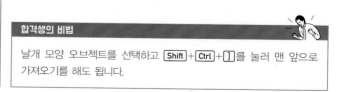

합격생의 비법

날개 모양 오브젝트를 선택하고 Shift+Ctrl+]를 눌러 맨 앞으로 가져오기를 해도 됩니다.

06 발 모양 만들기

01 Ellipse Tool(⬭)로 드래그하여 원을 그리고 'Fill Color : None, Stroke Color : K60'을 지정한 후 Stroke 패널에서 'Weight : 2pt, Cap : Round Cap'을 설정합니다. Direct Selection Tool(▷)로 하단의 고정점을 클릭하여 선택하고 [Delete]를 눌러 삭제합니다.

 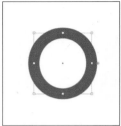  

02 Line Segment Tool(╱)로 [Shift]를 누르면서 드래그하여 열린 패스의 중간에 수직선을 그리고 'Fill Color : None, Stroke Color : K60'을 지정한 후 Stroke 패널에서 'Weight : 2pt, Cap : Round Cap'을 지정합니다. Selection Tool(▶)로 2개의 오브젝트를 선택하고 [Ctrl]+[G]를 눌러 그룹으로 설정합니다.

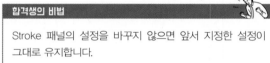

합격생의 비법

Stroke 패널의 설정을 바꾸지 않으면 앞서 지정한 설정이 그대로 유지합니다.

03 Selection Tool(▶)로 배치한 후 [Shift]+[Ctrl]+[[]를 눌러 맨 뒤로 보내기를 합니다. [Alt]를 누르면서 드래그하여 복사하고 배치합니다.

Alt+드래그

07 나뭇가지 모양 만들기

01 Rounded Rectangle Tool(▢)로 작업 도큐먼트를 클릭한 후 'Width : 72mm, Height : 4mm, Corner Radius : 2mm'를 입력하여 그리고 'Fill Color : C70M70Y60K20, Stroke Color : None'을 지정합니다.

02 Direct Selection Tool(▷)로 오른쪽 고정점들을 드래그하여 선택한 후 Scale Tool(⬚)을 더블 클릭하여 'Uniform : 70%'를 지정하여 패스의 크기를 축소합니다.

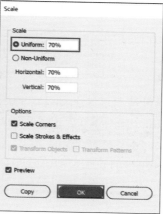

03 Rounded Rectangle Tool(⬚)로 드래그하여 크기가 작은 동일한 색상의 둥근 사각형을 그리고 동일한 방법으로 오른쪽 패스를 축소하여 작은 나뭇가지 모양을 만든 후, Selection Tool(▶)로 조절점의 밖을 드래그하여 회전하여 배치합니다.

04 Selection Tool(▶)로 [Alt]를 누르면서 드래그하여 복사하고 조절점의 밖을 드래그하여 회전하여 배치합니다. 계속해서 [Shift]를 누르면서 조절점을 안쪽으로 드래그하여 크기를 축소합니다.

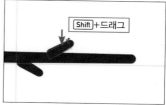

05 Selection Tool(▶)로 3개의 오브젝트를 선택하고 Pathfinder 패널에서 'Unite(▣)'를 클릭하여 합칩니다. Selection Tool(▶)로 조절점의 밖을 드래그하여 회전하고 [Shift]+[Ctrl]+[[]를 눌러 맨 뒤로 보내기를 하고 제시된 레이아웃과 동일하게 배치합니다.

08 해 모양 만들기

01 Ellipse Tool(◉)로 작업 도큐먼트를 클릭한 후 'Width : 13mm, Height : 13mm'를 입력하여 그리고 'Fill Color : M30Y80, Stroke Color : None'을 지정합니다.

02 Rectangle Tool(▣)로 드래그하여 사각형을 그리고 'Fill Color : M30Y80, Stroke Color : None'을 지정합니다. Selection Tool(▶)로 정원과 사각형을 함께 선택하고 Align 패널에서 'Horizontal Align Center(♣)'를 클릭하여 가로 가운데 정렬을 지정합니다. Delete Anchor Point Tool(✎)로 사각형의 오른쪽 상단의 고정점에 클릭하여 고정점을 삭제하고 직각삼각형을 만듭니다.

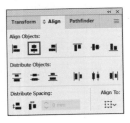 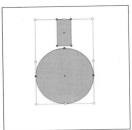  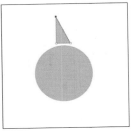

03 Selection Tool(▶)로 직각삼각형을 선택하고 Rotate Tool(↻)로 Alt 를 누르면서 정원의 중심점을 클릭합니다. [Rotate] 대화상자에서 'Angle : 30°'를 지정하고 [Copy]를 눌러 복사를 한 후, Ctrl + D 를 10번 눌러 반복 복사합니다.

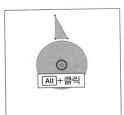 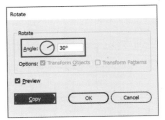  

09 저장하기

01 [View]-[Guides]-[Hide Guides](Ctrl + ;)를 선택하여 안내선을 숨기고 [View]-[Fit Artboard in Window](Ctrl + 0)를 선택하여 현재 창에 맞추기를 합니다.

02 [File]-[Save As]를 선택하고 '저장 위치 : 내 PC₩문서₩GTQ, 파일 형식 : Adobe Illustrator(*AI), 파일 이름 : 수험번호-성명-문제번호.ai'를 확인하고 [저장]을 클릭한 후 [Illustrator Options] 대화상자에서 'Version : Illustrator 2020'으로 설정하고 [OK]를 클릭합니다.

03 답안 저장이 완료가 되면 [File]-[Close](Ctrl + W)를 선택하여 파일을 닫고 수험 프로그램에서 [답안 전송]을 클릭하여 감독관 컴퓨터로 전송합니다.

작업과정	새 도큐먼트 만들기 및 파일 저장하기 ➡ 타원과 별 & 해 모양 만들기 ➡ 꽃 모양 만들고 변형하기 ➡ 리본 모양 브러쉬 적용하고 곡선을 따라 흐르는 문자 입력하기 ➡ 문자 오브젝트 만들기 ➡ 나비 모양 만들고 이펙트 적용하기 ➡ 저장하기
완성이미지	Part04\기출유형문제04회\수험번호–성명–2.ai

01 새 도큐먼트 만들기 및 파일 저장하기

01 [File]–[New]를 선택하고 'Width : 100mm, Height : 80mm, Units : Millimeters, Color Mode : CMYK'를 설정하여 새 도큐먼트를 만들고 [View]–[Rulers]–[Show Rulers] (Ctrl+R)를 선택하여 눈금자를 표시합니다.

02 작품의 규격 왼쪽 상단에 원점(0,0)을 확인하고 왼쪽과 상단 눈금자 위에서 마우스로 각각 드래그하여 제시된 출력형태와 레이아웃 구성이 동일하게 안내선을 표시합니다.

03 작업 도큐먼트를 저장하기 위해 [File]–[Save As]를 선택하고 '저장 위치 : 내 PC\문서\ GTQ, 파일 형식 : Adobe Illustrator(*AI), 파일 이름 : 수험번호–성명–문제번호'를 입력하고 [저장]을 클릭한 후 [Illustrator Options] 대화상자에서 'Version : Illustrator 2020' 으로 설정하고 [OK]를 클릭합니다.

02 타원과 별 & 해 모양 만들기

01 Ellipse Tool(◎)로 Alt를 누르면서 안내선의 교차지점을 클릭한 후 'Width : 60mm, Height : 75mm'를 입력하여 그리고 'Fill Color : C10Y30, Stroke Color : 임의 색상'을 지정합니다.

02 Star Tool(☆)로 작업 도큐먼트에 드래그하며 키보드의 ↓를 한 번 눌러 별 모양을 그리고 'Fill Color : C10Y30, Stroke Color : 임의 색상'을 지정합니다. 계속해서 타원의 오른쪽 상단에 작은 별을 겹치도록 그리고 Ctrl+A로 모두 선택한 후 Pathfinder 패널에서 'Exclude(◨)'를 클릭하고 'Stroke Color : None'을 지정합니다. Ctrl을 누르고 도큐먼트의 빈 곳을 클릭하여 선택을 해제합니다.

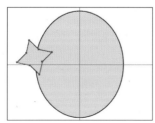 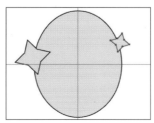 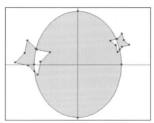

03 Brushes 패널 하단의 'Brush Libraries Menu'를 클릭하고 [Artistic]−[Artistic_ ChalkCharcoalPencil]을 선택하여 추가 브러쉬 패널을 불러온 후 'Charcoal'을 선택합니다.

04 Ellipse Tool(◯)로 Shift 를 누르면서 드래그하여 정원을 그리고 'Fill Color : None, Stroke Color : M50Y100'을 지정합니다. Brushes 패널에서 'Charcoal'을 클릭하고 Stroke 패널에서 'Weight : 0.5pt'를 지정합니다. Line Segment Tool(╱)로 Shift 를 누르면서 정원의 상단에 아래에서 위쪽으로 드래그하여 수직선을 그린 후 동일한 브러쉬 속성을 적용합니다.

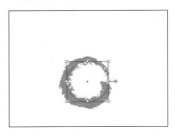 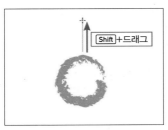 

05 Rotate Tool(⟳)로 Alt 를 누르면서 정원의 중심점을 클릭한 후 [Rotate] 대화상자에서 'Angle : 45°'를 지정하고 [Copy]를 눌러 회전 복사합니다. Ctrl +D 를 6번 눌러 반복하여 회전 복사한 후 Selection Tool(▶)로 해 모양을 모두 선택하고 Ctrl +G 를 눌러 그룹 설정을 합니다.

 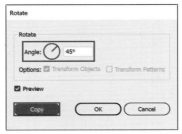 

③ 꽃 모양 만들고 변형하기

01 Ellipse Tool(◯)로 Shift 를 누르면서 드래그하여 정원을 그리고 'Fill Color : M20Y100, Stroke Color : None'을 지정합니다. Direct Selection Tool(▷)로 정원의 하단 고정점을 클릭하여 선택하고 키보드의 화살표 ↓를 눌러 아래로 이동한 후 Scale Tool(▣)을 더블 클릭하고 'Uniform : 50%'를 지정하여 하단 패스를 축소합니다.

 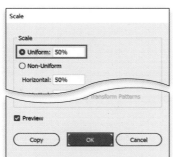 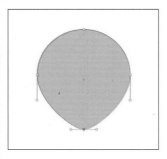

02 Direct Selection Tool(⟍)로 가운데 2개의 고정점을 드래그하여 선택하고 Scale Tool(⊡) 을 더블 클릭한 후 'Uniform : 105%'를 지정하여 패스를 확대합니다.

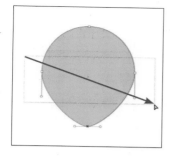
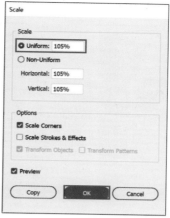

03 Ellipse Tool(⬭)로 Shift 를 누르면서 드래그하여 정원과 타원을 그린 후 Rectangle Tool (▣)로 직사각형을 그리고 'Fill Color : M80Y90, Stroke Color : None'을 지정합니다. Selection Tool(▶)로 4개의 오브젝트를 동시에 선택하고 Align 패널에서 'Horizontal Align Center(⊞)'를 클릭하여 가로 가운데 정렬을 지정합니다.

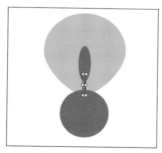
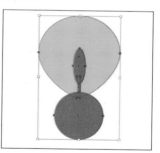

04 Selection Tool(▶)로 정원을 제외한 3개의 오브젝트를 선택하고 Rotate Tool(⟲)로 정원 의 중심점을 클릭한 후 Alt 와 Shift 를 누르면서 시계 방향으로 드래그하여 90° 회전하여 복사 합니다. Ctrl + D 를 2번 눌러 반복하여 회전 복사합니다. Selection Tool(▶)로 꽃잎을 제외 한 오브젝트를 동시에 선택하고 Pathfinder 패널에서 'Unite(◼)'를 클릭하여 합칩니다.

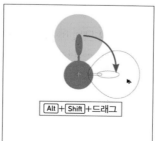
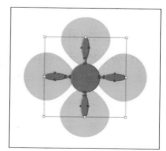

05 Direct Selection Tool(▷)로 위쪽 꽃잎 모양의 상단 고정점을 클릭하여 선택하고 키보드의 화살표 ↑를 눌러 위로 이동하여 하나의 꽃잎만을 변형합니다. Selection Tool(▶)로 완성된 꽃 모양을 선택하고 Ctrl+G를 눌러 그룹으로 설정합니다.

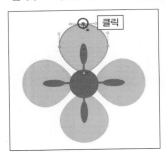 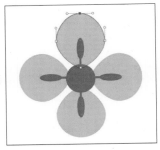 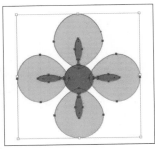

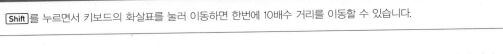

합격생의 비법

Shift를 누르면서 키보드의 화살표를 눌러 이동하면 한번에 10배수 거리를 이동할 수 있습니다.

06 Selection Tool(▶)로 완성된 꽃 모양을 선택하고 Scale Tool(⬚)을 더블 클릭하여 'Uniform : 70%'를 지정하여 [Copy]를 눌러 축소 복사한 후 Ctrl+D를 눌러 반복 복사합니다.

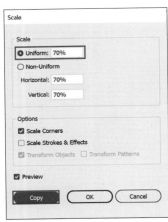 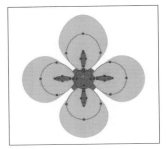 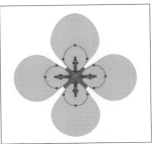

07 Selection Tool(▶)로 복사된 꽃 모양을 이동하여 배치하고 조절점 밖을 Shift를 누르면서 시계 방향과 반시계방향으로 각각 드래그하여 45°씩 회전합니다. 축소된 꽃 모양을 각각 더블 클릭하여 가운데 오브젝트를 선택하고 'Fill Color : C0M0Y0K0, C70M100, Stroke Color : None'을 각각 지정한 후 도큐먼트의 빈 곳을 더블 클릭하여 정상 모드로 전환합니다.

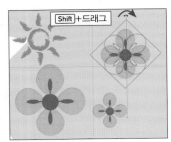 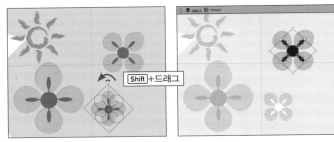

04 리본 모양 브러쉬 적용하고 곡선을 따라 흐르는 문자 입력하기

01 Brushes 패널 하단의 'Brush Libraries Menu'를 클릭하고 [Decorative]−[Decorative_ Banners and Seals]를 선택하여 추가 브러쉬 패널을 불러온 후 'Banner 5'를 선택합니다.

02 Line Segment Tool(☐)로 Shift 를 누르면서 오른쪽에서 왼쪽으로 드래그하여 수평선을 그리고 'Fill Color : None, Stroke Color : 임의 색상'을 지정한 후 'Banner 5' 브러쉬를 적용하고, Stroke 패널에서 'Weight : 1pt'를 지정합니다.

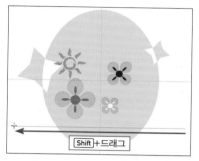
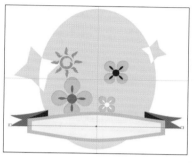

합격생의 비법

[Decorative]−[Decorative_ Banners and Seals] 브러쉬는 드래그하여 그리는 방향에 따라 모양이 다르게 출력됩니다.

03 Pen Tool(☐)로 드래그하여 문자를 입력할 열린 곡선 패스를 그리고 'Fill Color : None, Stroke Color : 임의 색상'을 지정합니다.

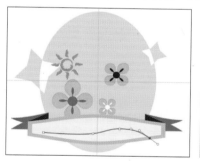

합격생의 비법

Tool 패널 하단의 Default Fill and Stroke(☐)를 클릭하여 면과 선 속성을 초기화한 후에 패스를 그립니다.

04 Type on a Path Tool(☐)로 열린 패스를 클릭한 후, Character 패널에서 'Set font family : Times New Roman, Set font style : Bold, Set font size : 20pt'를 설정하고 Paragraph 패널에서 'Align center(☐)'를 지정하고 문장을 패스의 중앙에 배치합니다. 'Fill Color : M70Y70, Stroke Color : None'을 지정한 후 Flower Festival을 입력합니다.

05 Selection Tool(☐)로 가장 큰 꽃 모양을 선택하고 Ctrl +Shift+☐를 눌러 맨 앞으로 가져오기를 합니다.

05 문자 오브젝트 만들기

01 Type Tool(T)로 작업 도큐먼트를 클릭한 후 Character 패널에서 'Set font family : Ar-ial, Set font style : Bold, Set font size : 16pt'를 설정하고 15% COUPON을 입력합니다.

02 Type Tool(T)로 15 문자를 드래그하여 선택하고 Character 패널에서 'Set font size : 50pt'를 설정합니다. Selection Tool(▶)로 15% COUPON 문자를 선택하고 [Type]-[Create Outlines](Shift+Ctrl+O)를 선택하고 문자를 윤곽선으로 변환한 후 'Fill Color : C100M60, Stroke Color : None'을 지정합니다.

합격생의 비법

• Selection Tool(▶)로 문자를 선택해야 [Type]-[Create Outlines]가 활성화됩니다.
• [Properties] 패널에서 [Quick Actions] 항목의 [Create Outlines]를 클릭하여 적용할 수도 있습니다.

03 Selection Tool(▶)로 문자 오브젝트를 더블 클릭하여 Isolation Mode로 전환하고 이동하여 배치합니다.

04 Line Segment Tool(/)로 Shift를 누르면서 드래그하여 임의 색상의 2개의 수평선을 그리고 배치합니다. Selection Tool(▶)로 문자와 2개의 수평선을 동시에 선택하고 Pathfinder 패널에서 'Divide(▣)'를 클릭하여 면을 분할합니다.

05 Selection Tool(▶)로 분리된 문자 오브젝트의 상단을 드래그하여 선택한 후 Shift를 누르면서 키보드의 화살표 ↑를 눌러 위로 이동하여 배치합니다. Selection Tool(▶)로 Shift를 누르면서 클릭하여 중앙 부분의 분리된 문자 오브젝트를 동시에 선택하고 'Fill Color : C70Y80, Stroke Color : None'을 지정합니다.

06 Selection Tool(▶)로 하단의 문자 오브젝트를 동시에 선택하고 [Shift]를 누르면서 키보드의 화살표 [↓]를 눌러 아래로 이동하여 배치한 후 COUPON 문자 하단을 드래그하여 선택하고 'Fill Color : C10M100Y50, Stroke Color : None'을 지정한 후 [Esc]를 눌러 정상 모드로 전환합니다.

06 나비 모양 만들고 이펙트 적용하기

01 Ellipse Tool(⬤)로 작업 도큐먼트에 드래그하여 하나의 정원과 크기가 다른 2개의 타원을 그리고 'Fill Color : C20M50Y100K40, Stroke Color : None'을 지정합니다. Direct Selection Tool(▷)로 타원의 왼쪽과 오른쪽의 고정점을 각각 클릭하여 선택하고 패스를 변형합니다. Selection Tool(▶)로 조절점 밖을 드래그하여 회전합니다.

 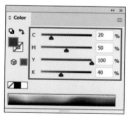  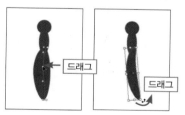

02 Pen Tool(✎)로 드래그하여 날개 모양을 그리고 'Fill Color : M60Y100K20, Stroke Color : None'을 지정합니다. 계속해서 면을 분리할 열린 곡선 패스를 그리고 'Fill Color : None, Stroke Color : 임의 색상'을 지정합니다. Selection Tool(▶)로 2개의 오브젝트를 동시에 선택하고 Pathfinder 패널에서 'Divide(⬜)'를 클릭하여 면을 분할합니다.

03 Selection Tool(▶)로 더블 클릭하여 Isolation Mode로 전환하고 안쪽의 오브젝트를 선택한 후 Gradient 패널에서 'Type : Linear Gradient, Angle : 0°'를 적용하고 Gradient Slider의 왼쪽 'Color Stop'을 더블 클릭하여 M60Y100K10을 적용하고 오른쪽 'Color Stop'을 더블 클릭하여 M30Y100을 적용합니다.

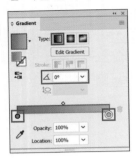 

04 Pen Tool(✎)로 드래그하여 하단의 날개 모양을 임의 색상으로 그리고 Scale Tool(⬚)로 [Alt]를 누르면서 날개 모양 상단의 고정점을 클릭하여 'Uniform : 85%'를 지정한 후 [Copy]를 눌러 축소 복사하고 위치를 조절합니다. Selection Tool(▶)로 Fill Color : M60Y100K20, M10Y100, Stroke Color : None'을 각각 지정합니다.

 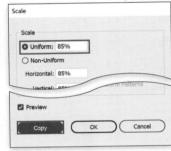 

05 Ellipse Tool(⬭)로 [Shift]를 누르면서 드래그하여 5개의 크기가 다른 정원을 그리고 'Fill Color : M60Y100K20, M30Y100, Stroke Color : None'을 각각 지정하고 [Esc]를 눌러 정상 모드로 전환합니다.

06 Pen Tool(✎)로 더듬이 모양의 열린 곡선 패스를 그리고 'Fill Color : None, Stroke Color : K100'을 지정한 후 Stroke 패널에서 'Weight : 1pt'를 지정하고 [Object]-[Path]-[Outline Stroke]를 선택하여 선을 면으로 확장합니다.

07 Selection Tool(▶)로 완성된 나비 모양을 모두 선택하여 Ctrl+G 를 눌러 그룹으로 설정한 후 [Effect]-[Illustrator Effects]-[Stylize]-[Drop Shadow]를 선택하고 'Opacity : 75%, X Offset : 2.42mm, Y Offset : 2.42mm, Blur : 1.74mm'를 지정하여 그림자 효과를 적용합니다. Rotate Tool(🔄)을 더블 클릭하여 'Angle : 35°'를 지정하여 회전하고 제시된 레이아웃대로 배치합니다.

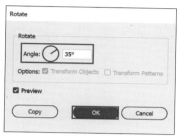

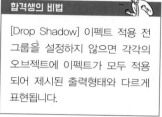

합격생의 비법

[Drop Shadow] 이펙트 적용 전 그룹을 설정하지 않으면 각각의 오브젝트에 이펙트가 모두 적용되어 제시된 출력형태와 다르게 표현됩니다.

07 저장하기

01 [View]-[Guides]-[Hide Guides](Ctrl+;)를 선택하여 안내선을 숨기고 [View]-[Fit Artboard in Window](Ctrl+0)를 선택하여 현재 창에 맞추기를 합니다.

02 [File]-[Save As]를 선택하고 '저장 위치 : 내 PC₩문서₩GTQ, 파일 형식 : Adobe Illustrator(*AI), 파일 이름 : 수험번호-성명-문제번호.ai'를 확인하고 [저장]을 클릭한 후 [Illustrator Options] 대화상자에서 'Version : Illustrator 2020'으로 설정하고 [OK]를 클릭합니다.

03 답안 저장이 완료가 되면 [File]-[Close](Ctrl+W)를 선택하여 파일을 닫고 수험 프로그램에서 [답안 전송]을 클릭하여 감독관 컴퓨터로 전송합니다.

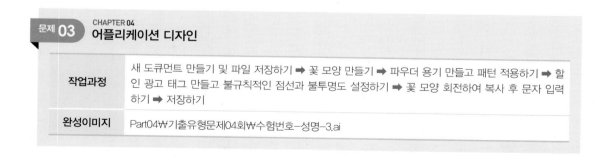

작업과정	새 도큐먼트 만들기 및 파일 저장하기 ➡ 꽃 모양 만들기 ➡ 파우더 용기 만들고 패턴 적용하기 ➡ 할인 광고 태그 만들고 불규칙적인 점선과 불투명도 설정하기 ➡ 꽃 모양 회전하여 복사 후 문자 입력하기 ➡ 저장하기
완성이미지	Part04₩기출유형문제04회₩수험번호-성명-3.ai

문제 **03** CHAPTER 04
어플리케이션 디자인

01 새 도큐먼트 만들기 및 파일 저장하기

01 [File]-[New]를 선택하고 'Width : 120mm, Height : 80mm, Units : Millimeters, Color Mode : CMYK'를 설정하여 새 도큐먼트를 만들고 [View]-[Rulers]-[Show Rulers] (Ctrl+R)를 선택하여 눈금자를 표시합니다.

02 작품의 규격 왼쪽 상단에 원점(0,0)을 확인하고 왼쪽과 상단 눈금자 위에서 마우스로 각각 드래그하여 제시된 출력형태와 레이아웃 구성이 동일하게 안내선을 표시합니다.

03 작업 도큐먼트를 저장하기 위해 [File]−[Save As]를 선택하고 '저장 위치 : 내 PC₩문서₩GTQ, 파일 형식 : Adobe Illustrator(*AI), 파일 이름 : 수험번호−성명−문제번호'를 입력하고 [저장]을 클릭한 후 [Illustrator Options] 대화상자에서 'Version : Illustrator 2020'으로 설정하고 [OK]를 클릭합니다.

02 꽃 모양 만들기

01 Polygon Tool(◉)로 작업 도큐먼트를 클릭한 후 'Radius : 6mm, Sides : 5'를 입력하여 그리고 'Fill Color : M30Y100, Stroke Color : None'을 지정합니다. [Effect]−[Illustrator Effects]−[Distort & Transform]−[Pucker & Bloat]를 선택하고 '70%'를 입력하여 꽃 모양을 만듭니다.

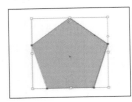 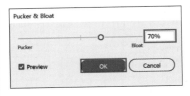 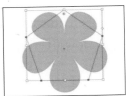

02 [Object]−[Expand Appearance]를 선택하여 오브젝트의 속성을 확장합니다. Ellipse Tool(◉)로 [Shift]를 누르면서 꽃 모양 중앙에 정원을 그리고 'Fill Color : Y60, Stroke Color : None'을 지정합니다.

 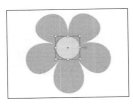

03 Ellipse Tool(◉)로 타원을 그리고 'Fill Color : C10M90Y70K20, Stroke Color : None'을 지정합니다. 계속해서 Pen Tool(✎)로 꽃잎 모양을 그리고 'Fill Color : M90Y70, Stroke Color : None'을 지정한 후 Reflect Tool(▷◁)로 [Alt]를 누르고 꽃잎 모양 하단의 고정점을 클릭하여 'Axis : Vertical'을 지정하고 [Copy]를 눌러 복사합니다.

04 Ellipse Tool(⬭)로 상단에 정원을 그리고 'Fill Color : C10M90Y70K20, Stroke Color : None'을 지정합니다. Line Segment Tool(╱)로 수직선을 그리고 'Fill Color : None, Stroke Color : C10M90Y70K20'을 지정하고 Stroke 패널에서 'Weight : 1pt'를 적용합니다.

05 Selection Tool(▶)로 Alt를 누르면서 드래그하여 정원을 복사하고 Arc Tool(╭)로 그림과 같이 하단에서 상단으로 드래그하여 호를 그리고 배치한 후 'Fill Color : None, Stroke Color : C10M90Y70K20'을 지정하고 Stroke 패널에서 'Weight : 1pt'를 적용합니다.

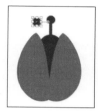 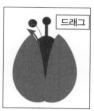 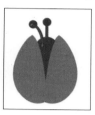

06 Selection Tool(▶)로 왼쪽의 정원과 호를 동시에 선택하고 Reflect Tool(◄►)로 Alt를 누르면서 타원의 가로 중앙을 클릭하고 'Axis : Vertical'을 지정하고 [Copy]를 눌러 복사합니다.

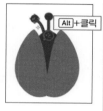  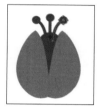

07 Selection Tool(▶)로 수직선과 2개의 호를 동시에 선택하고 [Object]-[Path]-[Outline Stroke]를 선택하여 선을 면으로 확장한 후 색상이 동일한 7개의 오브젝트를 모두 선택하고 Pathfinder 패널에서 'Unite(🄜)'를 클릭하여 합칩니다. Shift+Ctrl+[를 눌러 맨 뒤로 보내기를 합니다.

합격생의 비법

Selection Tool(▶)로 Shift를 누르면서 클릭하면 여러 개의 오브젝트를 동시에 선택할 수 있습니다.

08 Pen Tool()로 곡선의 열린 패스를 그리고 'Fill Color : None, Stroke Color : C50Y100' 을 지정하고 Stroke 패널에서 'Weight : 2pt'를 지정한 후 [Object]-[Path]-[Outline Stroke]를 선택하여 선을 면으로 확장하여 줄기 모양을 완성합니다.

09 Pen Tool()로 잎 모양을 그리고 'Fill Color : C50Y100, Stroke Color : None'을 지정합니다. 계속해서 열린 패스를 겹치도록 그리고 'Fill Color : None, Stroke Color : 임의 색상'을 지정합니다. Selection Tool()로 2개의 오브젝트를 선택하고 Pathfinder 패널에서 'Divide()'를 클릭하여 면을 분할합니다. 더블 클릭하여 Isolation Mode로 전환하여 상단 오브젝트를 선택한 후 'Fill Color : C50Y100K20, Stroke Color : None'을 지정하고 [Esc] 를 눌러 정상 모드로 전환합니다.

10 Selection Tool()로 잎 모양을 선택하고 Reflect Tool()로 줄기 부분을 클릭하여 변형 축을 지정한 후 [Alt]를 누르면서 뒤집어 드래그하여 복사합니다. Selection Tool()로 [Shift]를 누르면서 조절점의 모서리를 안으로 드래그하여 크기를 축소하고 배치합니다.

합격생의 비법

Selection Tool(▶)로 [Shift]를 누르면서 조절점의 모서리를 드래그하여 비율에 맞게 확대, 축소할 수 있습니다.

11 Selection Tool()로 줄기와 큰 잎 모양을 선택하고 [Shift]+[Ctrl]+[[]를 눌러 맨 뒤로 보내기를 하고 Reflect Tool()로 작업 도큐먼트를 클릭한 후 변형 축을 지정하고 [Alt]와 [Shift]를 누르면서 뒤집어 드래그하여 복사합니다.

 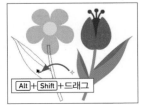 

12 Selection Tool(▶)로 왼쪽의 꽃 모양을 선택하고 Scale Tool(⊡)을 더블 클릭하여 'Uni-form : 50%'를 지정하고 [Copy]를 눌러 축소 복사합니다.

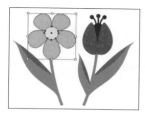 

13 Selection Tool(▶)로 축소된 꽃 모양을 [Alt]와 [Shift]를 누르면서 오른쪽으로 드래그하여 복사합니다. [Ctrl]+[D]를 눌러 균등한 간격으로 반복 복사한 후 3개의 꽃 모양을 모두 선택하고 [Ctrl]+[G]를 눌러 그룹으로 설정합니다.

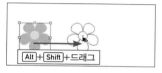  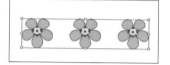

03 파우더 용기 만들고 패턴 적용하기

01 Rectangle Tool(▣)로 작업 도큐먼트를 클릭한 후 'Width : 32mm, Height : 13mm'를 입력하여 그리고 'Fill Color : M20Y30, Stroke Color : 임의 색상'을 지정합니다.

02 Ellipse Tool(◯)로 [Alt]를 누르면서 안내선의 교차지점을 클릭하여 'Width : 32mm, Height : 13mm'를 입력하여 그리고 'Fill Color : M20Y30, Stroke Color : 임의 색상'을 지정합니다.

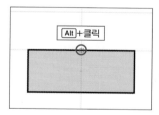 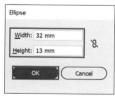 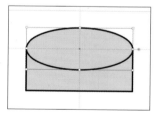

03 Tool 패널의 Selection Tool(▶)을 더블 클릭하고 [Move] 대화상자에서 'Horizontal : 0mm, Vertical : 13mm'를 입력하고 [Copy]를 눌러 아래쪽으로 이동하여 복사합니다. Selection Tool(▶)로 하단의 타원과 직사각형을 선택하고 Pathfinder 패널에서 'Unite(▣)'를 클릭하여 합친 후 [Ctrl]+[[]를 눌러 뒤로 보내기를 하고 'Stroke Color : None'을 지정합니다.

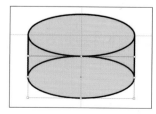  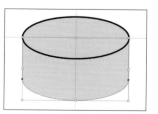

04 Selection Tool(▶)로 타원을 선택하고 [Alt]와 [Shift]를 누르면서 아래쪽으로 드래그하여 복사합니다. Direct Selection Tool(▷)로 복사된 타원 상단의 고정점을 클릭하여 선택한 후 [Delete]를 눌러 삭제하여 열린 패스를 만들고 'Fill Color : None, Stroke Color : C10M80Y90'을 지정하고 Stroke 패널에서 'Weight : 1pt'를 지정합니다.

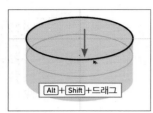 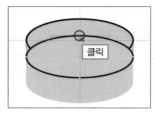 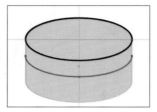

05 Selection Tool(▶)로 상단의 타원을 선택한 후 Gradient 패널에서 'Type : Linear Gradient, Angle : 0°'를 설정하고 Gradient Slider의 왼쪽 'Color Stop'을 더블 클릭하여 M30Y40을, Gradient Slider의 가운데 빈 공간을 클릭하여 'Color Stop'을 추가한 후 더블 클릭하여 C0M0Y0K0을, 오른쪽 'Color Stop'을 더블 클릭하여 M30Y40을 적용한 후 'Stroke Color : None'을 지정합니다.

06 [Object]-[Path]-[Offset Path]를 선택한 후 'Offset : −0.8mm'를 지정하여 축소된 복사본을 만들고 키보드의 화살표 [↑]를 눌러 위쪽으로 조금 이동합니다. Color 패널에서 'Fill Color : None, Stroke Color : C10M80Y90'을 지정하고 Stroke 패널에서 'Weight : 1pt, Dashed Line : 체크, dash : 2pt'를 입력하여 규칙적인 점선을 그려 배치합니다.

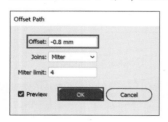  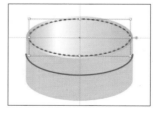

07 Selection Tool(▶)로 튤립 모양을 선택하고 [Object]-[Pattern]-[Make]를 선택하고 Pattern Options에서 'Name : 튤립'을 지정하고 패턴으로 등록합니다. [Esc]를 눌러 패턴의 편집 모드에서 정상 모드로 전환합니다.

08 Selection Tool(▶)로 파우더 용기 하단의 오브젝트를 선택한 후 Ctrl + C 로 복사를 하고 Ctrl + F 로 복사한 오브젝트 앞에 붙여 넣기를 합니다. Swatches 패널에서 등록된 튤립 패턴을 클릭하여 면 색상에 적용합니다. Scale Tool(🔲)을 더블 클릭하고 'Uniform : 20%, Transform Objects : 체크 해제, Transform Patterns : 체크'를 지정하여 패턴의 크기를 축소합니다.

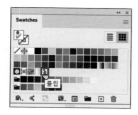
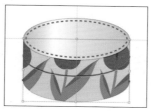

09 Type Tool(T)로 작업 도큐먼트를 클릭한 후 Character 패널에서 'Set font family : Arial, Set font style : Regular, Set font size : 11pt'를 설정하고 Paragraph 패널에서 'Align center(▤)'를 지정하고 문장을 중앙에 배치합니다. 'Fill Color : C10M90Y70, Stroke Color : None'을 지정하고 BODY POWDER를 입력합니다.

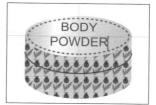

04 할인 광고 태그 만들고 불규칙적인 점선과 불투명도 설정하기

01 Polygon Tool(⬡)로 상단의 안내선 교차 지점을 클릭하여 'Radius : 27mm, Sides : 6'을 입력하여 그리고 'Fill Color : 임의 색상, Stroke Color : 임의 색상'을 지정합니다.

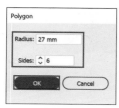
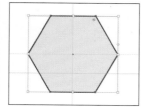
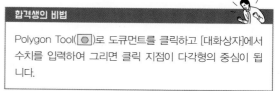

합격생의 비법

Polygon Tool(⬡)로 도큐먼트를 클릭하고 [대화상자]에서 수치를 입력하여 그리면 클릭 지점이 다각형의 중심이 됩니다.

02 Scale Tool(🔲)을 더블 클릭하여 'Uniform : 65%, Transform Objects : 체크'를 지정하고 [Copy]를 눌러 복사합니다. 계속해서 더블 클릭하여 'Uniform : 90%'를 지정하고 [Copy]를 눌러 복사합니다.

03 작은 육각형에 'Fill Color : None, Stroke Color : M40'을 지정하고 Stroke 패널에서 'Weight : 2pt, Dashed Line : 체크, dash : 9pt, gap : 3pt, dash : 2pt, gap : 3pt'를 입력하여 불규칙적인 점선을 적용합니다.

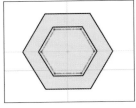

04 Selection Tool(▶)로 두 번째 육각형을 선택하고 'Fill Color : C50M80Y30, Stroke Color : None'을 지정합니다. 세 번째 육각형을 선택하고 'Fill Color : C0M0Y0K0, Stroke Color : None'을 지정한 후 Transparency 패널에서 'Opacity : 70%'를 설정하여 불투명도를 조절합니다.

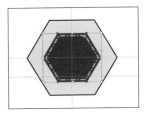

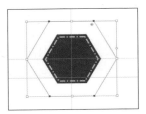

05 꽃 모양 회전하여 복사 후 문자 입력하기

01 Selection Tool(▶)로 2개의 꽃 모양을 선택한 후 Scale Tool(☒)을 더블 클릭하여 'Uniform : 75%, Transform Objects : 체크'를 지정하고 [Copy]를 눌러 축소 복사한 후 육각형의 상단 중앙에 배치합니다. 2개의 꽃 모양의 가운데 간격을 이동하여 배치합니다.

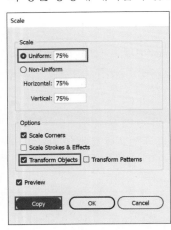
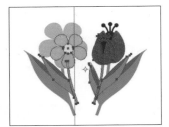
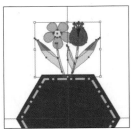

합격생의 비법

Pattern이 적용된 오브젝트가 있는 도큐먼트는 기본적으로 변형 도구의 Options에 'Transform Patterns : 체크'가 되어 있습니다. 패턴이 적용되지 않은 오브젝트에는 체크 해제를 굳이 하지 않아도 됩니다.

02 Rotate Tool(⟳)로 Alt 를 누르면서 안내선의 상단 교차 지점을 클릭하여 [Rotate] 대화상자에서 'Angle : 45°'를 지정하고 [Copy]를 눌러 회전 복사한 후 Ctrl + D 를 6번 눌러 반복하여 복사합니다.

 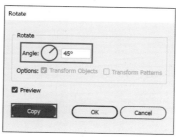  

03 Type Tool(T)로 작업 도큐먼트를 클릭한 후 Character 패널에서 'Set font family : Times New Roman, Set font style : Bold, Set font size : 16pt'를 설정하고 Paragraph 패널에서 'Align center(≡)'를 지정하고 문장을 중앙에 배치합니다. 'Fill Color : C0M0Y0K0, Stroke Color : None'을 지정하고 UP TO 30% OFF를 입력합니다. Rotate Tool(⟳)로 더블 클릭하여 'Angle : −35°'를 지정하여 회전한 후 배치합니다.

06 저장하기

01 [View]-[Guides]-[Hide Guides](Ctrl + ;)를 선택하여 안내선을 숨기고 [View]-[Fit Artboard in Window](Ctrl + 0)를 선택하여 현재 창에 맞추기를 합니다.

02 [File]-[Save As]를 선택하고 '저장 위치 : 내 PC\문서\GTQ, 파일 형식 : Adobe Illustrator(*AI), 파일 이름 : 수험번호-성명-문제번호.ai'를 확인하고 [저장]을 클릭한 후 [Illustrator Options] 대화상자에서 'Version : Illustrator 2020'으로 설정하고 [OK]를 클릭합니다.

03 답안 저장이 완료가 되면 [File]-[Exit](Ctrl + Q)를 선택하여 일러스트레이터 프로그램을 종료하고 수험 프로그램에서 [답안 전송]을 클릭하여 감독관 컴퓨터로 전송합니다.

기출 유형 문제 05회

급수	문제유형	시험시간	수험번호	성명
2급	A	90분	G123456789	

수 험 자 유 의 사 항

- 수험자는 문제지를 받는 즉시 응시하고자 하는 과목 및 급수가 맞는지 확인한 후 수험번호와 성명을 작성합니다.
- 파일명은 본인의 "수험번호-성명-문제번호"로 공백 없이 정확히 입력하고 답안폴더(내 PC₩문서₩GTQ)에 ai 파일 포맷으로 저장해야 하며, 다른 파일 형식으로 저장하였을 경우 0점 처리됩니다. 답안문서 파일명이 "수험번호-성명-문제번호"와 일치하지 않거나, 답안 파일을 전송하지 않아 미제출로 처리될 경우 불합격 처리됩니다.
- 수험자 정보와 저장한 파일명, 저장 위치가 다를 경우 전송이 되지 않으므로, 주의하시기 바랍니다.
- 답안 작성 중에도 주기적으로 '저장'과 '답안 전송'을 이용하여 감독위원 PC로 답안을 전송하셔야 합니다. (※ 작업한 내용을 저장하지 않고 전송할 경우 이전의 저장내용이 전송되오니 이점 반드시 유념하시기 바랍니다.)
- 답안문서는 지정된 경로 외의 다른 보조기억장치에 저장하는 행위, 지정된 시험 시간 외에 작성된 파일을 활용한 행위, 기타 통신수단(이메일, 메신저, 네트워크 등)을 이용하여 타인에게 전달 또는 외부 반출하는 행위는 부정으로 간주되어 자격기본법 제32조에 의거 본 시험 및 국가공인 자격시험을 2년간 응시할 수 없습니다.
- 시험 중 부주의 또는 고의로 시스템을 파손한 경우와 〈수험자 유의사항〉에 기재된 방법대로 이행하지 않아 생기는 불이익은 수험자의 책임임을 알려 드립니다.
- 시험을 완료한 수험자는 최종적으로 저장한 답안파일이 전송되었는지 확인한 후 감독위원의 지시에 따라 문제지를 제출하고 퇴실합니다.

답 안 작 성 요 령

- 온라인 답안 작성 절차
  수험자 등록 ⇒ 시험 시작 ⇒ 답안파일 저장 ⇒ 답안 전송 ⇒ 시험 종료
- 배점은 총 100점으로 이루어지며, 점수는 각 문제별로 차등 배분됩니다.
- 각 문제는 제시된 조건에 맞게 답안을 작성하셔야 하며, 조건을 지키지 못했을 경우에는 0점 또는 감점 처리됩니다.
- 조건에서 주어진 단위는 'mm(밀리미터)'입니다. 눈금자는 작성하지 않으며, 그 외는 출력형태(레이아웃, 색상, 문자, 규격 등)와 같게 작업하십시오.
- 문제 조건에 서체의 지정이 없을 경우 한글은 굴림이나 돋움, 영문은 Arial로 작업하십시오. (단, 그 외 제시되지 않은 문자 속성을 기본값으로 작성하지 않은 경우는 감점 처리됩니다.)
- 문제 조건에 크기와 색상, 두께의 지정이 없을 경우 《출력형태》를 참고하여 작업해 주시기 바랍니다.
- Image Mode(이미지 모드)는 별도의 처리조건이 없을 경우에는 CMYK로 작업하십시오.
- 조건에서 제시한 기능을 임의로 합치거나 각 기능에 대한 속성을 해지할 경우 해당 요소는 0점 처리됩니다.

한 국 생 산 성 본 부

다음의 《조건》에 따라 아래의 《출력형태》와 같이 작업하시오.

조건

파일저장규칙	AI	파일명	문서₩GTQ₩수험번호-성명-1.ai
		크기	100 × 80mm

1. 작업 방법

① 도형, 변형 툴과 Pathfinder 기능을 활용하여 오브젝트를 작성한다.

② 그 외 《출력형태》 참조

출력형태

C30M80Y70K20,
C0M0Y0K0,
K100,
C30M50Y40,
M50Y80K10,
M30Y50,
C30M50Y40K20,
C40Y20,
M80Y80,
(선/획) C0M0Y0K0, 1pt

다음의 《조건》에 따라 아래의 《출력형태》와 같이 작업하시오.

조건

파일저장규칙	AI	파일명	문서₩GTQ₩수험번호-성명-2.ai
		크기	100 × 80mm

1. 작업 방법

① 'TRICK OR TREAT' 문자에 Arial (Black) 폰트를 적용한다.
② 'Happy Halloween Day' 문자에 Type on a Path Tool을 활용한다.
③ Brush는 《출력형태》를 참고하여 작성한다.
④ Effect는 《출력형태》를 참고하여 작성한다.
⑤ 그 외 《출력형태》 참조

2. 문자 효과

① Happy Halloween Day (Arial, Bold, 13pt, C80M100Y30K40)

출력형태

[Brush] Dry Brush 6,
M40Y90, 3pt,
[Effect] Drop Shadow

M80Y50,
C80M100Y30K40

C0M0Y0K0

M30Y100,
M10Y80,
C80M30Y100K20,
K100,
C100M20Y100 → C10Y100

[Brush] Banner 6, 1.2pt

다음의 《조건》에 따라 아래의 《출력형태》와 같이 작업하시오.

조건

파일저장규칙	AI	파일명	문서₩GTQ₩수험번호-성명-3.ai
		크기	120 × 80mm

1. 작업 방법
① 도형 툴로 오브젝트를 제작한 후 Pattern을 활용하여 작성한다. (패턴 등록 : 막대 사탕)
② 태그에는 규칙적인 점선을, 셔츠에는 불규칙적인 점선을 설정한다.
③ 셔츠에 Pattern을 적용한다.
④ 태그 중간에 배치된 오브젝트는 정렬, 간격을 일정하게 한 후 Group 설정한다.
⑤ 그 외 《출력형태》 참조

2. 문자 효과
① Enjoy! (Arial, Regular, 12pt, C100M60)
② NIGHT PARTY (Arial, Bold, 10pt, K100)

출력형태

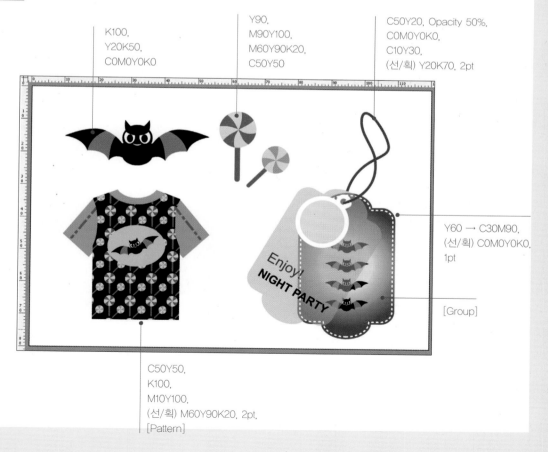

K100,
Y20K50,
C0M0Y0K0

Y90,
M90Y100,
M60Y90K20,
C50Y50

C50Y20, Opacity 50%,
C0M0Y0K0,
C10Y30,
(선/획) Y20K70, 2pt

Y60 → C30M90,
(선/획) C0M0Y0K0,
1pt

[Group]

C50Y50,
K100,
M10Y100,
(선/획) M60Y90K20, 2pt,
[Pattern]

작업과정	새 도큐먼트 만들기 및 파일 저장하기 ➡ 부엉이 모양 만들기 ➡ 모자 모양 만들기 ➡ 별과 원형으로 배경 만들기 ➡ 저장하기
완성이미지	Part04₩기출유형문제05회₩수험번호−성명−1.ai

01 새 도큐먼트 만들기 및 파일 저장하기

01 [File]−[New]를 선택하고 'Width : 100mm, Height : 80mm, Units : Millimeters, Color Mode : CMYK'를 설정하여 새 도큐먼트를 만들고 [View]−[Rulers]−[Show Rulers] (Ctrl)+(R))를 선택하여 눈금자를 표시합니다.

02 작품의 규격 왼쪽 상단에 원점(0,0)을 확인하고 왼쪽과 상단 눈금자 위에서 마우스로 각각 드래그하여 제시된 출력형태와 레이아웃 구성이 동일하게 안내선을 표시합니다.

03 작업 도큐먼트를 저장하기 위해 [File]−[Save As]를 선택하고 '저장 위치 : 내 PC₩문서₩ GTQ, 파일 형식 : Adobe Illustrator(*AI), 파일 이름 : 수험번호−성명−문제번호'를 입력하고 [저장]을 클릭한 후 [Illustrator Options] 대화상자에서 'Version : Illustrator 2020'으로 설정하고 [OK]를 클릭합니다.

02 부엉이 모양 만들기

01 Ellipse Tool(◉)로 작업 도큐먼트를 클릭한 후 'Width : 30mm, Height : 25mm'를 입력하여 그리고 'Fill Color : C30M80Y70K20, Stroke Color : None'을 지정합니다. 계속해서 클릭하여 'Width : 35mm, Height : 30mm'를 입력하여 그리고 하단에 겹치도록 배치합니다.

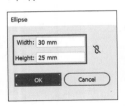  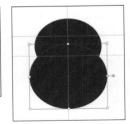

02 Ellipse Tool(◉)로 3개의 정원을 겹치도록 그리고 'Fill Color : C0M0Y0K0, K100, C0M0Y0K0, Stroke Color : 임의 색상'을 각각 지정합니다. 계속해서 타원을 3개의 정원 상단에 겹치도록 그리고 'Fill Color : 임의 색상, Stroke Color : 임의 색상'을 지정합니다. Rotate Tool(↻)을 더블 클릭하여 'Angle : −15°'를 지정하여 타원을 회전합니다.

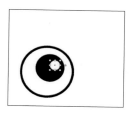 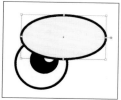 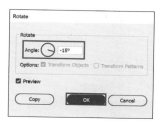 

03 Selection Tool(▶)로 3개의 정원과 타원을 함께 선택하고 Pathfinder 패널에서 'Trim
(⬚)'을 클릭합니다. Selection Tool(▶)로 더블 클릭하여 Isolation Mode로 전환한 후 타
원을 선택하고 Delete 를 눌러 삭제합니다. Esc 를 눌러 정상모드로 전환하고 눈의 위치에 배
치합니다.

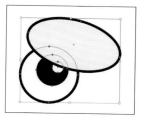  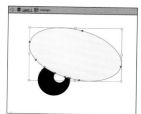 

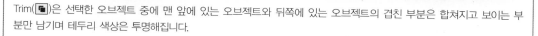

합격생의 비법

Trim(⬚)은 선택한 오브젝트 중에 맨 앞에 있는 오브젝트와 뒤쪽에 있는 오브젝트의 겹친 부분은 합쳐지고 보이는 부
분만 남기며 테두리 색상은 투명해집니다.

04 Ellipse Tool(◯)로 작업 도큐먼트를 클릭한 후 'Width : 10mm, Height : 24mm'를 입력
하여 그리고 'Fill Color : C30M50Y40, Stroke Color : None'을 지정합니다. Direct Se-
lection Tool(▷)로 타원의 오른쪽 고정점을 클릭하여 선택한 후 위로 이동합니다. 계속해서
하단 고정점의 오른쪽 핸들을 왼쪽으로 드래그하여 날개 모양을 완성합니다.

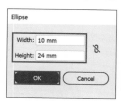 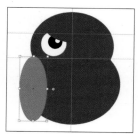 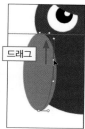 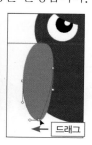

05 Arc Tool(⌒)로 날개 모양 위에 오른쪽 상단에서 왼쪽 하단으로 드래그하여 2개의 호를 그리
고 'Fill Color : None, Stroke Color : C0M0Y0K0'을 지정하고 Stroke 패널에서 'Weight :
1pt'를 적용합니다.

06 Ellipse Tool(◯)로 몸통 모양 하단에 드래그하여 타원을 그리고 'Fill Color : M50Y80K10, Stroke Color : None'을 지정합니다. Selection Tool(▶)로 Alt 를 누르면서 오른쪽으로 드래그하여 복사하고 Ctrl + D 를 눌러 반복하여 복사한 후 가운데 타원을 선택하고 조절점 하단 중앙을 아래로 드래그하여 길이를 조절합니다.

 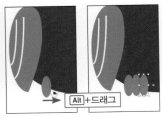 

07 Selection Tool(▶)로 Shift 를 누르면서 눈 모양과 날개, 발 모양을 모두 선택하고 Reflect Tool(◀▶)로 Alt 를 누르면서 세로 안내선을 클릭하여 'Axis : Vertical'을 지정하고 [Copy]를 눌러 복사합니다.

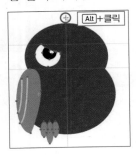  

08 Polygon Tool(◯)로 안내선의 하단 교차 지점을 클릭한 후 'Radius : 2.5mm, Sides : 3'을 입력하여 삼각형을 그리고 'Fill Color : M30Y50, Stroke Color : None'을 지정합니다. Reflect Tool(◀▶)을 더블 클릭하여 'Axis : Horizontal'을 지정하고 역삼각형으로 변형합니다.

09 Pen Tool()로 클릭하여 열린 패스를 그리고 'Fill Color : None, Stroke Color : C30M50Y40K20'을 지정한 후 Stroke 패널에서 'Weight : 4pt, Cap : Round Cap, Corner : Round Join'을 클릭하여 패스의 끝점과 모서리 바깥쪽을 둥근 모양으로 지정하고 [Object]-[Path]-[Outline Stroke]로 선을 면으로 확장합니다.

10 Selection Tool(▶)로 Alt를 누르면서 오른쪽으로 드래그하여 복사하고 Ctrl + D를 눌러 반복하여 복사합니다. Shift를 누르면서 3개의 오브젝트를 함께 선택하고 Alt를 누르면서 아래쪽으로 드래그하여 복사합니다.

⑥ 모자 모양 만들기

01 Ellipse Tool(◯)로 작업 도큐먼트를 클릭한 후 'Width : 36mm, Height : 10mm'를 입력하여 그리고 'Fill Color : C40Y20, Stroke Color : 임의 색상'을 지정합니다.

02 Pen Tool()과 Ellipse Tool(◯)로 닫힌 패스와 정원을 겹치도록 그리고 'Fill Color : C40Y20, Stroke Color : 임의 색상'을 지정합니다. Selection Tool(▶)로 3개의 오브젝트를 함께 선택하고 Pathfinder 패널에서 'Unite(⬛)'를 클릭하여 합칩니다.

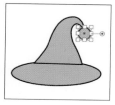

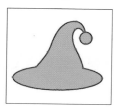

03 Pen Tool(✐)로 6개의 열린 패스를 모자 모양과 겹치도록 그리고 'Fill Color : None, Stroke Color : 임의 색상'을 지정합니다. Selection Tool(▶)로 모자 모양과 열린 패스를 함께 선택하고 Pathfinder 패널에서 'Divide(▣)'를 클릭하여 면을 분할합니다.

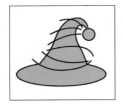  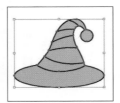

04 Selection Tool(▶)로 더블 클릭하여 Isolation Mode로 전환한 후 **Shift**를 누르면서 4개의 분할된 오브젝트를 함께 선택하고 'Fill Color : K100'을 지정합니다. **Esc**를 눌러 정상 모드로 전환한 후 모자 모양을 선택하고 'Stroke Color : None'을 지정합니다.

05 Ellipse Tool(◯)로 드래그하여 원을 그리고 'Fill Color : M80Y80, Stroke Color : 임의 색상'을 지정합니다. Rounded Rectangle Tool(▢)로 **Alt**를 누르면서 원의 중앙에서 드래그하여 임의 색상의 둥근 사각형을 원과 겹치도록 그리고 Selection Tool(▶)로 원과 함께 선택한 후 Pathfinder 패널에서 'Minus Front(▣)'를 클릭합니다.

06 Selection Tool(▶)로 조절점의 밖을 드래그하여 회전하고 이동하여 배치합니다.

04 별과 원형으로 배경 만들기

01 Ellipse Tool(◯)로 **Alt**를 누르면서 안내선의 하단 교차지점을 클릭한 후 'Width : 83mm, Height : 83mm'를 입력하여 그리고 'Fill Color : M30Y50, Stroke Color : None'을 지정합니다.

02 Pen Tool(✐)로 정원의 하단에 클릭하여 열린 패스를 그리고 'Fill Color : None, Stroke Color : 임의 색상'을 지정합니다. Selection Tool(▶)로 정원과 함께 선택하고 Pathfinder 패널에서 'Divide(▣)'를 클릭하여 면을 분할합니다.

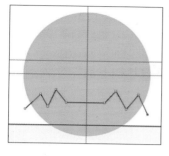  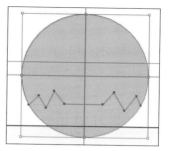

03 Selection Tool(▶)로 더블 클릭하여 Isolation Mode로 전환하고 분할된 하단의 오브젝트를 선택하고 Delete를 눌러 삭제합니다. Esc를 눌러 정상 모드로 전환한 후 Shift+Ctrl+[[] 를 눌러 맨 뒤로 보내기를 합니다.

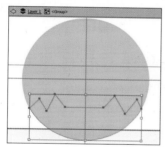 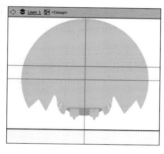 

04 Star Tool(☆)로 작업 도큐먼트의 왼쪽 상단에 드래그하여 크기가 다른 2개의 별을 그리고 'Fill Color : M30Y50, Stroke Color : None'을 지정합니다.

05 저장하기

01 [View]-[Guides]-[Hide Guides](Ctrl+;)를 선택하여 안내선을 숨기고 [View]-[Fit Artboard in Window](Ctrl+0)를 선택하여 현재 창에 맞추기를 합니다.

02 [File]-[Save As]를 선택하고 '저장 위치 : 내 PC₩문서₩GTQ, 파일 형식 : Adobe Illustrator(*AI), 파일 이름 : 수험번호-성명-문제번호.ai'를 확인하고 [저장]을 클릭한 후 [Illustrator Options] 대화상자에서 'Version : Illustrator 2020'으로 설정하고 [OK]를 클릭합니다.

03 답안 저장이 완료가 되면 [File]-[Close](Ctrl+W)를 선택하여 파일을 닫고 수험 프로그램에서 [답안 전송]을 클릭하여 감독관 컴퓨터로 전송합니다.

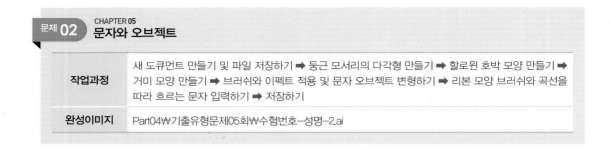

작업과정	새 도큐먼트 만들기 및 파일 저장하기 ➡ 둥근 모서리의 다각형 만들기 ➡ 할로윈 호박 모양 만들기 ➡ 거미 모양 만들기 ➡ 브러쉬와 이펙트 적용 및 문자 오브젝트 변형하기 ➡ 리본 모양 브러쉬와 곡선을 따라 흐르는 문자 입력하기 ➡ 저장하기
완성이미지	Part04₩기출유형문제05회₩수험번호-성명-2.ai

01 새 도큐먼트 만들기 및 파일 저장하기

01 [File]-[New]를 선택하고 'Width : 100mm, Height : 80mm, Units : Millimeters, Color Mode : CMYK'를 설정하여 새 도큐먼트를 만들고 [View]-[Rulers]-[Show Rulers] (Ctrl+R)를 선택하여 눈금자를 표시합니다.

02 작품의 규격 왼쪽 상단에 원점(0,0)을 확인하고 왼쪽과 상단 눈금자 위에서 마우스로 각각 드래그하여 제시된 출력형태와 레이아웃 구성이 동일하게 안내선을 표시합니다.

03 작업 도큐먼트를 저장하기 위해 [File]-[Save As]를 선택하고 '저장 위치 : 내 PC₩문서₩ GTQ, 파일 형식 : Adobe Illustrator(*AI), 파일 이름 : 수험번호-성명-문제번호'를 입력하고 [저장]을 클릭한 후 [Illustrator Options] 대화상자에서 'Version : Illustrator 2020' 으로 설정하고 [OK]를 클릭합니다.

02 둥근 모서리의 다각형 만들기

01 Polygon Tool(◉)로 안내선의 교차 지점을 클릭하여 'Radius : 33mm, Sides : 6'을 입력하여 그리고 'Fill Color : M80Y50, Stroke Color : None'을 지정합니다.

02 [Effect]-[Illustrator Effects]-[Stylize]-[Round Corners]를 선택하고 'Radius : 5mm' 를 입력하여 각진 모서리를 둥글게 만들고 [Object]-[Expand Appearance]를 선택하여 오브젝트의 속성을 확장합니다.

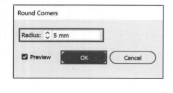
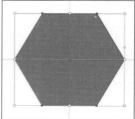
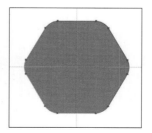

합격생의 비법

다각형 모서리 안쪽의 ◉를 안쪽으로 드래그하여 모서리의 둥근 정도를 설정할 수 있습니다.

03 [Object]-[Path]-[Offset Path]를 선택한 후 'Offset : -2mm'를 지정하여 축소된 복사본을 만든 후 'Fill Color : C80M100Y30K40, Stroke Color : None'을 지정합니다.

03 할로윈 호박 모양 만들기

01 Rounded Rectangle Tool(⬜)로 작업 도큐먼트를 클릭한 후 'Width : 35mm, Height : 24mm, Corner Radius : 15mm'를 입력하여 그리고 'Fill Color : M30Y100, Stroke Color : None'을 지정합니다. Add Anchor Point Tool(✏️)로 상단 선분 중앙에 클릭하여 고정점을 추가한 후 키보드의 화살표 ⬇️를 눌러 아래로 이동하여 모양을 변형합니다.

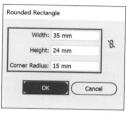
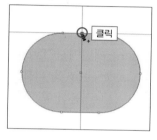
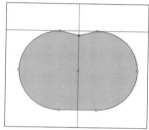

02 Pen Tool(✏️)로 호박 모양 왼쪽과 겹치도록 곡선의 열린 패스를 그리고 'Fill Color : None, Stroke Color : 임의 색상'을 지정을 지정합니다. Selection Tool(▶)로 열린 패스를 선택한 후 Reflect Tool(◀▶)로 Alt를 누르고 가운데 세로 안내선을 클릭하여 'Axis : Vertical'을 지정하고 [Copy]를 눌러 복사합니다.

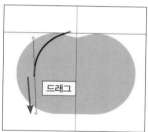
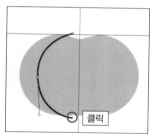
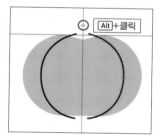

03 Selection Tool(▶)로 2개의 열린 패스를 함께 선택한 후 [Object]-[Blend]-[Make]를 적용하고 [Object]-[Blend]-[Blend Options]로 'Specified Steps : 2'를 적용합니다.

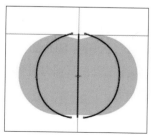
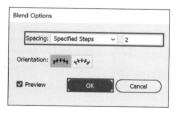
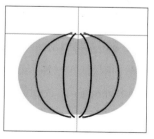

04 [Object]-[Blend]-[Expand]로 확장하고 Selection Tool(▶)로 호박 모양과 함께 선택하고 Pathfinder 패널에서 'Divide(▣)'를 클릭하여 면을 분할합니다. Selection Tool(▶)로 더블 클릭하여 Isolation Mode로 전환하고 2개의 오브젝트를 선택하고 'Fill Color : M10Y80, Stroke Color : None'을 지정한 후 Esc 를 눌러 정상 모드로 전환합니다.

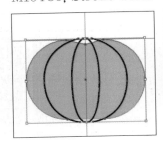 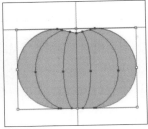 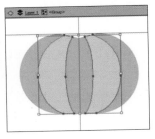

05 Pen Tool(✎)로 줄기 모양을 그리고 Gradient 패널에서 'Type : Linear Gradient, Angle : 0°'를 적용하고 Gradient Slider의 왼쪽 'Color Stop'을 더블 클릭하여 C100M20Y100을, 오른쪽 'Color Stop'을 더블 클릭하여 C10Y100을 적용한 후, 'Stroke Color : None'을 지정합니다.

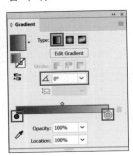 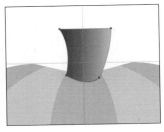

06 Ellipse Tool(⬭)로 줄기 모양 상단에 드래그하여 타원을 그리고 'Fill Color : C80M30Y100K20, Stroke Color : None'을 지정하고 Direct Selection Tool(▷)로 하단의 고정점을 이동하여 패스를 변형합니다.

07 Pen Tool(✎)로 클릭하여 크기가 다른 삼각형을 그리고 'Fill Color : K100, Stroke Color : None'을 지정합니다. Selection Tool(▶)로 Alt 를 누르면서 오른쪽으로 드래그하여 복사합니다. 계속해서 Pen Tool(✎)로 동일한 색상의 입 모양을 그립니다.

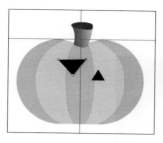 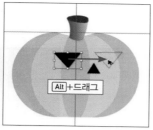 

08 Selection Tool(▶)로 호박 모양을 모두 선택하고 [Ctrl]+[G]를 눌러 그룹으로 설정한 후 Rotate Tool(↻)을 더블 클릭하여 'Angle : 5°'를 지정하여 회전합니다.

04 거미 모양 만들기

01 Ellipse Tool(◯)로 작업 도큐먼트를 클릭한 후 'Width : 5mm, Height : 5mm'와 'Width : 2mm, Height : 2mm'를 각각 입력하여 그리고 'Fill Color : C0M0Y0K0, Stroke Color : None'을 지정하고 배치합니다.

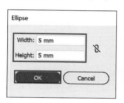  

02 Rectangle Tool(▭)로 큰 정원의 상단에 드래그하여 동일한 색상의 직사각형을 그립니다. Selection Tool(▶)로 3개의 오브젝트를 함께 선택하고 Align 패널에서 'Horizontal Align Center(⯈)'를 클릭하여 가로 가운데 정렬을 지정합니다.

03 Pen Tool(✏)로 클릭하여 거미의 다리 모양을 열린 패스로 그리고 'Fill Color : None, Stroke Color : C0M0Y0K0'을 지정하고 Stroke 패널에서 'Weight : 0.75pt'를 적용한 후 [Object]-[Path]-[Outline Stroke]를 선택하여 선을 면으로 확장합니다. Rotate Tool(↻)로 [Alt]를 누르면서 다리 모양 오른쪽 하단의 고정점을 클릭하고 [대화상자]에서 'Angle : 30°'를 지정하고 [Copy]를 클릭한 후 [Ctrl]+[D]를 눌러 반복 복사합니다.

04 Selection Tool(▶)로 3개의 다리 모양 오브젝트를 함께 선택하고 Reflect Tool(▷◁)로 Alt 를 누르고 정원의 중심점을 클릭하여 'Axis : Vertical'을 지정하고 [Copy]를 눌러 복사합니다.

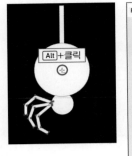

05 Selection Tool(▶)로 거미 모양을 모두 선택하고 Pathfinder 패널에서 'Unite(▣)'를 클릭하여 하나의 오브젝트로 합친 후 도큐먼트의 빈 곳을 클릭하여 선택을 해제합니다.

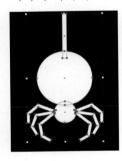

⑤ 브러쉬와 이펙트 적용 및 문자 오브젝트 변형하기

01 Brushes 패널 하단의 'Brush Libraries Menu'를 클릭하고 [Artistic]-[Artistic_Paint-brush]를 선택하여 추가 브러쉬 패널을 불러온 후 'Dry Brush 6'을 선택합니다.

02 Line Segment Tool(/)로 작업 도큐먼트에 클릭하여 'Length : 86mm, Angle : 8°'를 지정하여 그리고 'Fill Color : None, Stroke Color : M40Y90'을 지정하고 'Dry Brush 6' 브러쉬를 적용한 후 Stroke 패널에서 'Weight : 3pt'를 지정합니다.

03 [Effect]-[Illustrator Effects]-[Stylize]-[Drop Shadow]를 선택하고 'Opacity : 75%, X Offset : 2.47mm, Y Offset : 2.47mm, Blur : 1.76mm'를 지정하여 그림자 효과를 적용합니다.

04 Type Tool(**T**)로 작업 도큐먼트를 클릭한 후 Character 패널에서 'Set font family : Arial, Set font style : Black, Set font size : 15pt'를 설정하고 'Fill Color : C0M0Y0K0, Stroke Color : None'을 지정한 후 TRICK OR TREAT을 입력합니다.

05 Selection Tool(**▶**)로 문자를 클릭하여 선택하고 [Type]-[Create Outlines](**Shift**+**Ctrl** +**O**)를 선택하여 문자를 윤곽선으로 변환한 후 더블 클릭하여 Isolation Mode로 전환합니다.

06 Direct Selection Tool(**▷**)로 T 문자 오브젝트의 상단 6개의 고정점을 드래그하여 선택하고 키보드의 화살표 **↑**를 눌러 위쪽으로 이동하고 변형합니다. 계속해서 K 문자 오브젝트의 왼쪽 상단과 T 문자 오브젝트의 하단 고정점을 각각 드래그하여 선택하고 키보드의 화살표를 눌러 모양을 변형합니다.

07 Selection Tool(**▶**)로 2개의 T 문자 오브젝트를 각각 선택하고 키보드의 화살표를 눌러 안쪽으로 이동하여 문자 오브젝트의 간격을 조절하여 배치하고 도큐먼트의 빈 곳을 더블 클릭하여 정상 모드로 전환합니다.

06 리본 모양 브러쉬와 곡선을 따라 흐르는 문자 입력하기

01 Brushes 패널 하단의 'Brush Libraries Menu'를 클릭하고 [Decorative]-[Decorative_ Banners and Seals]를 선택하여 추가 브러쉬 패널을 불러온 후 'Banner 6'을 선택합니다.

02 Line Segment Tool(☐)로 Shift 를 누르면서 할로윈 호박 모양 하단에 오른쪽에서 왼쪽으로 드래그하여 수평선을 그리고 'Fill Color : None, Stroke Color : 임의 색상'을 지정한 후 Stroke 패널에서 'Weight : 1.2pt'를 지정합니다.

03 Pen Tool(☐)로 드래그하여 문자를 입력할 열린 곡선 패스를 그리고 'Fill Color : None, Stroke Color : 임의 색상'을 지정합니다. Type on a Path Tool(☐)로 열린 패스의 왼쪽을 클릭한 후 Character 패널에서 'Set font family : Arial, Set font style : Bold, Set font size : 13pt'를 설정하고 'Fill Color : C80M100Y30K40, Stroke Color : None'을 지정한 후 Happy Halloween Day를 입력합니다.

07 저장하기

01 [View]-[Guides]-[Hide Guides](Ctrl+;)를 선택하여 안내선을 숨기고 [View]-[Fit Artboard in Window](Ctrl+0)를 선택하여 현재 창에 맞추기를 합니다.

02 [File]-[Save As]를 선택하고 '저장 위치 : 내 PC₩문서₩GTQ, 파일 형식 : Adobe Illustrator(*.AI), 파일 이름 : 수험번호-성명-문제번호.ai'를 확인하고 [저장]을 클릭한 후 [Illustrator Options] 대화상자에서 'Version : Illustrator 2020'으로 설정하고 [OK]를 클릭합니다.

03 답안 저장이 완료가 되면 [File]-[Close](Ctrl+W)를 선택하여 파일을 닫고 수험 프로그램에서 [답안 전송]을 클릭하여 감독관 컴퓨터로 전송합니다.

작업과정	새 도큐먼트 만들기 및 파일 저장하기 ➡ 박쥐 모양 만들기 ➡ 사탕 모양 만들기 ➡ 티셔츠 모양 만들고 패턴 적용하기 ➡ 태그 모양 만들기 ➡ 정렬과 간격 조정하여 그룹 설정하기 ➡ 저장하기
완성이미지	Part04₩기출유형문제\05회\수험번호-성명-3.ai

01 새 도큐먼트 만들기 및 파일 저장하기

01 [File]-[New]를 선택하고 'Width : 120mm, Height : 80mm, Units : Millimeters, Color Mode : CMYK'를 설정하여 새 도큐먼트를 만들고 [View]-[Rulers]-[Show Rulers] (Ctrl + R)를 선택하여 눈금자를 표시합니다.

02 작품의 규격 왼쪽 상단에 원점(0,0)을 확인하고 왼쪽과 상단 눈금자 위에서 마우스로 각각 드래그하여 제시된 출력형태와 레이아웃 구성이 동일하게 안내선을 표시합니다.

03 작업 도큐먼트를 저장하기 위해 [File]-[Save As]를 선택하고 '저장 위치 : 내 PC₩문서₩ GTQ, 파일 형식 : Adobe Illustrator(*AI), 파일 이름 : 수험번호-성명-문제번호'를 입력하고 [저장]을 클릭한 후 [Illustrator Options] 대화상자에서 'Version : Illustrator 2020' 으로 설정하고 [OK]를 클릭합니다.

02 박쥐 모양 만들기

01 Ellipse Tool(◉)로 Alt 를 누르면서 세로 안내선에 클릭하여 'Width : 9mm, Height : 8mm'와 'Width : 9mm, Height : 6mm'를 각각 입력하여 그리고 'Fill Color : K100, Stroke Color : None'을 지정합니다.

02 Pen Tool(✎)로 왼쪽 귀 모양과 날개 모양을 그리고 'Fill Color : K100, Stroke Color : None'을 지정합니다.

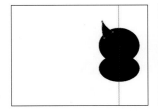 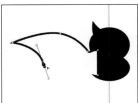 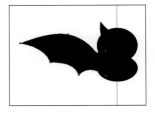

03 Arc Tool(⌒)로 왼쪽 하단에서 오른쪽 상단으로 드래그하여 2개의 호를 그리고 'Fill Color : None, Stroke Color : 임의 색상'을 지정합니다.

04 Selection Tool(▶)로 날개 모양과 2개의 호를 함께 선택하고 Pathfinder 패널에서 'Divide(◨)'를 클릭하여 면을 분할한 후 더블 클릭하여 Isolation Mode로 전환합니다. 가운데 오브젝트를 선택하고 'Fill Color : Y20K50, Stroke Color : None'을 지정한 후 Esc 를 눌러 정상 모드로 전환합니다.

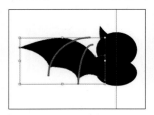  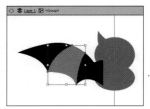

05 Ellipse Tool(◯)로 드래그하여 타원을 그리고 'Fill Color : C0M0Y0K0, Stroke Color : None'을 지정한 후 임의 색상의 타원을 상단과 겹치도록 그립니다. Selection Tool(▶)로 2개의 원을 함께 선택한 후 Pathfinder 패널에서 'Minus Front(◧)'를 클릭하여 눈 모양을 만들고 Ellipse Tool(◯)로 타원을 그리고 'Fill Color : K100, Stroke Color : None'을 지정합니다.

06 Selection Tool(▶)로 대칭 복사할 오브젝트를 모두 선택하고 Reflect Tool(◪)로 Alt 를 누르고 안내선을 클릭하여 'Axis : Vertical'을 지정하고 [Copy]를 눌러 복사합니다.

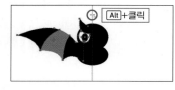 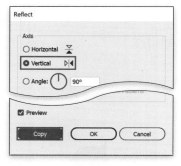 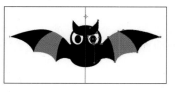

07 Ellipse Tool(◯)로 드래그하여 2개의 타원을 겹치도록 그리고 Selection Tool(▶)로 2개의 타원을 함께 선택한 후 Pathfinder 패널에서 'Minus Front(◧)'를 클릭하여 입 모양을 만들고 'Fill Color : C0M0Y0K0, Stroke Color : None'을 지정합니다.

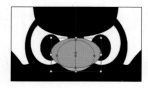  

08 Ctrl + A 를 눌러 박쥐 모양을 모두 선택하고 Ctrl + G 를 눌러 그룹을 설정합니다.

03 사탕 모양 만들기

01 Ellipse Tool(⬭)로 작업 도큐먼트를 클릭한 후 'Width : 11mm, Height : 11mm'를 입력하여 그리고 'Fill Color : Y90, Stroke Color : None'을 지정합니다.

02 Line Segment Tool(╱)로 작업 도큐먼트에 클릭하여 'Length : 16mm, Angle : 90°'를 지정하여 수직선을 그리고 'Fill Color : None, Stroke Color : 임의 색상'을 지정합니다. Rotate Tool(⟳)을 더블 클릭하여 'Angle : 45°'를 지정하고 [Copy]를 눌러 복사하고 Ctrl + D 를 2번 눌러 반복하여 복사합니다.

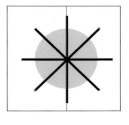

03 Selection Tool(▶)로 4개의 선을 함께 선택한 후 [Effect]−[Illustrator Effects]−[Distort & Transform]−[Twist]를 선택하고 'Angle : 30°'를 지정하여 변형한 후 [Object]−[Expand Appearance]를 선택하여 오브젝트의 속성을 확장합니다.

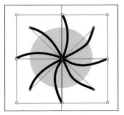
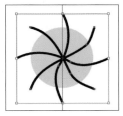

04 Selection Tool(▶)로 정원과 함께 선택하고 Align 패널에서 'Horizontal Align Center(⬌)'와 'Vertical Align Center(⬍)'를 각각 클릭하여 가운데 정렬을 지정합니다.

05 Pathfinder 패널에서 'Divide(▦)'를 클릭하여 면을 분할하고 Selection Tool(▶)로 더블 클릭하여 Isolation Mode로 전환하고 4개의 오브젝트를 선택한 후 'Fill Color : M90Y100, Stroke Color : None'을 지정하고 Esc를 눌러 정상 모드로 전환합니다.

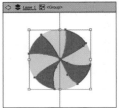

06 Rounded Rectangle Tool(▢)로 드래그하여 둥근 사각형을 그리고 'Fill Color : M60Y90K20, Stroke Color : None'을 지정하고 Ctrl+[]를 눌러 뒤로 보내기를 합니다. Selection Tool(▶)로 막대 사탕 모양을 모두 선택한 후 Scale Tool(▦)을 더블 클릭하여 'Uniform : 75%'를 지정하고 [Copy]를 눌러 축소하여 복사합니다.

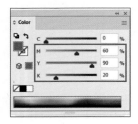

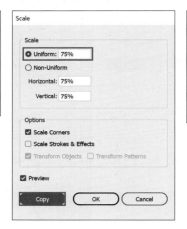

07 Rotate Tool(↻)을 더블 클릭한 후 'Angle : −45°'를 지정하여 회전하고 배치합니다. Selection Tool(▶)로 더블 클릭하여 Isolation Mode로 전환하고 4개의 오브젝트를 선택한 후 'Fill Color : C50Y50, Stroke Color : None'을 지정하고 Esc를 눌러 정상 모드로 전환합니다.

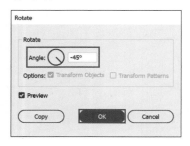
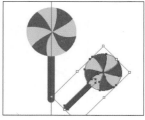
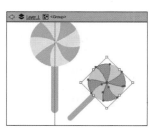